Das Mittelmeer

Jutta Georg

Das Mittelmeer

Philosophische Reflexionen über das Mediterrane

BRILL
FINK

Umschlagabbildung: Georgia O'Keeffe: *Pink Moon Over Water*, 1924

Bibliografische Information der Deutschen Nationalbibliothek

Die Deutsche Nationalbibliothek verzeichnet diese Publikation in der Deutschen Nationalbibliografie; detaillierte bibliografische Daten sind im Internet über http://dnb.d-nb.de abrufbar.

www.fink.de

Einbandgestaltung: Evelyn Ziegler, München
Herstellung: Brill Deutschland GmbH, Paderborn

ISBN 978-3-7705-6694-5 (hardback)
ISBN 978-3-8467-6694-1 (e-book)

Für Monika und Horst

Das Meer ist auf geheimnisvolle Weise an das Leben angeschlossen. Wenn das Leben aus dem Meer hervorgegangen ist, wie es so viele gerne wahrhaben wollen, muß es sich verständlicherweise in seiner ursprünglichen Umwelt unendlich viel mächtiger, vielfältiger, verschwenderischer, zeugungskräftiger erweisen als auf dem Erdboden.
Paul Valéry

Inhalt

Einleitung IX

1 **Mythos** 1
1.1 Mythos Wasser – Mythos Meer 1
1.2 Die Meermetaphorik in der Bibel 11
1.3 Das Meer in der griechisch-römischen Antike und im Mittelalter 16
1.4 Im Horizont des Meeres 28
1.5 Die Gefahren der Seefahrt und die unendliche Fahrt 36

2 **Das Erhabene und das Unbewusste** 57
2.1 Das Erhabene als Zugangscode für das Meer 57
2.2 Das erhabene Meerestier Moby Dick 61
2.3 Im Meer des Unbewussten – Das Mutter-Imago und das Meer ... 68

3 **Nietzsche und Camus** 77
3.1 Nietzsches Allegorien über den „Norden" und den „Süden" 77
3.2 Nietzsches „grosser Mittag" und „Morgenröthe" 88
3.3 Das offene Meer 96
3.4 „Tipasa" und „Ithaka" – Camus' Metaphern einer mediterranen Existenz 127
3.5 Heuristik einer Philosophie des Mediterranen 143

4 **Epilog: Gastmahl auf Ithaka** 181

Literatur 183

Siglenverzeichnis 189

Einleitung

Im ersten Buch von Aristoteles' *Metaphysik* wird Thales von Milet (um 600 v. Chr.) eine folgenreiche These zugeschrieben: *Das Wasser ist der Ursprung von allem,* alles entsteht aus dem Wasser, aus einer endlosen Bewegung. Zudem muss mit dem Wasser das Feuchte assoziiert werden. „Von den ersten Philosophen hielten die meisten nur die stoffartigen Prinzipien für die Prinzipien aller Dinge [...] Thales, der Urheber solcher Philosophie, sieht das Wasser als das Prinzip an, weshalb er auch erklärte, daß die Erde auf dem Wasser sei".[1]

Die antike Naturphilosophie zeichnet mit dem Wasser ein Element aus, das für Unbegrenztheit, endlose Bewegung, für das Feuchte, Fruchtbare, aber auch für Untiefen und Gefahren steht. Aus philosophischer Perspektive wird mit dem Wasser die archē fundiert und Thales in der Philosophiegeschichte zum ersten Philosophen. Nicht nur Aristoteles, Hegel – „Die Philosophie beginnt in der griechischen Welt",[2] das schreibt er in *Vorlesungen über die Geschichte der Philosophie* – und Nietzsche übernehmen diese Wertung, auch Hans Blumenberg würdigt ihn ausdrücklich. „Es gehört eine unglaubliche Freiheit und Kühnheit dazu, zum ersten Mal die ganze und bunte Welt als eine nur formal verschiedene Entwicklung eines Grundstoffes aufzufassen."[3] Schadewaldt

1 „eine Annahme, die er wahrscheinlich deshalb faßte, weil er sah, daß die Nahrung aller Dinge feucht ist und das Warme selbst aus dem Feuchten entsteht". Aristoteles 2005, 44f. – „daß hier entscheidend Neues vorliegt, in doppelter Hinsicht. Einmal ist eben nicht der Okeanos der Ursprung, sondern das Wasser, nicht der göttlich-mythische Weltenstrom, sondern schon hier ist offenbar eine Reduktion erfolgt einer solchen göttlichen Gestalt auf das Wasser. [...] es ist doch das Wasser anstelle der göttlichen Gestalt". Schadewaldt 1978, 226f. – „Wenn Thales sagt ‚Alles ist Wasser', so zuckt der Mensch empor aus dem wurmartigen Betasten und Herumkriechen der einzelnen Wissenschaften, er ahnt die letzte Lösung der Dinge und überwindet, durch diese Ahnung, die gemeine Befangenheit der niederen Erkenntnißgrade. [...] So schaute Thales die Einheit des Seienden: und wie er sich mittheilen wollte, redete er vom Wasser!" – „Die dürftigen und ungeordneten Beobachtungen empirischer Art, die Thales über das Vorkommen und die Verwandlungen des Wassers oder, genauer, des Feuchten, gemacht hatte, hätten am wenigsten eine solche ungeheure Verallgemeinerung erlaubt oder gar angerathen; das, was zu dieser trieb, war ein metaphysischer Glaubenssatz, der seinen Ursprung in einer mystischen Intuition hat, und dem wir bei allen Philosophien, sammt den immer erneuten Versuchen, ihn besser auszudrücken, begegnen: der Satz ‚Alles ist Eins'." PHG, KSA 1, 817; 813.

2 Hegel 1971, Band 18, 117. „Der Thaletische Satz, daß das Wasser das Absolute oder, wie die Alten sagten, das Prinzip sei, ist philosophisch; die Philosophie beginnt damit, weil es damit zum Bewußtsein kommt, daß Eins das Wesen, das Wahrhafte, das allein Anundfürsichseiende ist." Ebd., 203.

3 „Dies ist ein Verdienst, das keiner zum zweiten Mal in dem Maasse haben kann." Blumenberg 1987, 131. – In *Die Philosophie im tragischen Zeitalter der Griechen* listet Nietzsche drei

weist darauf hin, dass mit Thales' Satz Neues ausgedrückt wurde, weil nicht mehr der „Okeanos der Ursprung [ist, J.G], sondern das Wasser, nicht der göttlich-mythologische Weltenstrom, sondern schon hier ist offenbar eine Reduktion erfolgt einer göttlichen Gestalt auf das Wasser [...] Aber es ist doch das Wasser anstelle der göttlichen Gestalt," das selbstverständlich nicht allein mit seiner chemischen Bestimmung kongruent ist.[4]

In *Die Philosophie im tragischen Zeitalter der Griechen* lesen wir: „Die griechische Philosophie scheint mit einem ungereimtem Einfalle zu beginnen, mit dem Satze, daß das Wasser der Ursprung und der Mutterschoß aller Dinge sei". Eine Bestätigung von Thales' Diktum findet sich jedoch in: „Von alten und neuen Tafeln". Nietzsche schreibt: „Alles ist im Meere"[5] und bestätigt damit den ersten *physiologos*, der womöglich von der Küste des antiken Miletos aus seinen Blick aufs Wasser richtete und folgerte, alles kommt aus dem Wasser. Ist es das grundlegende Prinzip, so sind damit theoretische Implikationen verbunden: Der Einheitsgedanke in der Vielfalt der Dinge, die Veränderung eines beharrenden Substrats, die Dialektik von Wesen und Erscheinung, denn auch gegenüber Feuer, Luft, Erde, Stein etc. sei das Wasser das Erste und das Elementare.

Mit dieser archē beginnt die griechische Philosophie und damit wird der Mittelmeerraum als eine physische Realität zur geistig-kulturellen Wiege Europas. Mythische Erklärungen der Homerischen Epen über Welt und Leben scheinen überwunden, wiewohl ihr Erbe in gewisser Weise im Mediterranen – dem Raum für Imaginationen, die in der Literatur und in den Künsten gleichsam

---

Gründe seiner Würdigung für Thales und damit für den Beginn der griechischen Philosophie auf: „erstens weil der Satz etwas vom Ursprung der Dinge aussagt und zweitens, weil er dies ohne Bild und Fabelei thut; und endlich drittens, weil in ihm wenngleich nur im Zustand der Verpuppung der Gedanke enthalten ist: alles ist eins. Der erstgenannte Grund läßt Thales noch in der Gemeinschaft mit Religiösen und Abergläubischen, der zweite aber nimmt ihn aus dieser Gesellschaft heraus und zeigt uns ihn als Naturforscher, aber vermöge des dritten Grundes gilt Thales als der erste griechische Philosoph." PHG, KSA 1, 813.

4 „Das ist das eine, weswegen Thales mit Recht von Aristoteles als der Beginner dieser Art denkerischen Suchens bezeichnet wird. [...] daß Thales anscheinend im Zusammenhang mit diesem Satz auf Tatsachen verwiesen hatte. [...] daß die Nahrung feucht ist, daß aus dieser die Wärme hervorgeht und man dadurch auch zum Leben kommt; und schließlich, weil die Natur des Samens in allen Formen, pflanzlichen wie tierischen, feucht sei, das Feuchte sich also auch von daher als Element des Lebens erweise." Schadewaldt 1978, 227.

5 PHG, KSA 1, 813; Za, KSA 4, 267. – Agrippa von Nettesheim schreibt, dass alles im Wasser begründet sei, darin liege, es beherberge, die Samenkraft von allem sei. „Sein Nutzen und Gebrauch ist unendlich mannigfaltig und alle Dinge hängen von seiner Macht ab, indem es die Kraft der Erzeugung, der Ernährung und des Wachstums besitzt." Von Nettesheim 1924, 59f.

ihr Gedächtnis haben – bewahrt wird.[6] Es ist nicht allein der fruchtbare Lebensraum des mittelmeerischen Südens, des Lichts, des Windes, ein zartes Klima für Kunst und Musik – für einen spezifischen und speziellen Rhythmus des Lebens und womöglich für ein unverwechselbares Lebensgefühl. Es ist zudem das mediterrane Fluidum für Fantasien, Sehnsüchte, Hoffnungen, Erwartungen, allesamt mit dem Meer verbunden – oder aus ihm entstanden, die für ein mediterranes Lebensgefühl relevant sind.

Projektionen und Vorstellungen generieren unsere Wahrnehmung des Meeres mit, die womöglich in der ahnenden Bewusstheit seiner kaum zu überschätzenden physischen und phantasmatischen, seiner essenziellen Kraft fundieren.

Das stimmige Bild eines schwebenden, mediterranen Existierens, gewonnen aus einer Freiheit über den Wellen, findet sich neben anderem in Nietzsches Metaphorik des Meeres, mit Freiheit und einem freien Denken verwoben, mit einem Bild der Zukunft, der Allegorie des Grenzenlosen, Unendlichen, aber auch der Vision eines postmoralischen Lebens und Erkennens und damit eine für das, was Nietzsche zuweilen als Befreiung ansieht. Im Sommer 1883 notiert er: „Ich liebe das Brausen des schlechten Rufs: wie das Schiff den Widerspruch der Welle gern hört, durch den sein Kiel sich bricht. Leichter ist mir mein Weg, wenn um mich der Widerstand schäumt." Das ist selbstverständlich kontraintuitiv, unterstreicht aber das Schwere dieser von Hindernissen gesäumten Fahrt, die mit einer gefährlichen Fahrt über das Meer metaphorisiert wird.

Mit der Meer-Metapher, alliiert mit „Mittag", „Morgenröthe", offenem „Horizont", dem Süden, Musik, mit Heiterkeit und Zärtlichkeit hat Nietzsche ein Alleinstellungsmerkmal in der Philosophiegeschichte. Das Meer dient ihm zudem vielfältig als Folie der Kritik und Fluchtpunkt seiner Forderungen nach einer und unserer grundlegenden Transformation=Selbstüberwindung. Überaus sprechend ist hierfür eine Stelle aus „Die sieben Siegel." „Wenn jene suchende Lust in mir ist, die nach Unentdecktem die Segel treibt, eine Seefahrer-Lust in meiner Lust ist: Wenn je mein Frohlocken rief: ‚die Küste schwand, – nun fiel mir die letzte Kette ab –" Um sich aus den Ketten – und das werden religiöse,

6 „Am Epos, dem geschichtsphilosophischen Widerspiel zum Roman, treten schließlich die romanähnlichen Züge hervor, und der ehrwürdige Kosmos der sinnerfüllten homerischen Welt offenbart sich als Leistung der ordnenden Vernunft, die den Mythos zerstört gerade vermöge der rationalen Ordnung, in der sie ihn spiegelt. […] Nietzsche hat wie wenige seit Hegel die Dialektik der Aufklärung erkannt. Er hat ihr zwiespältiges Verhältnis zur Herrschaft formuliert." GS 3, 61f. – „Daß wir wieder *Homer* empfinden, betrachte ich als den größten Sieg über das Christenthum und christliche Culturen: daß wir die christliche Verzärtelung, Verhäßlichung, Verdüsterung, Vergeistigung satt *haben*." NL 1884, 25[293]; KSA 11, 86.

moralische, trieb- und leibfeindliche und damit lebensfeindliche sein, zu befreien, muss man sich als Abenteurer, freier Geist und Zukunftsphilosoph einem Existieren öffnen, das mit dem Mediterranen im Einklang stünde. Eine bewegte, schwebende und darüber und damit eine grundlegend offene Existenz – „ich werfe die Angel über mein Haupt, weit hinaus in das **Meer** der Zukunft".[7] Der Angler zielt auf das Meer der Zukunft, einer postmoralischen, in einem offenen Horizont mit bejahenden Perspektiven. Ein „‚offnes Meer'" – und um das geht es Nietzsche hinsichtlich Leben und Erkennen, ist jedoch erst nach Gottes Tod verfügbar. Dann erst könnte unser Horizont frei werden.[8]

Die außerordentliche Bedeutung des Meeres in Nietzsches metaphorischem Philosophieren wird insbesondere in der *Fröhlichen Wissenschaft* mit einer trans- oder postreligiösen Vision bebildert und dabei der gefährliche Weg hin zum erstrebten Zukünftigen. Das mediterrane Denken – unterwegs zu „Morgenröthen" des Erkennens – würde einer gefahrenreichen Meerfahrt, einem (Lebens)Kampf mit Tiefen und Untiefen gleichen, denn im „*Im Horizont des Unendlichen*" kann es kein Zurück zum Land mehr geben. Ist die letzte Brücke nach der „grossen Loslösung" vom scheinbar festen Grund der Erde aber abgebrochen, können die freien Geister die neue Philosophie als eine ungewisse Fahrt im offenen Meer, in seinen Tiefen und Untiefen begreifen und auch bewältigen. Davon ist Nietzsche überzeugt.

„*Wir Luft-Schifffahrer des Geistes*" fragen gleichwohl: „Wollen wir denn *über* das Meer? Wohin reisst uns dieses mächtige Gelüste, das uns mehr gibt als irgend eine Lust [...] dorthin, wo bisher alle Sonnen der Menschheit *untergegangen* sind?"[9] Die Sonnen der Menschheit, mit denen das Meer nie befrachtet war, und so darf man folgern, auch nicht sein könnte, sind die des Glaubens und der Moral. Wiewohl sie diese mit ihrer Fahrt hinter sich lassen können, ist die Frage nach dem Wohin überaus berechtigt, weil sie ins Bilderlos-Ungewisse aufbrechen müssen. Es ist eine schlechterdings notwendige Frage, stellt ihr Aufbruch sie doch in eine unermessliche Gefahr, die ihnen bewusst sein sollte, deren Bewältigung aber vollkommen offen ist und an der sie scheitern können. Als „*Luft-Schifffahrer*" können sie nur schwebend existieren, über den Wellen, ohne festen Boden. Wie könnte ein solches Existieren

---

7 NL 1883, 13[3]; KSA 10, 453; Za, KSA 4, 290; NL 1883, 15[17]; KSA 10, 483.

8 FW, KSA 3, 574. – Die Moral gehört zum Festen, zum Leben auf dem Festland. „Oh meine Brüder, ist *jetzt* nicht Alles *im Flusse*? Sind nicht alle Geländer und Stege in's Wasser gefallen? Wer *hielte* **sich noch an ‚Gut' und ‚Böse'**?" Za, KSA 4, 252.

9 M, KSA 3, 331. – „Diese unsere Einsicht und Gläubigkeit fliegt mit ihnen um die Wette hinaus und hinauf, sie steigt geradewegs über unserm Haupte und über seiner Ohnmacht in die Höhe und sieht von dort aus in die Ferne, sieht die Schaaren viel mächtigerer Vögel, als wir sind, voraus, die dahin streben werden, wohin wir strebten, und wo Alles noch Meer, Meer, Meer ist!" Ebd.

aussehen, wie sollte es zu leben sein? Nur mit ihm, wenn man Nietzsche folgt, wäre der Untergang der „Sonnen der Menschheit“ zu vollziehen und zu feiern.

Im Nachlass von 1885/86 spricht er über eine Dialektik zwischen dem Festland und dem Meer sowie dem Wunsch, es zu befahren.

> Aber dieser Boden selbst hat uns die Kraft angezüchtet, die uns hinaus treibt in die Ferne, in's Abenteuer, [...] in's Uferlose, Unerprobte, Unentdeckte hinausgestossen werden, – es bleibt uns keine Wahl, wir müssen Eroberer sein, nachdem wir kein Land mehr haben, wo wir heimisch sind, wo wir ‚erhalten‘ möchten. Nein, das wißt ihr besser, meine Freunde![10]

Diese Dialektik entsteht, weil der Boden des Festlandes keine Heimat mehr gewährt. Deshalb veranlasst er quasi selbst die Abstoßung und der Aufbruch ins Uferlose wird unausweichlich.

Die Relation Meer-Land denkt Nietzsche antipodisch; die „Entstehung des Festlandes“ sei die größte Zumutung für die „lebendigen Geschöpfe“ gewesen, ehedem, als „das Leben im Meere“ verloren ging. Das zeigt, welche Verluste mit dieser Abkehr, die man mit Blumenberg eine „Epochenschwelle“ nennen könnte, einhergingen. Könnten sie über eine Rückeroberung einer mediterranen Existenz kompensiert werden?

Im Mediterranen ist ein religiöses, moralisches oder sinnenfeindliches Geschöpf kaum vorstellbar, vielmehr müsste ein sinnenbejahendes hier beheimatet sein. Nietzsche expliziert, um Erden- und Festlandsbewohner zu werden, mussten die Menschen „ihren Leib und ihre Sitten umkehren und umstülpen und in Allem etwas Anderes thun als sie es bis dahin geübt waren [...] ich bin gleich Jedermann als Landthier geboren und – und nun *muß* ich trotzdem ein Meer-Thier sein!“[11] Für Carl Schmitt wäre das unmöglich; der Mensch sei ein „Landtreter“.

---

10 „Wir wissen das ‚wohin‘? noch nicht, zu dem wir getrieben werden, nachdem wir uns dergestalt von unsrem alten Boden abgelöst haben.“ NL 1885/86, 2[207]; KSA 12, 168. – „Wir müssen eines Zieles halber viele Schmerzen zu ertragen wissen; ja Schmerzen aufsuchen und freiwillig erwählen, wenn das Ziel solche Mühsal nöthig hat. Haben wir denn einen Bund mit dem Schicksal gemacht, daß unser Schiff keinen Schiffbruch leidet? Unsere Reise durch keine Wüste führe?“ NL 1880/81, 9[2]; KSA 9, 409. – „Eine boshafte Seligkeit dünkte mich's oft, auf den höchsten Masten, gleich einer Flamme sitzen: ein kleines Licht zwar, aber doch ein großer Trost für verschlagene Schiffer und Schiffbrüchige.“ NL 1883, 23[5]; KSA 10, 638.

11 NL 1885, 36[2]; KSA 11, 549f. – „Das Meer nimmt ab, der Mensch *das feste Land* nimmt immer zu – aber weil er nur sieht, daß sich Alles verändert, so glaubt und fühlt er umgekehrt und meint, seine Unfestigkeit sei im Wachsen und er werde schließlich dem Meere nicht mehr Widerstand leisten können. – Die *Langsamkeit* der Vorgänge in der Geschichte des Menschen ist nicht dem menschlichen Zeitgefühl angemessen – und

Wie kein anderes ist Camus' Denken vom Mittelmeer befruchtet, und es hat sich seiner Kultur verschrieben. Insbesondere in *Hochzeit des Lichts, Heimkehr nach Tipasa* und in *Der Fremde*. Mit ihm kann man es als ein *mittelmeerisches Denken* verstehen, womit es zum Vorbild für philosophische Reflexionen über das Mediterrane wird. Camus subjektiviert diese spezielle Liebe zum Mediterranen als ein reziprokes Naturband, wobei das menschliche Subjekt allein in der Negation auftritt. Das brüderliche Lächeln dieser Liebe könnte ein Identitäten auflösendes sein, gewonnen aus einem mediterranen Existieren, das den anderen durch den Bezug zum Meer je schon einbezogen hat. „Ich hatte immer das Gefühl auf hohem Meer zu leben, bedroht, im Herzen eines königlichen Glückes."

Unsere Verleugnung, Abkehr, Verdrängung, sträfliche Instrumentalisierung von Natur hat ihr Status, Raum, Bedeutung und Geltung entzogen. Camus folgert: Wir sind nur noch die „abtrünnigen Söhne" der Griechen. „Freiwillig amputierte man der Welt das, was ihre Dauer bewirkt: die Natur, das Meer, die Hügel, die Beschaulichkeit der Abende."[12] Die Folgen dieser Amputation drohen uns heute zu überrollen; die Erde könnte unfruchtbar werden, verwüsten, und wir verlören unseren Lebensraum.

Es muss betont werden, dass es bei Nietzsche und bei Camus um eine Vision, der zuweilen auch Mythisches inhäriert, der griechischen Antike geht. Es ist hier nicht von Interesse deren Triftigkeit zu überprüfen. Bei beiden werden mit ihr Imaginationen verbunden, die kreiert oder konstruiert sind. Dann können sie die enorme Funktion erfüllen und den herausgehobenen Status einnehmen, der für ihr Denken vielfältig essentiell ist.

Der homerischen Sage zufolge, war Odysseus nach überstandenen Abenteuern und gemeisterten Gefahren – nach Jahren der Irrfahrt – in seine Heimat Ithaka zurückgekehrt. In der *Odyssee* liest sich das so: „Vom Schiff mit

---

die Feinheit und Kleinheit alles Wachsens spottet der menschlichen Sehkraft." NL 1881, 15[41]; KSA 9, 648f.

12 Camus 2000, Heimkehr, 112; 84. – „Diese Griechen waren oberflächlich – *aus Tiefe*! Und kommen wir nicht eben darauf zurück, wir Wagehalse des Geistes, die wir die höchste und gefährlichste Spitze des gegenwärtigen Gedankens erklettert und uns von da aus umgesehn haben, die wir von da aus *hinabgesehn* haben? Sind wir nicht eben darin – Griechen? Anbeter der Formen, der Töne der Worte? Eben darum – Künstler?" FW KSA 3, 352. – „Das Meer, welches das Leben auf diesem Erdball begann, wäre noch immer seine wohltätige Amme, wüßte der Mensch nur die in ihm herrschende Ordnung zu respektieren." Michelet 2006, 241. – D.H. Lawrence „Sie sagen, das Meer sei ohne Liebe und daß im Meer keine Liebe leben kann [...] Doch aus dem Meer empor // Springen die Delphine rund um das Schiff des // Dionysos // dessen Meer purpurne Weinreben umwinden [...] das Meer schenkt sich in Liebe dem Dionysos // in den Sprüngen dieser kleinen glückseligen Wale." Zitiert nach Wüstner 2005, 51.

guten Ruderbänken kletterten sie aufs Festland, // trugen zuerst Odysseus aus dem bauchigen Schiff // und legten ihn samt dem Leintuch und der schwimmenden Decke // dort in den Sand, vom Schlaf überwältigt, wie er war."[13] In der *Dialektik der Aufklärung* wird er der listige genannt. „Der listige Einzelgänger ist schon der homo oeconomicus, dem einmal alle Vernünftigen gleichen. [...] Dem Zufall des Wellengangs ausgeliefert, hilflos isoliert, diktiert ihnen ihre Isoliertheit die rücksichtslose Verfolgung des atomistischen Interesses."[14] Dieser freilich sollte nicht in Camus' Ithaka zurückkehren, denn es wäre nicht seine Heimat.

Wie aber können philosophische Reflexionen – und zu betonen ist, dass sie sich vorrangig auf Metaphorisches beziehen, das Mediterrane erfassen, und was könnten sie damit initiieren? Es wäre zu belegen, dass diese bedrohte und partiell verlorene Kultur gegenüber der Versagungsmoral des Nordens ein selbstbestimmteres Leben verspricht, wiewohl man sich dazu auf eine ungesicherte und unsichere Fahrt am Kompass eines erneuerten, aufklärenden Denkens begeben muss. Dabei würden das Mittelmeer und seine Kultur des Mediterranen als Kreatoren eines postmoralischen Daseinsvollzugs rehabilitiert, womit sich die Entfremdungen nördlicher Existenzen – wie Nietzsche und Camus es sehen – in einem Prozess der Auflösung befinden sollten.

Die (er)schaffende Dimension mediterraner Existenz-, Denk- und Erkenntniskultur steht im Fokus der Reflexionen, im Wissen, wie schwer sie zu erfassen

13 „Dann brachte sie die Kostbarkeiten heraus, die ihm die erhabenen Phaiaken // vor seiner Heimfahrt gegeben hatten, dank dem Wirken der großherzigen Athene. // Das nun legten sie alles zusammen an den Stamm des Ölbaums, // fern vom Weg, dass kein vorbeiziehender Mensch, // bevor Odysseus erwachte, hinging und stahl. Sie aber fuhren wieder heim." Homer: Odyssee, 13. Gesang 116-125. – „Die Irrfahrt von Troja nach Ithaka ist der Weg des leibhaft gegenüber der Naturgewalt unendlich schwachen und im Selbstbewußtsein erst sich bildenden Selbst durch die Mythen. Die Vorwelt ist in den Raum säkularisiert, den er durchmißt, die alten Dämonen bevölkern den fernen Rand und die Inseln des zivilisierten Mittelmeers, zurückgescheucht in Felsgestalt und Höhle, woraus sie einmal im Schauder der Urzeit entsprangen." GS 3, 64.

14 GS 3, 80. – „Das Organ des Selbst, Abenteuer zu bestehen, sich wegzuwerfen, um sich zu behalten, ist die List. Der Seefahrer Odysseus übervorteilt die Naturgottheiten wie einmal der zivilisierte Reisende die Wilden, denen er bunte Glasperlen für Elfenbein bietet." Ebd., 66. – Zustimmend hierzu Blumenberg: „List muß vor dem Hintergrund der rohen Grausamkeit schon als Stufe der Verfeinerung der Mittel gesehen werden. Das gilt noch für Odysseus als dem Listenreichen, wenn er es mit den Ungeheuern wie dem Poseidon-Abkömmling Polyphen zu tun hat." Blumenberg 1979, 131. – „Odysseus darf bei Kalypso zwischen der Unsterblichkeit und der Erde wählen. Er wählt die Erde und mit ihr den Tod." Camus 2000, Heimkehr, 86. Bei Camus ist Odysseus aufrecht bis in den Tod und nicht der Listenreiche.

sind, aber im Pathos dessen, was wir Essenzielles durch sie gewinnen und zurückgewinnen könnten. Dazu gehört, das Meer als unsere Lehrmeisterin für ein Einheitsgefühl mit der Natur zu begreifen. *„Im grossen Schweigen“* erklärt Nietzsche poetisch, der Mensch müsse sein degeneriertes Menschsein aufgeben, das lebensfeindliche, des religiös-moralischen Nordens. Für den mediterranen Süden ist aber nicht weniger gefordert, als unser gewohntes Menschsein aufzugeben, und niemand kann versprechen, dass ein davon entferntes, gar ein ihm gegenüber transformiertes, überhaupt gelingen könnte.

Gegen die moralische Kälte des Nordens – als Allegorie einer sinnenfeindlichen Zivilisation – setzt Nietzsche den „Süden“. Zu betonen ist, dass es weder bei Nietzsche noch im Folgenden um eine soziologische oder ökonomische Relation zwischen Norden und Süden geht. Es scheint, als seien Süden und Norden auf unterschiedlichen Kontinenten situiert. In der Metapher Süden zeigt sich seine Parteilichkeit für eine bedingungslose Liebe zum Leben – entlang dem Amor fati zu leben, das Schicksal zu bejahen und zu lieben. Dieser Süden soll zudem unsere Wünsche, Hoffnungen, Fantasien und Sehnsüchte symbolisieren und verkörpern – und damit den Kanon des Post-Moralischen – nicht zuletzt poetisch decodiert über seine Wärme und Lichtfülle. Nietzsches Forderung, „den *Süden* in sich wieder entdecken und einen hellen glänzenden geheimißvollen Himmel des Südens über sich aufspannen“, unterstreicht zudem, dass wir ihn – obwohl verdeckt, überlagert, verdrängt – noch in uns tragen. Er müsste über schmerzhafte Prozeduren des Loslassens sich entbergen und wird damit zum Symbol eines Daseins, das unter der Überschrift eines Jenseits vom Glauben und von Gut und Böse firmiert, wie auch das Mediterrane.

Aus seiner Frontstellung gegen den Norden, die eine Abkehr ist, folgert er in der *Fröhlichen Wissenschaft*: „es hätte überhaupt keine Verchristlichung Europa's gegeben, wenn nicht die Cultur der alten Welt des Südens allmählich durch eine übermässige Hinzumischung von germanischem Barbarenblut barbarisirt und ihres Cultur-Uebergewichtes verlustig gegangen wäre“.[15] Diese vorchristliche, verlorene Kultur müsste im Mediterranen fragmentarisch noch beheimatet sein und sollte womöglich in einem diesbezüglichen Denken revitalisiert werden. Selbst wenn das nach einer Idealisierung des Südens/

15 NL 1885, 41[7]; KSA 11, 682; FW, KSA 3, 493f. – „Dass Luther's Reformation im Norden gelang, ist ein Zeichen dafür, dass der Norden gegen den Süden Europa's zurückgeblieben war und noch ziemlich einartige und einfarbige Bedürfnisse kannte [...] Je allgemeiner und unbedingter ein Einzelner oder der Gedanke eines Einzelnen wirken kann, um so gleichartiger und um so niedriger muss die Masse sein, auf die da gewirkt wird; während Gegenbestrebungen innere Gegenbedürfnisse verrathen“. Ebd.

Mediterranen klingt und ein Wiedergewinn ungewiss scheint, sollte das geprüft werden. Dabei werden wir sehen, dass Nietzsches geadelter Süden Begünstigungen des Meeres und seines wärmenden Klimas umfasst, aber auch enorme Herausforderungen, womöglich Überforderungen, durch ein gleichsam schwebendes Existieren mit seiner Diskontinuität. All das unterstreicht die existenzielle Gefahr dieses Aufbruchs ins Ungewisse, der sich Utopischem nicht verweigern kann, nicht allein deshalb, weil es die Grenzen des Erkennens verschiebt und dabei erweitert, sondern weil es diesem Projekt inhäriert. Darin muss nichts Abschreckendes liegen. Es ist nur redlich, die Gefahren zu benennen, um erst danach die positiven Erträge in den Blick zu nehmen, auch wenn ein Abwägen schwer wird.

Trotz all dieser Hinweise und Erwägungen steht die Antwort auf die entscheidende Frage, was charakterisiert eine mediterrane Existenz und was macht sie damit einer nördlichen überlegen, weiterhin aus. Ihre Beantwortung ist ein relevantes Thema der Studie. Ebenso wichtig ist die erkenntnistheoretische Dignität der Terme/Topoi/Allegorien/Metaphern und Symbole – über die eine solche Existenz zu erfassen wäre. Daran muss sich die Antwort auf die Frage, warum sich ein mediterranes Existieren zum Vorbild nehmen, anschließen. Das bedeutet keineswegs, dass wir ans Meer ziehen und als Küstenbewohner leben müssen, sondern vielmehr einen theoretisch überzeugenden Nachweis der Überlegenheit dieses Existierens vorzulegen, aus dem ein transformierender Input für uns „Landthiere", „Landtreter" gewonnen werden kann. Im Kontext dieses Nachweisens werden die notwendigen Loslösungen aufgezeigt, die wir vollziehen müssen und die auf uns einwirken. Ihr signifikanter Input sollte eine sinnliche Bejahung des Lebens sein und in diese münden. Dazu ist eine maßvolle Abkehr vom Abstrakten, vom Analytischen und Deduzierbaren nötig – zumindest so weit, dass philosophische Reflexionen des Mediterranen als eigenständige sichtbar werden und bestehen können.

Mit der These, alles Leben beginne im Wasser, wird das Landtier Mensch mit einem ihm prima facie fremden, bedrohlichen Element verbunden. Später eignet er sich das Meer über die Schifffahrt partiell an. Mit Heraklit, der die ewige Bewegung und damit die ewige Verwandlung und Veränderung fokussiert, *panta rhei*, wird nicht zuletzt das Meer zum Medium. Nietzsche:

> Lauter als Anaximander rief Heraklit es aus: ‚Ich sehe nichts als Werden. Laßt euch nicht täuschen! In eurem kurzen Blick liegt es, nicht im Wesen der Dinge, wenn ihr irgendwo festes Land im Meere des Werdens und Vergehens zu sehen glaubt.' Ihr gebraucht Namen der Dinge, als ob sie eine starre Dauer hätten: aber selbst der Strom, in den ihr zum zweiten Mal steigt, ist nicht derselbe als beim ersten Male.

In Goethes Worten: „Gleich mit jedem Regengusse // Ändert sich dem holden Tal, // Ach, und in demselben Flusse // schwimmst du nicht zum zweitenmal"[16]; alles ist in Bewegung.

Um ein methodisches Instrumentarium des mediterranen Denkens zu benennen, behaupte ich, das Meer zeigt sich unserer Wahrnehmung als ein erhabenes – in Anbetracht des scheinbar Unendlichen, wiewohl es sich um eine endliche Realität handelt. Ihre Endlichkeit ist für unsere Wahrnehmung jedoch nachrangig, womit sich das durchs Unendliche/Grenzenlose ausgelöste Gefühl der Erhabenheit beim Anblick des Meeres erhält. Bei der Semantik des Erhabenen muss auf Kants *Kritik der Urteilskraft* reflektiert werden. In Differenz zum Geschmacksurteil über das Schöne, das laut Kant auf die interesselose Betrachtung des Gegenstandes zielt, ist es beim Erhabenen die Unform/Formlosigkeit eines Unbegrenzten, das die Frage aufwirft, wie es wahrgenommen werden kann? „*Erhaben* nennen wir das, was *schlechthin groß* ist. [...] *Erhaben ist, was auch nur denken zu können ein Vermögen des Gemüts beweiset, das jeden Maßstab der Sinne übertrifft*" – und das unsere Wahrnehmung zwangsläufig übersteigt.[17] Dieses Übersteigen generiere das Gefühl und die Wahrnehmung der Erhabenheit und übersteige damit unsere Einbildungskraft.

Wiewohl und gerade weil unsere Wahrnehmung gegenüber dem Schrankenlosen/Unbegrenzten, Unendlichen, scheinbar Formlosen, der scheinbar reinen Seinsfülle – dem *apeiron* des Anaximander, der auch davon überzeugt war, dass alles aus dem Wasser entstanden ist – versagt, müssen sich philosophische Reflexionen des Mediterranen dieser Herausforderung stellen. Dabei sollten sie sich – womöglich im Geist einer durch es erneuerten Aufklärung, die mehr sein muss als eine Kritik an der europäischen –, auf etwas beziehen, das mit der *Würde des antiken, wissenden und souveränen Menschen* verbunden ist. Er ist der Bewohner von Camus' Ithaka und nicht der dionysische Künstler Nietzsches, aber auch ein Schaffender, der aus den genannten Einflüssen des

16 „Ihr gebraucht Namen der Dinge, als ob sie eine starre Dauer hätten: aber selbst der Strom, in den ihr zum zweiten Mal steigt, ist nicht derselbe als beim ersten Mal." PHG, KSA 1, 823. – „„Das Werden schaue ich an, ruft er, und niemand hat so aufmerksam diesem ewigen Wellenschlage und Rhythmus der Dinge zugesehen." Ebd., 822; Goethe 1990, Band 1, 247. – „Aber nicht nur Hegel und Nietzsche schlossen sich dem Denken des steten Fließens an. Goethe übernahm heraklitische Gedanken in seiner Philosophie der Natur und auch in seiner Lyrik; in seinem Gedicht *Dauer im Wechsel* wird Heraklit fast wörtlich zitiert. [...] Hatten Thales und besonders Anaximander die physische Verbindung des Menschen mit dem Wasser behauptet, so zeigt sich bei Heraklit und seinen Nachfolgern auch eine geistige Verbindung. Um die bewegte Wirklichkeit zu begreifen, benutzt man gedankliche Werkzeuge Bilder und Vorstellungen, die sich ans Wasser anlehnen." Scholtz 2017, 32f.

17 Kant 1977, X, 169; 172.

Mediterranen schöpft, sie ausschöpft. Dem Stofflichen und seinen diversen Spiegelungen der Vergegenständlichung verpflichtet, will sagen, sie nicht zu instrumentalisieren, sollte diese souveräne Würde gegen Dekadenz und Nihilismus stehen – und selbstverständlich den monotheistischen Versprechungen keinen Glauben mehr entgegenbringen.

Die der antiken abgeschaute Würde, generiert durch mediterrane Natur und ihrer Kultur – „Hybris ist heute unsre ganze Stellung zur Natur, unsre Natur-Vergewaltigung"[18] – sollte ein Denken anleiten, das schwer korrumpierbar ist – weder durch ökonomische Inanspruchnahme, durch Nützlichkeitserwägungen noch durch Anpassung an vorgegebene Standards. Instrumentalisierungen insbesondere von Natur, wären hier undenkbar. Das Fließende dieses Denkens kann weder auf Begriffe noch Kategorien vertrauen; es operiert im Metaphorischen und vor allem in Bildern und öffnet diese Medien dem philosophischen Diskurs, schließt Widersprüche ein und fürchtet keine Aporien. Es begrüßt Übergänge und Transformationen und hätte die Kraft, sich ohne Aussicht auf einen stabilen Grund und Boden, gleichsam *schwimmend*, zu formieren und dabei ein Existieren zu unterstützen, das um seine Fragilität weiß und reflektierend alles auszuschließen sucht, das sich an ihr vergehen könnte.

In der *Fröhlichen Wissenschaft* ruft Nietzsche gleichsam hinter dem Fernrohr des großen Entdeckers Columbus: „Es giebt noch eine andere Welt zu entdecken – und mehr als eine! Auf die Schiffe ihr Philosophen!" Diese Aufforderung, hinter der sich Kritik verbirgt, und die einer Forderung gleichkommt, zeigt neben der Identifikation mit dem Entdecker des neuen Kontinents, Columbus, das Votum für ein neues Philosophieren, ein gefahrenreiches und abenteuerbejahendes. „Dem Schiffe gleichend, welches mit seinem weissen Segel wie ein ungeheurer Schmetterling über das dunkle Meer hinausläuft! Ja! *Ueber* das Dasein hinauslaufen! Das ist es! Das wäre es!"[19]

18 GM, KSA 5, 357.

19 FW, KSA 3, 530; 424. – „Das Schiff, dieser Schwan der See, der in behenden und runden Bewegungen die Wellenebene durchschneidet oder Kreise in ihr zieht, ist ein Werkzeug, dessen Erfindung ebenso die Kühnheit des Menschen als seinem Verstande die größte Ehre macht." Hegel 1971, Band 12, 119. – „Aber sobald die äußere ‚Gefährlichkeit' der Existenz zurückgeht, entsteht eine Lust an der Unsicherheit, Unbegrenztheit der Horizont-Linien. Das Glück der großen Entdecker im Streben nach Gewißheit könnte sich jetzt in das Glück verwandeln, überall die Ungewißheit und das Wagniß nachzuweisen. Ebenso ist die Ängstlichkeit des früheren Daseins der Grund, weshalb die Philosophen so sehr die Erhaltung (des ego oder der Gattung) betonen und als Princip fassen: während thatsächlich wir fortwährend Lotterie spielen gegen dies Princip." NL 1884, 26[280]; KSA 11, 223f.

Die Existenz der zukünftigen Philosophen sollte über die Beschränkungen des Daseins hinauslaufen können, ein leichtes sein, hierfür steht der Schmetterling über dem dunklen Meer; eine fragile Kreatur über einem Abgrund. Die Farbe indiziert die unabwendbare Gefahr und Gefährdung. Sie symbolisiert die Untiefen des Meeres und damit auch die des Philosophierens. Das erinnert an Herders „Alles gibt hier dem Gedanken Flügel und Bewegung und weiten Luftkreis!" Dann stellt sich die Frage: „Wo ist das feste Land, auf dem ich so feste stand? Philosoph der Natur, das sollte dein Standpunkt sein, mit dem Jünglinge, den du unterrichtest! Stelle dich mit aufs weite Meer."[20]

Mit den vielfältigen Perspektiven des Mediterranen wären andere, zumindest deutlich veränderte Einstellungen zu entdecken, auch in uns, verbunden mit einem offenen Willen, in ihnen nicht aneignend heimisch zu werden. „Als das Tier seinen Kopf aus dem Wasser hob – so beschreibt Michelet den Biber – und den Menschen sah, wagt er nicht einmal zu fliehen, ‚sondern brach nur in Tränen aus.'"[21]

Eine Einteilung und Unterteilung der Thematik wird mit der Rekonstruktion von Wasser und Meer in den Mythen beginnen, woran sich die biblische Metaphorik des Meeres anschließt.[22] Eine Reflexion des mediterranen Existierens mit dem Bezugspunkt und Initiator Mittelmeer kann sich auf die griechische und römische Antike sowie auf Nietzsche, Camus u. a. und auf Schriftsteller, Dichter, Lyriker und Komponisten beziehen, deren artifizielle Überlegungen für die Philosophie sehr befruchtend sind. Diese Befunde fließen in Abgrenzung von Existenzweisen ein, die dem „Landthiere" und „Landtreter" anhand der christlichen Moral und in ihrem Umgang mit der Natur so selbstverständlich sind – und damit leider auch für uns. In „‚Schuld', ‚schlechtes Gewissen', Verwandtes" behauptet Nietzsche, es sei uns nicht anders „als es den Wasserthieren ergangen sein muss, als sie gezwungen wurden, entweder Landthiere zu werden oder zu Grunde zu gehen".[23] Zu erkennen wäre, inwieweit diese Moral nicht nur eine Instrumentalisierung von

20 Herder 1997, Band IX/2, 16.

21 Michelet 2006, 13.

22 „– Der ‚frohen Botschaft' folgte auf dem Fuss die *allerschlimmste*: die des Paulus. In Paulus verkörpert sich der Gegensatz-Typus zum ‚frohen Botschafter', das Genie im Hass, in der Vision des Hasses, in der unerbittlichen Logik des Hasses. Was hat dieser Dysangelist Alles dem Hasse zum Opfer gebracht!" AC, KSA 6, 215f.

23 GM, KSA 5, 322. – „Es ist schon merkwürdig, daß man gleich zu Beginn der Philosophie den Beginn allen Lebens im Meer vermutete und so zu einer Überzeugung gelangte, die viel später durch hoch entwickelte Wissenschaften erhärtet werden sollte. Dadurch hat das Landtier Mensch eine gedankliche Brücke zu einem ihm fremden Element gebaut." Scholtz 2017, 25.

Natur legitimiert, sondern den Umgang mit unserer präfiguriert hat und auf ihn abstrahlt. Dabei ist u. a. auf Nietzsches Allegorie der Kälte des „Nordens“ bei der Formierung des Christentums, insbesondere der Reformation und der Moral zu reflektieren, denen er seine Metaphorik der Wärme des Südens – ‚den Süden in uns wieder entdecken‘ –, entgegensetzt.

Zudem wird die Dignität von Camus’ These einer „Absurdität“ menschlichen Lebens, wie es sich vorrangig in einem städtischen Dasein zeigt, dem er ein mittelmeerisches Existieren im Einklang mit Natur entgegensetzt, zu prüfen sein. Dazu gehört die Beantwortung der Frage, ob eine mittelmeerische Existenz der Absurdität ein Stück weit zu entkommen vermag, wiewohl auch sie davon nicht wirklich befreit sein kann.

Berücksichtigt werden weiter die symbolischen Relationen zwischen dem Meer und dem Mutter-Imago. C.G. Jung begreift das Imago als ein unbewusstes Vorstellungsbild, wobei das Mutter-Imago, etwa in *Symbole der Wandlung*, mit dem Meer verbunden wird; der mütterlich-umhüllende Aspekt des Meeres koinzidiere mit dem Mutter-Imago. Ein tiefenpsychologisches Verständnis entberge es in Träumen, wo es häufig als Meer oder als ein tiefes Gewässer imaginiert werde. Inwieweit, ist zu fragen, eröffnen sich dem Mutter-Imago des Unbewussten – wie über das Meer – ein Gefühl der Erhabenheit als dem Unbegrenzten, Formlosen, Erschütternden und Transzendierenden, Nicht-Fasslichen und dabei so Wirkmächtigen?

Basierend auf den gewonnenen Erkenntnissen wird die Bedeutung philosophischer Reflexionen des Mediterranen, nun erweitert um die Dimension des Unbewussten, inkarniert im Mutter-Imago für eine Umstellung des Existierens analysiert. Dabei geht es in keiner Weise um die Frage, ob ein fließendes Existieren im endlos-bewegten Werden des ersten Elements für uns möglich sein kann. Es scheint evident, dass dem nicht so ist. Gleichwohl könnte für eine vom Glauben befreite Lebensbejahung, die, wie ich es sehe, den dringend erforderlichen Einstellungswandel gegenüber der Natur nachhaltig befördern würde, eine Einbindung des Mediterranen/Südens – mit den vorgestellten umfangreichen Konnotationen – sinnvoll sein, soweit das eben möglich ist. Es wird also diskutiert und abgewogen werden müssen, ob eine Wiederentdeckung und folglich eine Wiederaufrichtung des Südens und damit dessen Rehabilitation uns einen achtenden Umgang mit der Natur ermöglichen kann, von dem vor allem wir profitieren würden.

In all diesen Hinsichten wäre das mediterrane – zuerst und zumeist ein elementares und existentielles Denken – orientiert an dessen verdrängter Kultur.

KAPITEL 1

Mythos

1.1 Mythos Wasser – Mythos Meer

Nietzsche verweist im Nachlass von 1875 auf die Kraft des Mythos: „Alles auf dem Hintergrund des Mythos aufzumalen. Dessen grenzenlose Unsicherheit und Wogen. Man sehnt sich nach Sicherem. Nur wohin der Strahl des Mythus fällt, da leuchtet das Leben des Griechen; sonst ist es düster.“[1] Ein Aufmalen, das er mit maritimen Metaphern verdeutlicht.

Im Folgenden wende ich mich dem Wasser und dem Meer in ihren mythischen und religiösen Konnotationen, Bezügen und Hinsichten zu. Wenn man sich den mythisch-metaphorischen Bezügen des Meeres zuneigt, dann lohnt zunächst ein Blick auf einige Fakten. Das Meer ist die älteste und größte Erdregion und umfasst drei Viertel ihrer Oberfläche. Dennoch ist es eine unbekannte Region, insbesondere was seine Tiefe betrifft.

> Das Leben ist im Meer entstanden, und während der ganzen unvordenklichen Zeiten, die von der ersten Zelle zum organisierten Lebewesen Meer führten, war der Kontinent jeglichen tierischen oder pflanzlichen Lebens bar, ein steinernes Land, nur vom Rauschen des Regens und des Winds erfüllt, in einem gewaltigen Schweig[illegible]in dem nichts sich regte außer dem raschen Schatten der großen Wolken [illegible] dem Lauf der Gewässer zu den Becken des Ozcans. […] Das Festland is[illegible]zten Endes nur eine sehr dünne Platte auf dem Meer. Eines Tages wird der O[illegible] herrschen.[2]

Soweit C[illegible]s in einer Tagebucheintragung, wo auch das Meer zum Medium wird, au[illegible]em alles entstanden ist. Zudem betont er, das Festland werde von ihm de[illegible]st verschlungen werden.

Da[illegible]nergründliche Meer gibt vielfach und vielfältig Anlass für Myth[illegible]es und für Ängste. Unser Verhalten ihm gegenüber tangiert unsere

---

1 [illegible] berauben sich diese Philosophen des Mythus; also, wie halten sie es in dieser Düsterkeit [illegible]? – “ NL 1875, 6[7]; KSA 8, 99. – „*Wir sind vornehmer*. – Treue, Grossmuth, die Scham des [illegible]ten Rufs: diese Drei in Einer Gesinnung verbunden – das nennen wir *adelig, vornehm, edel*, [illegible]nd damit übertreffen wir die Griechen.“ M, KSA 3, 173.

[illegible] Camus 1995, 346f. – „Schließlich bin ich in alle Winde verstreut, alles vergessend, sogar mich selbst, nur noch dieser wehende Wind und im Wind diese Säule und dieser Bogen, dieses glühende Pflaster und diese bleichen Gebirge rings um die verlassene Stadt. Nie habe ich in solchem Maße beides zugleich, meine eigene Auflösung und mein Vorhandensein in der Welt empfunden.“ Camus 2000, Hochzeit, 18.

 | DOI:10.30965/9783846766941_002

Auseinandersetzung mit der Natur und zeigt sich in der Mythologie, der Philosophie, Literatur und den Künsten bis zur Technik und zur Ökologie. Fast alle Kulturen partizipieren in gewisser Weise vom Meer. Bei der europäischen, wenn wir sie trotz aller Unterschiede hier als eine rezipieren wollen, handelt es sich um das Mittelmeer. Eine Auseinandersetzung mit dem Meer, die initial überwiegend blickgeneriert ist, erfolgt in vielen Erklärungsansätzen.

Das Meer, die älteste, nicht zu zähmende Landschaft, steht für das Archaische, das dem Zivilisierten entgegensteht und damit für eine Bildsprache; für Metaphern, Gefühle, Fantasien, Visionen, Träume und Fluchten. Von allen Landschaften und Räumen ist nur das Meer ständig bewegt, und so ist es nicht allein in evolutionärer Perspektive gleichsam die Mutter des Lebens und des Lebendigen. Bewundern wir es, löst das Ehrfurcht, aber auch Ängste aus. Das Meer ist das Symbol des Wandels. Es spiegelt sich im Licht der Sonne, und sie kann es verfinstern oder ganz hell werden lassen. Dabei nimmt das Meerwasser jede nur denkbare Färbung an. Seine Begrenzungen dem Land gegenüber sind wandelbar, es verlockt zur Überschreitung.

Als Symbol des Lebens und seiner stetigen Erneuerung wird das Wasser kulturübergreifend verstanden. Abgesehen von seiner physischen Realität steht es dabei symbolisch auch für unsere geistige Fruchtbarkeit. Flüsse und Quellen avancieren in Religionen zu heiligen Orten, und sie wurden in mythologischen und religiösen Konnotationen als Heimstatt der Götter begriffen. Das Wasser ist daneben eine Inspiration für Dichter und Denker, besonders am Parnass und am Helikon. Bei den Griechen ist eine verbreitete Verehrung von Flussgöttern und Quellnymphen zu beobachten, die Römer opferten ihnen.

Im germanischen Weltbild treffen wir auf Asgard (Himmel), Midgard (Erde) und Utgard (Außen-/Unterwelt) sowie Yggdrasil, (Weltesche), den Kosmos verkörpert. Die Erde war vom Meer umgeben, in dem die Midgard-Schlange lebte. Ihre Bewegungen erzeugten nach diesem Mythos den Wellengang.

Schon in den frühesten Hochkulturen finden sich mythische Vergegenwärtigungen der Gewalt der Natur, des Meeres und den damit verbundenen Katastrophen. Zu verweisen ist zudem auf biblische Illustrationen der Sintflut. In der Renaissance werden diese Themen wieder aufgegriffen, wobei mythische Anteile mit realen verknüpft werden. Zu verweisen ist auf Dürers Holzschnitt zur Apokalypse, in dem das letzte Gericht über Naturkatastrophen sichtbar wird.

Eines der ältesten Sintflut-Mythen im „Gilgameschepos" hat die biblische Genesis beeinflusst, in beiden wird die Sintflut als eine Strafe Gottes für frevelhaftes Verhalten der Menschen angesehen. Diese Mythen spiegeln die Urangst des Menschen vor dem Wasser, in der germanischen Mythologie und in anderen mythischen Erzählungen und Vorstellungen. Sie alle fokussieren die Sündhaftigkeit des Menschen, die von Gott oder Göttern bestraft wurde. Womöglich korrespondierten sie mit realen Naturkatastrophen.

In der christlichen Tradition wird das Wasser zum Symbol des Geistes, etwa im Johannesevangelium. Jesus rief: „Wer Durst hat, komme zu mir, und es trinke, wer an mich glaubt. Wie die Schrift sagt: Aus seinem Inneren werden Ströme von lebendigem Wasser fließen. Damit meinte er den Geist, den alle empfangen sollten, die an ihn glauben; denn der Geist war noch nicht gegeben, weil Jesus noch nicht verherrlicht war." (Joh. 7, 37ff.). Bekanntlich versteht Johannes der Täufer seine Taufe durch Jesus als eine mit dem Heiligen Geist. Zu erwähnen ist das Wassertier Fisch, griechisch ICHTHYS, griechisch der Fisch, der zu einem Erkennungszeichen der ersten Christen in der Zeit ihrer Verfolgung wurde. Dieser symbolisiert den Christen, der sich schwimmend gegen eine feindliche Umwelt, die ihn mit Folter und Tod verfolgte, auflehnt. Damit wird er zum Symboltier des Lebens. Weiter wurde das Wasser im Mythos symbolisch dem Weiblichen gleichgesetzt.

Das Wasser ist nicht allein der erste Lebensraum für alles Lebendige, sondern auch der Grund seines Entstehens. Als Mittel zur Reinigung befreit es vom Schmutz, schützt vor Krankheiten und kann uns wieder gesund machen. Daneben kann es aber auch Leben zerstören. Als Tobendes kann es zu Überflutungen, Überschwemmungen, Vernichtung von Küsten und Häfen führen, zum Tod von Menschen. Um seine Gefahren zu bannen, werden Dämme gebaut und Flüsse reguliert etc. Als Meer oder Strom grenzt es Länder und Völker voneinander ab.

Aufgrund seiner spezifischen natürlichen Beschaffenheit scheint es sich für religiöse Bedeutungen zu eignen. Wie erwähnt wird es nicht selten als Ort der Götter angesehen und deshalb verehrt. Daneben gilt es aber auch als Ort des Bösen, beheimatet in Meeren und Ozeanen. In den antiken Religionen geht es beim Wasser um rituelle Waschungen, die zu einem Set von kultischem Handeln gehören. Hierzu gibt es Überlieferungen aus Ägypten, Mesopotamien, Griechenland und Rom. Genauer musste jedem Gebet eine Waschung vorausgehen, danach kam die Reinigung. In Griechenland vollzog sich das in den Tempeln, heilige Orte und fiktive Wohnstätte der Götter. Sie durften nur gereinigt betreten werden.

Ich komme jetzt zur Taufe, die mit gesegnetem Wasser, Weihwasser, durch das heilige Sakrament der Taufe vollzogen wird. In der christlichen Urgemeinde wurde das heilige Wasser mit Bezug auf Jesus Christus in der Taufe erteilt. Über die Anrufung seines Namens sollte seine Präsenz verbrieft sein, um die Sünden abzuwaschen. „Christus liebt die Gemeinde und gab sich selbst für sie hin, damit er sie heilige, indem er sie reinigt *durch das Wasserbad im Wort*, damit er sich die Gemeinde herrlich bereit machte, ohne Flecken und Runzeln oder sonst dergleichen, vielmehr dass sie heilig und untadelig sei“ (Eph. 5, 25ff.). Diese Reinigung vollzieht sich nur durch die Liebe des Herrn, womit er zudem seine Gemeinde zu einer reinen, gewaschenen und damit würdigen macht. Die Taufe wird nur dann gelingen, wenn sie zum Erlösungswerk von Christus zu rechnen ist. Seine äußerste Selbsthingabe zeigt sich in seinem Opfertod am Kreuz. Die mit und in seinem Namen vollzogene Taufe, die den Täufling zum Mitglied der Gemeinde der Gläubigen macht, lässt die Sünde absterben, sie wird gleichsam weggewaschen, womit ein neuer, nicht sündiger Mensch durch das reinigende Taufwasser entsteht. Johannes führt aus: „Wenn jemand nicht *aus Wasser und Geist* geboren wird, kann er nicht in das Reich Gottes kommen“ (Johannes: 3,5). Der aus dem Geist geborene wird gleichsam von oben geboren. „Als aber die Güte und Menschenfreundlichkeit Gottes unseres Retters, erschien, hat er uns gerettet – nicht weil wir Werke vollbracht hätten, die uns gerecht machen können, sondern aufgrund seines Erbarmens – durch das Bad der Wiedergeburt und der Erneuerung im Heiligen Geist.“ (Titus 3, 4-7).[3] Wie gesehen wird das Wasser im christlichen Glauben zum Medium einer Vermittlung von geistig-übernatürlichen und heiligen Kräften. Durch sie könne eine seelische und geistige Reinigung erfolgen und damit auch Aspekte von Erneuerung und Erlösung aufscheinen.

Nicht zu vergessen ist der Zusammenhang zwischen dem Wasser und der Genesung, der Gesundheit. „Ein *Engel* des Herrn stieg nämlich von Zeit zu Zeit *in den Teich* hinab und *ließ das Wasser aufwallen*. Wer dann als Erster nach dem Aufwallen des Wassers hineinstieg, wurde gesund, von welcher Krankheit er auch immer befallen sein mochte.“ (Johannes 5, 4). Anzufügen ist, dass bei den Reinigungsritualen nur frisches, fließendes, kühles Wasser benutzt wurde, auch solches aus Flüssen und Meerwasser, wobei man stets auf das Beten hinsichtlich seiner Wirksamkeit vertraute. Das Wasser wurde als eine lebensspendende Macht verstanden, womit Quellen, Seen, Bäche zu Orten der Heilung und Fruchtbarkeit wurden. Hier zeigt sich auch die Urerfahrung der Katharsis, der Reinigung, der Heilung, der Erlösung durch die Waschung. Pilgerfahrten wurden zu wundertätigen Quellen und Brunnen unternommen, angeleitet vom Glauben an ihre heilenden Wirkung. Zudem wuchs das medizinische Vertrauen in seine Heilkraft, wie sie sich dann später in der Hydrotherapie von Pfarrer Kneipp zeigt.

Der Mensch nutzt das Wasser rituell und religiös, und er will das Wasser eindämmen, bezähmen, es regulieren. Er begradigt Ströme und Bäche, Flüsse; er schwimmt im Wasser und befährt es mit Schiffen. Der Mensch tauft mit

---

3 „Johannes hat mit Wasser getauft, ihr aber werdet mit dem Heiligen Geist getauft werden und das in wenigen Tagen.“ Apostelgeschichte 1,5.

dem Wasser, einem gesegneten, gleichsam geheiligten, er trinkt Wasser, es kann zu Eis werden.

Nach diesem Einschub beziehe ich mich jetzt auf philosophische Reflexionen des Mythos bei Nietzsche, Blumenberg und Adorno, für die sich der Zusammenhang zwischen Mythos und Aufklärung wie folgt darstellt. „Der Mythos geht in Aufklärung über und die Natur in bloße Objektivität. Die Menschen bezahlen die Vermehrung ihrer Macht mit der Entfremdung von dem, worüber sie die Macht ausüben. Die Aufklärung verhält sich zu den Dingen wie der Diktator zu den Menschen. Er kennt sie, insofern er sie manipulieren kann."[4] Ein Beispiel für eine überaus kritische Einstellung zur Aufklärung.

Nietzsche fasst den Mythos in der Tragödienschrift so: „Ohne Mythus aber geht jede Cultur ihrer gesunden schöpferischen Naturkraft verlustig: erst ein mit Mythen umstellter Horizont schliesst eine ganze Culturbewegung zur Einheit ab."[5] Das Einheitsstiftende wird in dieser frühen Schrift dem Mythos zugesprochen und gerade nicht der Aufklärung, die für ihn von falschen Prämissen ausgeht. Sie sei „selber gewaltsam" und damit sei ihre „Gefährlichkeit"

---

4 „Aufklärung ist die radikal gewordene, mythische Angst." GS 3, 25; 32. – „Die Kategorien, in denen die abendländische Philosophie ihre ewige Naturordnung bestimmte, markierten die Stellen, die einst Oknos und Persephone, Ariadne und Nereus innehatten. Die vorsokratischen Kosmologien halten den Augenblick des Übergangs fest. Die Feuchte, das Ungeschiedene, die Luft, das Feuer, die dort als Urstoff der Natur angesprochen werden, sind gerade erst rationalisierte Niederschläge der mythischen Anschauung. Wie die Bilder der Zeugung aus Strom und Erde, die vom Nil zu den Griechen kamen, hier zu hylozoistischen Prinzipien, zu Elementen wurden, so vergeistigte sich insgesamt die wuchernde Vieldeutigkeit der mythischen Dämonen zur reinen Form der ontologischen Wesenheiten." GS 3, 21f. – „Nichts hat die Aufklärer mehr überrascht und ungläubiger vor dem Scheitern ihrer vermeintlich letzten Anstrengungen stehen lassen als das Überleben der verächtlichen alten Geschichten, der Fortgang der Arbeit am Mythos." Blumenberg 1979, 303.

5 „Alle Kräfte der Phantasie und des apollinischen Traumes werden erst durch den Mythus aus ihrem wahllosen Herumschweifen gerettet. Die Bilder des Mythus müssen die unbemerkt allgegenwärtigen dämonischen Wächter sein, unter deren Hut die junge Seele heranwächst, an deren Zeichen der Mann sich sein Leben und seine Kämpfe deutet: und selbst der Staat kennt keine mächtigeren ungeschriebnen Gesetze als das mythische Fundament, das seinen Zusammenhang mit der Religion, sein Herauswachsen aus mythischen Vorstellungen verbürgt." GT, KSA 1,145. – „Die dionysische Wahrheit übernimmt das gesammte Bereich des Mythus als Symbolik *ihrer* Erkenntnisse und spricht diese theils in dem öffentlichen Cultus der Tragödie, theils in den geheimen Begehungen dramatischer Mysterienfeste, aber immer unter der alten mythischen Hülle aus." Ebd., 73. – „Was bedeutet, gerade bei den Griechen der besten, stärksten, tapfersten Zeit, der *tragische* Mythus? Und das ungeheure Phänomen des Dionysischen? Was, aus ihm geboren, die Tragödie? – Und wiederum: das, woran die Tragödie starb, der Sokratismus der Moral, die Dialektik, Genugsamkeit und Heiterkeit des theoretischen Menschen – wie?" Ebd., 12.

größer geworden. Man habe jedoch die Aufgabe „*an sich selber* das *Werk* der Aufklärung *fortzusetzen*". Als Herdenideologie habe sie eine „Gleichmachung Aller" hervorgebracht, demgegenüber werde die „neue Aufklärung [...] den herrschenden Naturen den Weg zeigen, inwiefern ihnen *alles erlaubt ist*, was den Heerden-Wesen nicht freisteht".[6] Sie wäre der uns bekannten Aufklärung diametral entgegengestellt und in diesem Vergleich geradezu antiaufklärerisch. 1884 wird „*Die neue Aufklärung*. Gegen die Kirchen und Priester gegen die Staatsmänner" zu unserem Auftrag, der in *Morgenröte* „unbekümmert darum, dass es eine ‚grosse Revolution' und wiederum eine ‚grosse Reaction' gegen dieselbe gegeben hat", dennoch „nur Wellenspiele, im Vergleiche mit der wahrhaft grossen Fluth, in welche *wir* treiben und treiben wollen",[7] sind.

Über die fundamentale Bedeutung des Mythos im Leben der Griechen lesen wir in *Ueber Wahrheit und Lüge im aussermoralischen Sinne*:

> Der wache Tag eines mythisch erregten Volkes, etwa der älteren Griechen, ist durch das fortwährend wirkende Wunder, wie es der Mythus annimmt, in der That dem Traume ähnlicher als dem Tag des wissenschaftlich ernüchterten Denkers [denn, J.G.] die ganze Natur umschwärmt den Menschen, als ob sie nur die Maskerade der Götter wäre [...] Der Mensch selbst aber hat einen unbesiegbaren Hang, sich täuschen zu lassen.[8]

Ein fataler Hang, denn er lässt die vom Unbewussten gesteuerte Kreatur allzu leicht zur Beute werden. Dies müsste deren Aufgeklärtheit dramatisch einschränken.

In Blumenbergs *Arbeit am Mythos* wird expliziert: „Die Grenzlinie zwischen Mythos und Logos ist imaginär [...] Der Mythos selbst ist ein Stück hochkarätiger Arbeit des Logos." Das kann für einige provozierend wirken, denn es delegitimiert den Alleinstellungsanspruch des Logos für die Erkenntnis. Adorno und Nietzsche hätten es unterschreiben können. Für Blumenberg, Adorno und Nietzsche ist der Mythos nicht überwunden, auch nicht durch die Aufklärung; das sei einem unreflektierten Fortschrittsmythos geschuldet. Mythen reagierten auf eine existenzielle Erfahrung, etwa die Angst vor Dämonen, magischer Hilflosigkeit und umfassender Abhängigkeit. Mythologeme seien

---

6 WS, KSA 2, 654; NL 1884, 27[80]; KSA 11, 295.

7 NL 1884, 25[296]; KSA 11, 86; M, KSA 3, 172. – „Die Kirche glaubt an Dinge die es nicht giebt, an ‚Seelen'; [...] an göttliche Wirkungen, sie glaubt an Zustände, die es nicht giebt, an Sünde, an Erlösung, an das Heil der Seele; sie bleibt überall bei der Oberfläche stehen, bei Zeichen, Gebärden, Worten, Emblemen denen sie eine arbiträre Auslegung giebt: sie hat eine zu Ende gedachte Methodik der psychologischen Falschmünzerei." NL 1888, 14[151]; KSA 13, 333.

8 WL, KSA 1, 887f. – „Die griechische Mythologie hat *alle* Formen einer bedeutsamen Menschlichkeit vergöttlicht." NL 1870/71, 5[31]; KSA 7, 100.

Verarbeitungsformen, und es werde keine Zeit geben, in der der elementare Schrecken des Existierens durch eine Narration oder formelhaft überwunden sein könnte. Womit gesagt ist, dass das Mängelwesen Mensch dem ‚Absolutismus der Wirklichkeit' weiterhin schutzlos ausgesetzt sein wird. Die Arbeit am Mythos bestehe darin, den Schrecken umzuwandeln und in Geschichten über ihn zu bannen. Hierzu musste alles benannt werden, einen Namen bekommen, auch das Unverfügbare, Unzugängliche, um den Mangel an Verlässlichkeit zu übertünchen. Die Namensgebung sei eine der wichtigsten Funktionen des Mythos. Nur eine Welt „voll von Namen hat eine Qualität". Sie kann „die numinose Unbestimmtheit in die nominale Bestimmtheit überführen und das Unheimliche vertraut und ansprechbar zu machen". Dennoch persistieren Tabus, etwa das Heilige.[9] Unsere Kulturgeschichte spiegele die Versuche, eine übermächtige Wirklichkeit gedanklich und wissenschaftlich/technisch zu bannen. Sie habe sie damit aber nur artifiziell entschlüsselt. Das gehört auch zur Arbeit am Mythos.

Nach dieser Vergewisserung über die Arbeit am Mythos – und seine mythische Vergegenständlichung gehört dazu, sie betrifft die über das Meer, ist es doch trotz aller Versuche, es zu beherrschen, letztlich unverfügbar, komme ich zunächst zum *Totenbuch der Ägypter*: „Ich bin der Große Gott, der von selbst entstand – Was bedeutet das? – Der Große Gott, der von selbst entstand [ist] das Urwasser, ist der Urozean, der Vater der Götter."[10] Auf dieses Wasser treffen wir in griechisch-römischen Kosmogonien in Gestalt des Okeanos, der alles erzeugt habe und als nahrungsspendender Wasserring die Erde umschließe. Im alten Ägypter wurde dieses Urwasser – Nun – jedoch als träge und ruhig imaginiert und gerade nicht als ein bewegtes. Es umschließt den Schlamm und die fruchtbare Erde, zurückgelassen durch die Überschwemmungen des Nils. Die Erde sei eine auf den Wassern schwimmende und zu Schöpfungsbeginn angeschwemmt worden. Aus ihr entstand der Urhügel und von dort verbreitete sich die Schöpfung, so die Vorstellung. Der Ur- und Schöpfungsgott Nun bildet zusammen mit Naunet, der weiblichen Form, das erste Götterpaar, er ist der Vater der Götter.

Wenn man sich bewusst macht, wie groß die Rolle des Wassers in der Archaik und der Antike war, die Mythen reflektieren das, dann kann man das zunächst überraschend finden und sieht aber sehr schnell ein, wie plausibel

9 Blumenberg 1979, 18; 68; 53; 38. – „Denn das Bedürfnis nach Bedeutsamkeit wurzelt darin, daß wir uns als der Ängstlichkeit nie endgültig enthoben bewußt sind." Ebd., 125. – „Das Heilige ist die primäre Auslegung jener unbestimmten Mächtigkeit, die kraft des einfachen Umstandes angenommen und empfunden wird, daß der Mensch nicht Herr seines Schicksals, seiner Lebenszeit, seiner Lebensumstände ist." Ebd., 72.

10 Hornung 1979, 59f.

es ist. Kein anderes Element verfügt über diesen ambivalenten Zauber aus Anziehung und Abstoßung, bei dem letztlich jedoch die Anziehung – durch Verzauberung – überwiegt.

Wie sehr man sich bemüht, das Meer zu versinnbildlichen, sei es mythisch, sei es erkennend, bleiben dessen Attribute einer Erfassung ob seiner Unendlichkeit, Weite, Tiefe, des Fließenden, seiner Stille und zuweilen tosenden Bewegtheit, doch mitunter so unbestimmt wie es selbst. Auch für Nietzsche ist es instabil, fließend, werdend, unbegrenzt – und nicht zuletzt ist es geheimnisvoll und gefährlich. Genau mit diesen Attributen bietet es sich für ihn als Symbol und Allegorie eines neuen Existierens an, wobei seine endlos-ewige Bewegtheit im Vordergrund stehen dürfte, denn sie ist eine ewig wiederkehrende und damit eine Allegorie für die ewige Wiederkunft. Nietzsches Topos einer ewigen Wiederkunft ist an die endlose Bewegung des Meeres anschlussfähig: „die Welt als Kreislauf der sich unendlich oft bereits wiederholt hat und der sein Spiel in infinitum spielt". Dieses Spiel wäre mit dem endlosen der Wellen zu vergleichen.

Das Meer birgt eine Vielzahl von Geheimnissen, die Meeresstille lässt sie erahnen, schweigt sich aber über sie aus. Würde man sie lüften wollen, wäre die Dunkelheit zerstört. Entsprechend glaubt man nur zu verstehen und scheitert, weil Sichtbares die Dimension des Unsichtbaren stets überdeckt.

> Am Meere will ich saugen und seine Tiefe zu sich in die Höhe trinken: da hebt sich die Begierde des Meeres mit tausend Brüsten. Geküsst und gesaugt *will* es sein vom Durste der Sonne; Luft *will* es werden und Höhe und Fusspfad des Lichts und selber Licht! Wahrlich, der Sonne gleich liebe ich das Leben und alle tiefen Meere. Und diess heisst *mir* Erkenntniss: alles Tiefe soll hinauf – zu meiner Höhe!

Das lesen wir in „Von der unbefleckten Erkenntniss."[11] Hier wird dem Meer selbst eine Begierde und damit etwas Erotisches zugeschrieben, dem tiefen und damit dem offenen Meer. Ein eindringliches Bild der Entgrenzung jeder Erfahrung über jede Begrenzung hinaus, gestiftet von Begierde und Sonne, worüber eine allegorische Wahrheit transparent wird. In dieser offenen Tiefe, die sich zur Höhe trinken soll, könnte jedoch ein Glück beheimatet sein, wenn auch im heimatlosen Meer. Im Geheimnis nicht zu ergründender Ferne und Tiefe errichtet sich für uns phantasmatisch das ganz Andere.

Da man die Wahrnehmung des Meeres als eine Überschreitung – Erhabenheit, gerade wenn es tost und braust – unserer Sinne klassifizieren kann, entzieht es sich jeder Begrifflichkeit und war und ist für mythische Zuschreibungen

---

11 NL 1888, 14[188], KSA 13, 376; Za, KSA 4, 159.

und metaphorisches Verstehen prädestiniert. Seine Mitteilungen sind nicht in unsere Rasterungen zu übersetzen. Dafür sollten wir dankbar sein, und dadurch gewinnt es so viel Interesse und Aufmerksamkeit, etwa bei Nietzsche, Michelet oder bei Camus.

Um seinen Werdegang, seine Entwicklung insgesamt zu verdeutlichen, betont Nietzsche im Herbst 1880, er habe „wie blind im Wasser schwimmend, mich der Reihe nach der mir nöthigen Nahrung genähert: Schärfung des Intellektes, nachher Aufschwung und Aufopferung des Selbst, nachher Gerechtigkeit und Selbstständigkeit, nachher umsichtige Milde gegen alles Selbständige usw".[12] Ausgedrückt wird hier, dass er sich entwicklungsbezogen im Fließend-Feuchten befand und sich nur dort befinden konnte, weil es gleichermaßen ungewiss wie fruchtbar ist.

Das Meer, Symbol des bewegten Lebens, wird ganz überwiegend als etwas Ambivalentes wahrgenommen; schön und verführerisch, gleichsam befreiend, erlösend, aber auch abgründig und gefährlich. Selbst bei Nietzsche ist das so. Eine Ausnahme bildet Camus, der sich uneingeschränkt positiv und dabei auch verklärend auf das Mittelmeer bezieht. Doch sogar in seiner pathetischen Euphorie finden sich hinsichtlich eines mediterranen Existierens, wenn man sie gegen den Strich bürstet, noch Segmente von Furcht, die mit dessen Status einer Naturgewalt verwoben sind. Über das Meer scheinen wir nicht verfügen zu können. Womöglich stiftet das seine Anziehung. Könnte das eine Spiegelung der Existenz sein, und ist das mit seiner Erhabenheit verbunden?

Wie wir gesehen haben, führt die natürlich fließende Beschaffenheit des Wassers zu mythischen Erklärungen – als Heimstatt der Götter und überirdischer Geister –, die es in den antiken Mythen und Epen bewohnen und damit beherrschen.[13] Antike Reflexionen über die Bedeutung des Wassers

---

12 NL 1880, 6[170]; KSA 9, 240. – „ – Ich liebe die Menschen, welche durchsichtiges Wasser sind und die, mit Pope zu reden, auch ‚die Unreinlichkeiten auf dem Grunde ihres Stromes sehen lassen.' Selbst für sie giebt es aber noch eine Eitelkeit, freilich von seltener und sublimirter Art: Einige von ihnen wollen, dass man eben nur die Unreinlichkeiten sehe und die Durchsichtigkeit des Wassers, die diess möglich macht, für Nichts achte." M, KSA 3, 325. – „ich wache Nachts nicht auf, ohne Wasser zu trinken. In vino veritas: es scheint, daß ich auch hier wieder über den Begriff ‚Wahrheit' mit aller Welt uneins bin, – der Geist schwebt bei mir *über dem* Wasser ..." NL 1888, 24[1]; KSA 13, 617.

13 Dementgegen in „Odysseus oder Mythos und Aufklärung" – „Die einfache Unwahrheit an den Mythen aber, daß nämlich Meer und Erde wahrhaft nicht von Dämonen bewohnt werden, Zaubertrug und Diffusion der überkommenen Volksreligion, wird unterm Blick des Mündigen zur ‚Irre' gegenüber der Eindeutigkeit des Zwecks seiner Selbsterhaltung, der Rückkehr zu Heimat und festem Besitz. Die Abenteuer, die Odysseus besteht, sind allesamt gefahrvolle Lockungen, die das Selbst aus der Bahn seiner Logik herausziehen." GS 3, 64.

finden sich schon, abgesehen von den kosmogonischen Mythen im Alten Orient und in Ägypten, in den Epen Homers und Hesiods, etwa in den Versen über Okeanos zur Kosmogonie. Später dann in den Werken von Plinius und Seneca, als Grenzüberschreitungen von Geografie und Philosophie. Das Wasser wurde wie das Blut und die Milch in den Religionen – pagane und christliche – als kultische Flüssigkeit gesehen, geeignet für heilige Anwendungen.

Von hier reflektiere ich hinsichtlich des Mediterranen kurz auf Freuds Kulturtheorie und Religionskritik, die er nicht nur ans Christentum richtet, wie es Nietzsche vorrangig macht. In ihr entbirgt sich sein anthropologischer Pessimismus. Mit einem vermeintlichen Tod Gottes hätte er keine Freisetzungspotenziale verbinden können. Ihm zufolge sind wir in einer bis zum Tod dauernden Kindlichkeit (Abhängigkeit) gefangen, die das Tor für Illusionen öffne. Der religiöse Glaube, Effekt der Kindlichkeit, trete an die Stelle der Abhängigkeit von den Eltern. Monotheistische Religionen gehorchten einer kompensatorischen Ökonomie schicksalhafter Verstrickungen. Sie helfen, den Schrecken der Natur zu bannen, sich ihm entgegenzustellen, das Sein zum Tode zu ertragen – und dabei entschädigten sie fiktiv für Leiden und Entbehrungen. Die Religion instrumentalisiere die Rolle des Schuldgefühls in der menschlichen Kultur, indem sie behaupte, den gläubigen Menschen von ihm befreien und erlösen zu können. Das Schuldgefühl gehört zur Instanz des Über-Ichs, das die Unterwerfung der Individuen unter die Kulturnormen garantieren muss. Dann trete das Ich-Ideal, Ersatz der Vatersehnsucht, an die Stelle, die vom Glauben besetzt war. *Das Unbehagen in der Kultur* betont, das Lustprinzip sei nicht zu verwirklichen, aber man solle dennoch daran festhalten, um „es irgendwie der Erfüllung" näher zu bringen. Freuds Religionskritik bezieht sich auch auf ihre Ideale; auf die Figuren verinnerlichter Vaterautorität, auf den Gott*vater*.

Den kategorischen Imperativ Kants sieht Freud als Erben des Ödipuskomplexes; ein Über-Ich auszubilden, das „hart, grausam, unerbittlich gegen das von ihm behütete Ich" ist.[14] In der Evaluation von Über-Ich und kategorischem Imperativ wäre Freud Nietzsches Unterstützung gewiss gewesen. Dieser glaubte freilich an eine Überwindung der negierenden Beschränkungen, die mit dem Über-Ich verbunden sind. Ja, er hätte wohl dafür votiert, im Modell seiner Moral des Starken tritt das zutage, dieses überhaupt nicht ausbilden zu sollen, geschweige denn zu wollen. An all das ist schwer zu glauben, wenn es doch als gesichert gelten kann, dass kein Zusammenleben ohne eine regulierende und damit verbietende Instanz, wir können sie Über-Ich nennen, denkbar und schon gar nicht möglich ist. Diese Diagnose muss auch auf die

14 GW XIV, 503; GW XIII, 380.

mediterrane Kultur Anwendung finden. Womit sich Hoffnungen auf eine grundlegende Befreiung gar Erlösung in einer mediterranen Existenz verbieten. Das ist zwar ein Ernst zu nehmender Einwand, aber kein generelles Veto, denn Segmente von Befreiung sind meiner Lesart nach mit dem Mediterranen zu verbinden und verbunden.

Zahlreiche Mythen erklären, dass die Welt aus dem Meer entstanden ist; es habe die anderen Elemente hervortreten lassen. Häufig wird und muss es gleichwohl als eine zerstörerische Macht angesehen werden; es verursacht Überschwemmungen, lebensgefährdende Sintfluten etc. Das Meer wird zu einem Ort, wo das Böse haust, das selbst von Göttern nicht vollends gebannt werden kann. Kaum ein anderer Mythos über das Meer verbreitet so viel Schrecken wie der von der Sintflut. In dieser Legende wird alles Lebende vernichtet. Im Psalm 104 lesen wir über die Urflut:

> Die Urflut bedeckte sie [die Erde, J.G.], wie ein Kind, über den Bergen standen die Wasser: vor deinen Schelten flohen sie dahin, verscheucht durch das Wort deines Donners. Da *hoben sich die Berge*, senkten sich die Täler [...] Du setztes den Wassern die Grenze, sie dürfen nicht weiter, sie dürfen nie wieder die Erde bedecken.

Auch diese Urflut gehört zum Mythos Wasser, der hier deren Gefahren aufzeigt, die begrenzt werden mussten, um das Leben zu erhalten.

In den Mythen über das Meer werden dessen lebensbedrohliche Gefährdungen für uns zum Thema. Darin scheint es für das Aufklärerische avant la lettre zu stehen, weil es die Gefahr transparent werden lässt. Daneben ist es aber gleichermaßen ein Gegenstand der Verehrung, durch die Imagination des Zustandes der Welt vor der Schöpfung, als Quelle eines fruchtbaren Lebens sowie der Grund allen Seins. Die Haltung zum Meer ist also von Anbeginn ambivalent. In Psalm 95 wird es zum Eigentum Gottes: „Denn sein ist das Meer, und er hat's gemacht."[15]

1.2 Die Meermetaphorik in der Bibel

In *Jenseits von Gut und Böse* schreibt Nietzsche, die „Ehrfurcht vor der *Bibel* in Europa [...] ist vielleicht das beste Stück Zucht und Verfeinerung der Sitte, das Europa dem Christenthume verdankt". Nicht zu vergessen sei jedoch, dass „solche Bücher der Tiefe und der letzten Bedeutsamkeit [...] zu ihrem Schutz eine von Aussen kommende Tyrannei von Autorität [brauchen, J.G.] um jene

15 Die Bibel 1985, 599.

Jahrtausende von *Dauer* zu gewinnen, welche nöthig sind, sie auszuschöpfen und auszurathen".[16] Dennoch haben die Interpretation von *Genesis* – Bild einer großen Tiefe mit nicht decodierbaren Geheimnissen – und die der *Psalmen* die Vorstellungen über das Meer eindringlich geprägt. Das Meer verkörpert das Vorzivilisatorische einer nicht vollendeten Schöpfung.[17]

Im Hebräischen gibt es vielfältige Semantiken und Bedeutungen des Meeres: das große Meer, das Westmeer, Mittelmeer, das weite Meer, das Meer als ein mythisches Wesen, See, offene See, galiläisches Meer, Salzmeer, das Meer der Wüste, das Tote Meer etc.

Gleich zu Beginn der *Bibel* im Buch Genesis erzählt die Schöpfungsgeschichte von der Erschaffung der Meere. Wir haben das Phänomen, dass sowohl die Philosophiegeschichte mit dem Wasser beginnt wie auch die biblische – von der Erschaffung der Welt durch Gott – mit dem Meer. Was könnte stärker dessen exklusive Bedeutung betonen? Nicht zu vernachlässigen ist, dass der biblische Schöpfungsmythos in der Genesis mit der Erschaffung von Himmel, Erde und dem Licht beginnt, allerdings gilt es dabei, die Beschreibung der Umstände zu beachten; „der Geist Gottes schwebte auf dem Wasser", damit über dessen Tiefe und Untiefe. Das Tiefe heißt im Hebräischen *Tehom*, zugleich das Meerungeheuer, Urwasser, Chaos, Ozean, auf dem die Erde ruht, Flut, Seeungeheuer. Nach Himmel, Erde und Licht (und damit Tag und Nacht) – selbstverständlich wurde zuerst der Himmel geschaffen – und erst danach:

> eine Feste zwischen den Wassern, die da scheide zwischen den Wassern [erschaffen, J.G.] Da machte Gott die Feste und schied das Wasser unter der Erde von dem Wasser über der Feste. [...] Und Gott sprach: Es sammle sich das Wasser unter dem Himmel an besondere Orte, daß man das Trockene sehe. [...] Und Gott nannte das Trockene Erde, und die Sammlung im Wasser nannte er Meer (Genesis 1, 6,7,9).[18]

Das Wasser, das geschieden wurde, damit die Feste entstehen kann, war demnach schon da, es musste also nicht geschaffen, sondern nur gesammelt

16 JGB, KSA 5, 218.

17 „Die Interpretation der Bibel, vor allem die der *Genesis*, der *Psalmen* und des Buchs *Hiob*, hat die Vorstellungen vom Meer nachhaltig geprägt [...]. Die Geheimnisse des Ozeans durchdringen zu wollen ist ebenso frevelhaft wie der Versuch, die unergründliche göttliche Natur zu begreifen. Der heilige Augustinus, der heilige Ambrosius und der heilige Basilius haben immer wieder darauf hingewiesen. [...] Die Herrschaft des Unvollendeten, eine flimmernde und ungewisse Fortsetzung des Chaos, symbolisiert die Unordnung im Vorstadium der Zivilisation." Corbin 1994, 13f.

18 In der Johannesoffenbarung steht: „Und er sprach mit großer Stimme: Fürchtet Gott und gebt ihm die Ehre; denn die Stunde seines Gerichts ist gekommen. Und betet an, der gemacht hat Himmel und Erde und Meer und die Wasserquellen!" Johannes 14,7.

werden, um es so von der Feste abzutrennen. Das Wasser ist die erste Materie und alles Leben entsteht aus ihm. Selbstverständlich enthält die biblische Schöpfungsgeschichte mythische Elemente; sie ist eine mythische Legende. Genesis 1 bezieht sich auf die alljährlichen Überschwemmungen; dafür sollten Gründe gefunden und die Welt vor diesen vernichtenden Kräften beschützt werden. In der Geschichte (dem Mythos) einer weltumspannenden Sintflut gelingt durch Noahs Rettung die der Menschheit. In der Sintflut geht alles Lebendige im Wasser unter und wird damit vernichtet.[19] In der Legende der Sintflut wird die Verbindung von Wasser und Tod aufs Innigste verklammert. Wenn Gott in gewisser Weise die Schöpfung selbst eliminiert und die gesamte Erde mit todbringenden Wassermassen überschwemmt, werden allein die in Noahs Arche Geretteten überleben können.

Gott hatte sich aber auf ewig verpflichtet, die Schöpfung zu bewahren, und der Mensch gelernt, wie sehr Tod und Chaos mit dem abgründigen Meer verbunden sind. Gott aber versteht es, das Meer zu bändigen, weil er es Moses ermöglicht, durch dessen Teilung den Israeliten zur Flucht aus Ägypten und damit aus der Tyrannei zu verhelfen. Im „Buch der Könige" und an zahlreichen anderen Stellen werden sie, angekommen in Juda und Israel, als „Sand am Meer" beschrieben und damit als unzählbar viele. Zuvor aber muss Moses dem Wort seines Herrn folgen: „Du aber hebe deinen Stab auf und recke deine Hand über das Meer und teile es mitten durch, so daß die Israeliten auf dem Trockenen mitten durch das Meer gehen." Sodann ließ es der „Herr zurückweichen durch einen starken Ostwind die ganze Nacht, und machte das Meer trocken und die Wasser teilten sich. Und die Israeliten gingen hinein mitten ins Meer auf dem Trockenen, und das Wasser war ihnen eine Mauer zur Rechten und zur Linken." Als der Herr Moses wiederum befiehlt, mit seinem Stab die Teilung des Meeres aufzuheben, kommt das Wasser zurück und verschlingt das Heer des Pharao. „So errettete der HERR an jenem Tage Israel aus der Ägypter Hand. Und sie sahen die Ägypter tot am Ufer des Meeres liegen" (2. Mose 14; 21; 30).[20] Das Meer kann durch Gottes Allmacht gleichermaßen Rettung und

19 Zur Legende über die Sintflut führt Corbin aus: „Die Verfasser stellen das Weltmeer als ein Instrument der Strafe dar und in seiner heutigen Gestalt als einen Überrest der Katastrophe. Der mosaischen Kosmologie zufolge gibt es in der Tat zwei große Wassermassen, eine, die das Meeresbecken füllt, und eine im Himmelsgewölbe." Corbin 1994, 14. – „Da ist das Meer, das so groß und weit ist, / da wimmelt's ohne Zahl, große und kleine Tiere. Dort ziehen Schiffe dahin; / da sind große Fische, die du gemacht hast, damit zu spielen." Psalm 104, 25; 26. – Ringelnatz in *Segelschiffe*: „Sie haben das mächtige Meer unterm Bauch // Und über sich Wolken und Sterne // // Sie lassen sich fahren vom himmlischen Hauch // Mit Herrenblick in die Ferne." Zitiert nach Wüstner 2005, 35.

20 „Denn ich bin der HERR, dein Gott, der das Meer erregt, daß seine Wellen wüten – sein Name ist HERR Zebaoth – " Jesaja, 51, 15. – „So sah Israel die mächtige Hand, mit der der

Vernichtung bedeuten. Zur Huldigung des Reichtums und der Güte Gottes, seiner Gerechtigkeit, wird die Natur herangezogen; sie sei „unerschütterlich wie die Berge und dein Urteil gründet tief wie das Meer" (Psalm 36, 7). „Darum fürchten wir uns nicht, wenngleich die Welt unterginge / und die Berge mitten ins Meer sänken, wenngleich das Meer wütete und wallte / und vor seinem Ungestüm die Berge einfielen" (Psalm 46, 3;4). Hier wird die Bändigung des Meeres Gottes Allmacht zugeschrieben. Es scheint so tief und umfassend wie Gottes Macht. Das Meer als Metapher ist mit Gottes Allmacht eng konnotiert.

Gemäß dem alttestamentarisch-altorientalischen Weltbild wurde das Meer als eine Wüste aus Wasser angesehen, damit ist es nicht nur chaotisch, sondern lebensfeindlich. Als Naturgewalt wird es zu einer Bedrohung der göttlichen Weltordnung, was bedeutet, dass es gebändigt werden muss. Mit diesen Attributen versehen, kommt ihm eine gewisse Nähe zur Unterwelt zu, so etwa beim Propheten Jona: „Wasser umgaben mich und gingen mir ans Leben, die Tiefe umringte mich [...] Ich sank hinunter zu der Berge Gründen / der Erde Riegel schlossen sich hinter mir ewiglich" (Jona 2:5, 7). Bei Jesaja wird das Meer zum Symbol für „ein Brausen vieler Völker" und „ein Getümmel mächtiger Nationen, wie große Wasser tosen sie!" (Jesaja 17, 12). In „Lehrbücher und Psalmen" steht: „HERR, die Wasserströme erheben sich, die Wasserströme erheben ihr Brausen, // die Wasserströme heben empor die Wellen; die Wasserwogen im Meer sind groß und brausen mächtig; // der Herr aber ist noch größer in der Höhe" (Psalm 93:3,4). Das Meer ist bedrohlich und gefahrenreich. Die unendliche und ewige Größe des Herrn, seine Allmacht, wird bei Jeremia auch als furchterregend beschrieben, gerade weil Gott das Meer zu bändigen vermag, „der ich dem Meer den Sand zur Grenze setze, darin es allezeit bleiben muß, darüber es nicht gehen darf? Und wenn es auch aufwallt, so vermag es doch nichts; und wenn seine Wellen auch toben, so dürfen sie doch nicht darüber gehen" (Jeremia 5:22).[21] Das Lukasevangelium bebildert die Ankunft des „Menschensohns" mit einem „Brausen und Wogen des Meeres", vor dem den „Völkern bange sein [wird, J.G.] und sie werden verzagen" (Lukas 21, 25). Die Metaphorik des Meeres verbreitet Schrecken; so wird von einem Ungeheuer berichtet, einem Leviathan, den der Herr freilich mit seinem Schwert erlegt: „die flüchtige Schlange, und den Leviathan, die gewundene Schlange, und wird den Drachen im Meer töten" (Jesaja 27,1). „Du hast das Meer gespalten mit

HERR an den Ägyptern gehandelt hatte. Und das Volk fürchtete den HERRN und sie glaubten ihm und seinem Knecht Moses." 2 Mose 14, 31. – Im Brief an die Korinther lesen wir: „Ich will euch aber, liebe Brüder, nicht in Unwissenheit darüber lassen, daß unsre Väter alle unter der Wolke gewesen und durchs Meer gegangen sind und alle sind auf Mose getauft worden durch die Wolke und durch das Meer". Korinther 10, 1;2.

21 Beim Auszug aus Ägypten werden Gottes Wunder erlebbar, so wurde „Israel sein Königreich. Das Meer sah es und floh / der Jordan wandte sich zurück." Psalm 114, 2,3.

deiner Kraft, / zerschmettert die Köpfe der Drachen im Meer. Du hast dem Leviathan die Köpfe zerschlagen". Das Seeungeheuer ist das Symbol für Israels Feinde (Psalm 74, 13, 14).[22] Dieses Seeungeheuer steht für das Böse schlechthin, das Chaos, von dem der Kosmos stets bedroht ist. Hier zeigt sich eine Analogie zu einem ugaritischen Mythos, in dem Anat, Baals Schwester, einen siebenköpfigen Drachen tötet. Für den Leviathan ist das Meer ein Ort der Zuflucht, womit es zum verfluchten Reich der Finsternis und Unvernunft wird.

Über das Meer verbreitet sich jedoch eine Hoffnung auf Erlösung, etwa in der „Offenbarung des Johannes" – „Dies ist die Offenbarung Jesu Christi, die ihm Gott gegeben hat, seinen Knechten zu zeigen, was in Kürze geschehen wird [...] und seinem Knecht Johannes kundgetan". Es ist das „neue Jerusalem" – mit grundstürzenden Veränderungen verbunden. „Und ich sah einen neuen Himmel und eine neue Erde, denn der erste Himmel und die erste Erde waren vergangen, und das Meer ist nicht mehr" (Johannes 1:1; 21).[23] Von diesen Neuschöpfungen betrifft nur eine die Erde, auf der es kein Meer mehr geben werde, womit dessen Gefahr ausgelöscht wurde. Dieses Jerusalem wird eine gesegnete und glückliche Stadt sein, weil Gott dort wohnen wird. Zur Utopie gehört auch, wie in „Weltgericht" ausgeführt wird, dass das Meer die Toten, die es verschlungen hat, wieder herausgeben muss. Jetzt hat selbst der Tod seine Macht verloren. „Und der Tod und sein Reich wurden geworfen in den feurigen Pfuhl. Das ist der zweite Tod: der feurige Pfuhl" (Johannes 20:13,14).[24]

Bei Jesaja und im Brief des Judas wühlt das Meer Kot, Schlamm und Schändliches auf, worüber der Zustand einer schmutzigen und sündigen Welt symbolisiert wird. Das „ungestüme Meer" ist die Metapher der „Gottlosen", „das nicht still sein kann und dessen Wellen Schlamm und Unrat auswerfen. Die Gottlosen haben keinen Frieden, spricht mein Gott" (Jesaja 57, 20f.).[25] Vor dem bändigenden Eingriff Gottes steht das Meer metaphorisch für das Leben

22 „Durch die Figur des ‚Drachen im Meer' weiht die Bibel den mißgestalteten Charakter des Fisches, wie er sich bereits aus der Logik der Schöpfungsgeschichte ergibt. Aus dem Meer kommt auch der Drache, der den Erzengel Michael bekämpft." Corbin 1994, 19. – „Homer, Tausendundeine Nacht haben uns eine große Anzahl dieser schreckensreichen Überlieferungen bewahrt, die Klippen und die Stürme, die nicht minder mörderischen Windstillen, wo man mitten auf dem Wasser verdurstet, die menschenverschlingenden Ungeheuer, der Leviathan, die Krake, die große Seeschlange und viele andere mehr." Michelet 2006, 17.

23 „Es gehört zu den Verheißungen der Apokalypse des Johannes, daß im messianischen Zustand kein Meer mehr ist." Blumenberg 2014, 10f.

24 **„und Gott wird abwischen alle Tränen von ihren Augen, und der Tod wird nicht mehr sein."** Johannes 21, 4.

25 Im „Brief des Judas" liest sich das so: „wilde Wellen des Meeres, die ihre eigene Schande ausschäumen, umherirrende Sterne; deren Los ist die dunkelste Finsternis der Ewigkeit". Judas 13.

und für eine sündige Welt, für die Gottlosen und damit für den Unglauben. Bei Jesaja werden sie ob ihrer dem bewegten Meer analogen Ruhelosigkeit und Verunreinigung zu solchen, die keinen Frieden finden können. Den, so muss man folgern, findet man nur im Glauben: in Gott. Durch Gottes Neuschöpfungen wird all das eliminiert werden und in den Herzen der Gläubigen werde keine Furcht mehr sein, sondern Ruhe und Frieden. Im Buch Daniel[26] und in der Offenbarung des Johannes steht das ungebändigte Meer für die Unordnung der Völker; das wird am „Tag Gottes", wenn jeder menschliche Widerstand zusammenbricht, zum Segen der Geschöpfe überwunden sein.[27]

Nicht nur Gott, auch Jesus vermag die Natur zu beherrschen, ja sogar auf dem Wasser zu gehen, was erneut dessen Bedeutung unterstreicht. Das Evangelium des Matthäus berichtet, dass Jesus zu ihnen „auf dem See [ging, J.G.] Und als ihn die Jünger sahen auf dem See gehen, erschraken sie und riefen: ‚Es ist ein Gespenst!' und schrien vor Furcht. „Aber sogleich redete Jesus mit ihnen und sprach: **Seid getrost, ich bin's, fürchtet euch nicht!**" (Matthäus 14, 22, 27). Das Wasser des See Genezareth ist nicht das der Sintflut im Alten Testament, wiewohl es nicht verschlingend und ruhiger ist, bleibt es Wasser – und damit kann kein Mensch auf ihm gehen. Der „Menschensohn" in der Legende freilich schon. In Markus löst Jesus, der einen Sturm zu bändigen vermag, Furcht aus. „Und er sprach zu ihnen: Was seid ihr so furchtsam? Habt ihr noch keinen Glauben? Sie aber fürchteten sich sehr und sprachen untereinander: Wer ist der? Auch Wind und Meer sind ihm gehorsam!" (Markus 4, 40f.). Der Menschensohn muss sich seine Autorität noch erkämpfen. Er hat nicht die geflohenen und zum Glauben bereiten Israeliten, die Moses anführt, und an die Gott sich adressiert, vor sich. Er muss aus den unzähligen Ungläubigen Gläubige machen. Nicht selten versucht er sie mit Wundern zu verführen. In einer Zeit, in der noch an sie geglaubt wurde, konnte das scheinbar sogar gelingen.

1.3 Das Meer in der griechisch-römischen Antike und im Mittelalter

In der antiken Zeit bestand die griechische Kolonisation in Stadtgründungen auf dem Festland, der Westküste Kleinasiens und auf den Inseln der Ägäis.

26 „Ich, Daniel sah ein Gesicht in der Nacht, und siehe, die vier Winde unter dem Himmel wühlten das große Meer auf." Daniel 7, 2.

27 Im zweiten „Brief des Petrus" wird das so erklärt: „Es wird aber des Herrn Tag kommen wie ein Dieb: dann werden die Himmel zergehen mit großem Krachen; die Elemente aber werden vor Hitze schmelzen, und die Erde und die Werke, die darauf sind, werden ihr Urteil finden. […] die ihr das Kommen des Tages Gottes erwartet, an dem die Himmel vom Feuer zergehen". 2. Petrus 3, 10ff.

Diese wurden zur Heimat der antiken Griechen an der Mittelmeerküste, wobei das Meer es ihnen ermöglichte, ihre politische, wirtschaftliche und kulturelle Einflussnahme auszudehnen. Platon schreibt im *Phaidon* über einen Bereich, der „vom Phasis bis an die Säulen des Herakles reiche[]". Dort versammelten sie sich „wie Ameisen oder Frösche um einen Sumpf, so wir um das Meer herum wohnen".[28] Anzumerken ist, dass der Austausch und der Verkehr auf dem Mittelmeer damals schon auf eine über 2000jährige Geschichte in Ägypten und Mesopotamien zurückblicken konnte, die Einfluss auf die Griechen hatte. Er verband die Kolonien mit den griechischen Mutterstädten. Güter wurden ausgetauscht, orientalische Techniken landeten an, das Vertrags- und Rechnungswesen, Münzprägung, die Alphabetschrift kam von den Phöniziern. „Die einander gegenüberliegenden Küsten sind nahe genug beieinander, um leicht Kontakte zu ermöglichen, und weit genug voneinander entfernt, um den Gesellschaften zu erlauben, sich auf eigene Weise unter dem Einfluss ihres Hinterlandes und der übrigen Anrainer zu entwickeln."[29] Insgesamt bot das Mittelmeer zahlreiche günstige Bedingungen für Siedlungen. Die Polis spielte bei der Fundierung von Netzwerken zwischen den Siedlungen eine große Rolle. Mit ihnen war eine gewisse Urbanisierung, eine auf Handel basierende Marktwirtschaft verbunden. Politische Entscheidungen wurden durch ein Mehrheitsvotum herbeigeführt.

Kerényi erklärt: „Es gab in unserer Mythologie mehrere Erzählungen vom Anfang der Dinge." Für Homer war der Okeanos der „‚Ursprung der Götter' und der „‚Ursprung von allem' [...] Okeanos war ein Flußgott [...] Unerschöpfliche Zeugungskraft besaß er [...] Nachdem alles aus ihm seinen Ursprung genommen hat, fließt er immer noch, am äußeren Rand der Erde, in sich

28 Platon 1966, Band 4, 58. – Strabo schreibt: „Anknüpfend an den ersten Umriss sagen wir, dass die bewohnte Welt bei uns, rings umspült wie sie ist, aus dem äußeren Meer viele Buchten in sich aufnimmt, von denen vier die größten sind. Die nördliche heißt Kaspisches Meer [...] der Persische Golf und der Arabische fließen aus dem südlichen Meer hinein [...] die vierte Bucht, die es an Größe weit übertrifft, wird von dem Meer gebildet das ‚das innere' oder ‚das Meer bei uns genannt wird: es nimmt seinen Anfang im Westen und bei dem Sund an den Säulen des Herakles". Strabo 2003, Band 2, V, 18.

29 Abulafia 2013, 819f. – „Die Strömung des Ufergeländes, // Und die riesigen Spuren der weichenden Ebbe // Kreisend ziehen gen Osten [...] Den Schäften des Dammes entgegen, // An dessen Biegung sich brechen der Wirbel des Lichtes." Rimbaud: *Meeresküste*, zitiert nach Wüstner 2005, 40. – „Die Revolution des Blicks ereignet sich in dem Moment, in dem die Riffs, Klippen und die Felsen des Gestades nicht mehr als chaotische Überreste einer Katastrophe wahrgenommen werden, sondern als tellurische Ruinen, Produkte einer unerdenklich langen Abnutzung. Die Landschaft, die sich dem Auge des Betrachters an der Küste darbietet, zeugt von einer vergangenen Ewigkeit." Corbin 1994, 143.

zurückströmend, im Kreise."[30] Aus ihm soll das Meer entsprungen sein, wie es die Legende will.

Matvejević betont:

> Die Griechen hatten viele Namen für das Meer: *hals*, das Salzkorn, die Salzflut: das Meer der Materie; *pellagos*, der Meeresspiegel: das Meer als Szenerie; *pontos*, die hohe See: das Meer als Raum oder Weg; *thalassa* ist der allgemeine Begriff, seine Herkunft ist unbekannt [...] das Meer als Erfahrung oder Ereignis; *kolpos* ist der Busen, der Schoß, und benennt ganz intim jenen Teil des Meeres, den das Ufer umarmt: eine Bucht oder einen Meerbusen. *Latima* ist die Meerestiefe.[31]

Spiegel, sich spiegeln, gespiegelt werden, Spiegelungen haben auf die Menschen von jeher eine ungeheure Attraktion ausgeübt. Hier wirkt nicht zuletzt der Zauber der Täuschungen. Da man sich selbst in Augenschein nimmt, sich bildlich mit sich konfrontiert und dabei womöglich etwas erkennen kann, sind die Spiegelungen nicht zuletzt doch Belege einer sinnlichen Vergegenständlichung der eigenen Existenz – und seien es Trugbilder. Der Wasserspiegel könnte hierfür der erste gewesen sein.

Das antike Weltbild war bildlich und bilderreich, so seine Vorstellung des Meeres. In den homerischen Epen findet sich keine Darstellung des Meeres an sich; *das Meer* als ein übergreifender Allgemeinbegriff, ein Effekt der Schriftsprache, kommt nicht vor. Es gibt nur das spezifizierte Meer: das fruchtbare und unfruchtbare, das ‚fischreiche', das ‚bernsteinfarbene', schwarze, wogende, weite, blaue, glitzernde und aufschäumende Meer etc.

In seiner *Philosophie der Geschichte* betont Hegel, das „Volk der Hellenen" lebte auf dem Meer und damit in einer „Amphibienexistenz und ließ sie frei auf den Wellen schweben".[32] Wiewohl Hegel mit dem schwebenden nicht die Nietzscheanischen Utopien einer solchen Existenz verbindet. Das war nicht die Absicht des Deutschen Idealismus.

Die antiken Griechen hatte eine lange Entwicklung zu vollziehen, um zu ihrer Semantik des Meeres zu gelangen. Der stürmisch wilde Gott Okeanos ist bei Homer der Namensgeber des Ozeans, der Quell alles Entstehens und

30 Kerényi 1966, 19.

31 Matvejević 1993, 202.

32 Hegel 1971, Band 12, 280. – „Man soll ohne Vernunft, durch ein Wunder, in den Glauben hineingeworfen werden und nun in ihm wie im hellsten und unzweideutigsten Elemente schwimmen: schon der Blick nach einem Festlande, schon der Gedanke, man sei vielleicht nicht zum Schwimmen allein da, schon die leise Regung unserer amphibischen Natur – ist Sünde! Man merke doch, dass damit die Begründung des Glaubens und alles Nachdenken über seine Herkunft ebenfalls schon als sündhaft ausgeschlossen sind." M, KSA 3, 83.

damit der des Lebens. Wie bei Thales ist auch hier das Wasser der Ur- und Entstehungsgrund. Goethe inspiriert das zu folgenden Zeilen, die er Thales im 2. Teil des *Faust* zuordnet:

> Im Feuchten ist Lebendiges entstanden // Alles ist aus dem Wasser entsprungen! / Alles wird durch das Wasser erhalten! / Ozean. gönn uns dein ewiges Walten. // Wenn du nicht in Wolken sendetest, // Nicht reiche Bäche spendetest, // Hin und her nicht Flüsse wendetest, // Die Ströme nicht vollendetest [...] Du bist's, der das frische Leben erhält.[33]

Eine andere mit dem Meer alliierte Gottheit ist Tethys, während Phorkos als Anführer des Reigens der Meergottheiten galt.

Anaximander, der zweite große Naturphilosoph aus Milet, hat mit seinem *apeiron* das Grenzenlose und damit das Unbestimmte – Metaphern für das Meer – thematisiert, zudem sei es unsterblich und unzerstörbar. So gesehen, ist es verwandt mit den Göttern, auf die der Naturphilosoph nicht verzichten mochte. „Das große Apeiron [...] Die Vorstellung, daß das Meer den Restbestand einer ursprünglich die Erde umgebenden Feuchtigkeit ist", sei der „heutigen ähnlich".[34]

Kommen wir zu Poseidon, dem Gott des Meeres und Bruder des Zeus. Bei Homer umfließt Okeanos die Erde. Er ist ein Weltenstrom, der in der Unterwelt entspringt, der Gott der Flüsse, Meere, Quellen und Brunnen.[35] Hier ist jedoch nicht allein ein Wasserspender anzutreffen, sondern er ist auch der Raum für

---

33 Goethe 1990, Band 3, 225. – „Homer ist unter seinen Göttern so zu Hause und hat als Dichter ein solches Behagen an ihnen, dass er jedenfalls tief unreligiös gewesen sein muss; mit dem, was der Volksglaube ihm entgegenbrachte – einen dürftigen, rohen, zum Theil schauerlichen Aberglauben – verkehrte er so frei, wie der Bildhauer mit seinem Thon". MA I, KSA 2, 121.

34 Schadewaldt 1978, 251. – „Wir sehen wie bei Anaximander an einer bestimmten Stelle das Wasser eine entscheidende Rolle spielt, nämlich da, wo es ihm um das Leben geht. Das Wasser ist der Bereich des Lebens, während Thales es ganz allgemein als die Genesis von allem bezeichnet." Ebd., 256. Für Schadewaldt ist Anaximander Thales denkerisch überlegen. – „Im Wesentlichen darin Thales Vertrauen schenkend und seine Beobachtungen stärkend und vermehrend war Anaximander doch nicht zu überzeugen, daß es vor dem Wasser und gleichsam hinter dem Wasser keine weitere Qualitätsstufe gäbe: sondern aus Warm und Kalt schien ihm das Feuchte selbst sich zu bilden, und Warm und Kalt sollten daher die Vorstufen des Wassers, die noch ursprünglicheren Qualitäten sein." PHG, KSA 1, 828.

35 „Der nahe Meergott Poseidon, der Vater des Polyphem und der Feind des Odysseus, ist älter als der universale, distanzierte Himmelsgott Zeus, und es wird gleichsam auf dem Rücken des Subjekts die Fehde zwischen der elementarischen Volksreligion und der logozentrischen Gesetzesreligion ausgetragen." GS 3, 85. – „Aus dem Ozean, der den Rand der bewohnbaren Welt umgibt, kommen die mythischen Ungeheuer, die von den vertrauten

Bestrafungen, wo die sündigen Seelen in die Flüsse getrieben werden, um dort unterzugehen. Einer von Poseidons Beinamen ist Hippios, Pferd, das heilig ist – entsprechend gab es einen Hippioskult. Für eine sichere Überfahrt über das Meer beteten die Seefahrer zu ihm und versenkten dabei opfernd ihre Pferde in ihm. Wurde sein Zorn herausgefordert, stach Poseidon mit seinem Dreizack zornig in die Erde und erzeugte so den Wellengang, verursachte Erdbeben und Überschwemmungen und versenkte damit die Schiffe. Triton, einer der Söhne des Poseidon, bekannt durch die Argonautensage, ist ebenfalls ein Meeresgott. Als ein Mischwesen hatte er einen menschlichen Oberkörper und Fischschwanzflossen.

Hinzuweisen ist auf die schöne Aphrodite, die Schaumgeborene, die dem Mythos gemäß aus dem Meeresschaum hervortritt, nachdem Blut und Samen des Urgottes Uranos ins Meer fielen und sich dort mit der Brandung vermischten: Hesiod schreibt: „ein weißer Ring von Schaum sich hob um das göttliche Fleisch. Da entwuchs ihm alsbald die Jungfrau."[36]

In den *Homerischen Hymnen* wird Poseidon besungen: „Du bewegst die rastlos wogende See und die Erde, Meergott, der du den Helikon schirmst [...] Zwiefach schenkten die Götter dir Ehre: Meister bist du der Rosse, du bist auch der Retter in Seenot [...] So hilf deinen Schiffern!"[37] Adorno und Horkheimer sehen ihn als Feind von Odysseus; er beschwerte sich, „daß jener auf den Stationen seiner Irrfahrt mehr an Gastgeschenken erhalte, als sein voller Anteil an der Beute von Troja gewesen wäre [...] Solche Rationalisierung aber läßt sich bei Homer bis auf die eigentlichen Opferhandlungen zurückverfolgen." Die *Dialektik der Aufklärung* erkennt in Odysseus das erste Subjekt, dessen List mit Rationalität/Vernunft identifiziert wird, und der Mythos der Odyssee wird schon zur Aufklärung gezählt. „Wie die Erzählung von den Sirenen die Verschränkung von Mythos und rationaler Arbeit in sich beschließt, so legt die Odyssee insgesamt Zeugnis ab von der Dialektik der Aufklärung." Odysseus, der erfolgreich – mit List, die ihm von den Naturgewalten auferlegten Abenteuer besteht, bewährt sich damit selbstbehauptend als bürgerliches Individuum, so Adorno und Horkheimer. Nietzsche demgegenüber behauptet, dieser habe ein *„Griechisches Ideal"* verkörpert, durch die „Fähigkeit zur Lüge und zur listigen

---

Gestalten der Natur am weitesten entfernt sind und von der Welt des Kosmos nichts mehr zu wissen scheinen." Blumenberg 2014, 9f.

36 „Hier, wo der Flut entstiegen die ehrfurchtsgebietende, schöne Himmlische, bettete Gras ihrem leichten Tritt. Aphrodite, schaumgeborene Göttin, bekränzt mit den Blüten Kytheras, heißt es bei den Göttern und Menschen, sie, die aus Aphos, dem Schaum wuchs." Hesiod 1991, 21.

37 Homerische Hymnen Nr. 22.

und furchtbaren Wiedervergeltung; den Umständen gewachsen sein [...] heldenhafte Beharrlichkeit".[38]

In *Werke und Tage* schreibt Hesiod:

> Hat dich das Verlangen erfasst nach stürmischer Seefahrt, // Wisse: Sobald die Pleiaden die schreckliche Macht des Orion // Scheuernd, hinab jetzt sinken zur blaudurchdunkelten Meerflut // Dann rast sämtlicher Stürme Geheul aus jeglicher Richtung. // Nimmer belass dann in dunkelfarbenen Wogen das Schifflein. [...] Dass du den Schulden entfliehst und dem unerquicklichen Hunger: // Sieh, ich enthülle die Maße des weithin rauschenden Meeres. [...] Oder des Winters Nahn und des Notos tobende Stürme, // Welcher, das Meere aufwühlend, dem Regen des Zeus sich verbündet, // Herbstlichen mächtigen Schauern, und schwer befahrbar das Meer macht. [...] Gleichwohl – Tod in den Wellen ist furchtbar. [...] Furchtbar ist es, zu stoßen auf Leid in den Wogen des Meeres.[39]

Es handelt sich hier um ein Lehrgedicht, bei dem das reale Meer und nicht das phantasmatische von Göttern und Helden thematisch wird und auch die alltäglichen Verpflichtungen der Menschen ihm gegenüber. Dagegen steht das Göttern und Helden alliierte epische Meer. Wiewohl es von ihren sagenhaften Abenteuern zu berichten wusste, kann es gefahrenreich sein und zum Instrument göttlicher Rache werden, der selbst Helden ausgesetzt sein können. Bei Hesiod ist die Bewegung der Wellen nicht als eine erotische zu verstehen; es ist allein die lebensgefährliche Brandung, um die es ihm hier geht.

---

38 „Betrug ist schon im Opfer selber involviert, das Poseidon mit Behagen annimmt: die Einschränkung des amorphen Meeresgottes auf eine bestimmte Lokalität, den heiligen Bezirk, schränkt zugleich seine Macht ein, und für die Sättigung an den äthiopischen Ochsen muß er darauf verzichten, an Odysseus seinen Mut zu kühlen. Alle menschlichen Opferhandlungen, planmäßig betrieben, betrügen den Gott, dem sie gelten: sie unterstellen ihn dem Primat der menschlichen Zwecke, lösen seine Macht auf, und der Betrug an ihm geht bruchlos über in den, welchen die ungläubigen Priester an der gläubigen Gemeinde vollführen. List entspringt im Kultus." GS 3, 67f. – „Das Epos zeigt, zumal in seiner ältesten Schicht, an den Mythos sich gebunden: die Abenteuer stammen aus der volksmäßigen Überlieferung. Aber indem der homerische Geist der Mythen sich bemächtigt, sie ‚organisiert', tritt er in Widerspruch zu ihnen." Ebd., 61. – „Nietzsche hat wie wenige seit Hegel die Dialektik der Aufklärung erkannt. Er hat ihr zwiespältiges Verhältnis zur Herrschaft formuliert. Man soll ‚die Aufklärung ins Volk treiben, daß die Priester alle mit schlechtem Gewissen Priester werden –, ebenso muß man es mit dem Staate machen.' – „Das Selbst repräsentiert rationale Allgemeinheit wider die Unausweichlichkeit des Schicksals." Ebd., 77; M, KSA 3, 224.

39 Hesiod *Werke und Tage*, 618-686. – „So war das Meer bis zu den Triumphen der modernen Technik im kollektiven Gefühlsleben mit den düsteren Bildern der Verzweiflung verknüpft. Es war gleichzeitig Sinnbild für den Tod, die Nacht und den Abgrund." Delumeau 1985, 63.

In *Vorlesungen über die Geschichte der Philosophie* behauptet Hegel, die List sei zum erfolgreichen Befahren des Meeres unverzichtbar: hier brauche man „Tapferkeit", habe man es doch mit „dem unsichersten und lügenhaftesten Element" zu tun. „Diese unendliche Fläche ist absolut weich, denn sie widersteht keinem Drucke, selbst dem Hauche nicht; sie sieht unendlich unschuldig, freundlich, anschmiegsam aus, und gerade diese Nachgiebigkeit, ist es, die das Meer in das gefahrvollste und gewaltigste Element verkehrt."[40] Die Fahrt über das Meer als eine Überschreitung von Grenzen vollzieht sich zwischen dem Wunsch nach Selbsterhaltung und der Gefahr der Selbstüberschätzung mit unabsehbaren Folgen. Damit wird dem Menschen Disponibilität zugetraut.

In „Vermischte Meinungen und Sprüche" sieht Nietzsche die Überlebenskunst des Volks des Odysseus nicht in der List, sondern in ihrer Fähigkeit, gut schwimmen zu können und sich so im tückischen Meer zu behaupten. „Wir sehen sie untertauchen, wir sehen Europa gleichsam weggespült, überfluthet – denn Europa war damals sehr klein –, aber immer kommen sie auch wieder an' s Licht, gute Schwimmer und Taucher wie sie sind, das Volk des Odysseus."[41]

Bevor ich zu Platon komme, werfe ich einen Blick auf die antiken Bestimmungen des Wissens und verwandter Topoi, um die über das Meer besser zu erfassen. Der platonische Sokrates[42] verbindet das Fragen mit der Philosophie; dem Streben nach Wissen, nach Wahrheit. Ihnen sollen im Gespräch nachgegangen, sie sollen sich entbergen, sich zeigen. Es ist ein Akt des Sehens, der das Wissen-Können begründet. So ist der *nous* eine Weise des Schauens, die anders als das auf einen konkreten Gegenstand bezogene Sehen, eine möglichst umfassende Perspektive anstrebt. Das Erkennen ist ein Zurückführen, gleichsam ein in etwas Hineinsehen, um dabei das Allgemeine zu erkennen. Die *phronesis* bezieht sich dann auf eine möglichst vorteilhafte Handlung im Bereich des Guten und Schlechten, wobei sie bei Aristoteles noch über die notwendigen Gründe dafür verfügt. Für das höchste Wissen reklamiert Platon die

---

40 „Solcher Täuschung und Gewalt setzt der Mensch lediglich ein einfaches Stück Holz entgegen, verläßt sich bloß auf seinen Mut und seine Geistesgegenwart und geht so vom Festen auf ein Haltungsloses über, seinen gemachten Boden selbst mit sich führend." Hegel 1971, Band 12, 119.

41 VM, KSA 2, 472. – „Am Ende, mein lieber tapferer Freund, sind wir doch ein Paar tüchtige Schwimmer. Alle Welt hält uns schon für ertrunken, aber da tauchen wir immer wieder auf und bringen sogar aus der Tiefe etwas mit herauf, was, wie wir meinen, Werth hat und vielleicht auch einmal für Andre *Glanz* bekommen wird." KSB 6, 101.

42 „Der platonische Dialog war gleichsam der Kahn, auf dem sich die schiffbrüchige ältere Poesie sammt allen ihren Kindern rettete: auf einen engen Raum zusammengedrängt und dem einen Steuermann Sokrates ängstlich unterthänig fuhren sie jetzt in eine neue Welt hinein, die an dem phantastischen Bilde dieses Aufzugs sich nie satt sehen konnte." GT, KSA 1, 93f.

episteme, die sich selbst als ein Wissen weiß. Schadewaldt unterstreicht: „So hoch ist der Begriff *sophia* gestiegen, daß man das Philosophieren selbst und von ihm her versteht, als die Tätigkeit des Mit-der-Wahrheit-in-Fühlung-Seins, des Wahrheit-Suchens." Sophia steht bei Aristoteles für die philosophische Weisheit, bei Platon für Weisheit.

Die *theoria* umfasst eine bestimmte Form des geistigen Sehens, eine Beteiligung im Schauen, während die *aletheia*, das sich uns Zeigen des Seienden im Fokus hat. Dies könnte auf das Meer appliziert werden. Für den modernen Naturbegriff ist die *aletheia* kein sinnvoller Erkenntnisgegenstand. Über die Wandlungen zwischen den Naturvorstellungen der Hellenen hin zum modernen Natur*begriff* erläutert Schadewaldt, dass die Natur nun säkularisiert sei, Voraussetzung ihrer begrifflichen Erfassung.[43]

Könnte man die Meermetapher auf die Bewegtheit der logoi applizieren? Platon unterstreicht die Gefahr, die ein Navigieren mit ihnen bedeutet, gleichsam wie auf einem offenen Meer zu sein. Daneben analogisiert er unser Leben zwar mit der Schifffahrt, mit der eines Segelschiffs, mit dem Meer selbst verbindet er zumeist jedoch eine Gefahr; schon seine bloße Nähe könne gefährlich sein. In den *Nomoi* wird eine mögliche Stadtgründung auf Kreta nur dann als sinnvoll angesehen, wenn sie in Distanz zum Meer erfolgt. Die Küste ist für Platon in moralischer Hinsicht bedenklich, weil der durch das Meer ermöglichte Handel die Sitten erodieren lasse, weil aus egoistischen Intentionen heraus das Gemeinwohl vernachlässigt werde. Das Meer sei vollkommen ungöttlich und hässlich. In den *Nomoi* schreibt er: „Denn das eine Gegend bespülende Meer ist zwar für das tägliche Bedürfnis eine angenehme, in der Tat aber gewiss herbe und bittere Nachbarschaft. [Es macht, J.G.] die Bürger unzuverlässig und lieblos gegeneinander sowie desgleichen auch gegen andere Menschen".[44] Nicht fern liegt die Deutung, dass Platons Skepsis gegenüber einer Besiedelung der Küste im Zusammenhang der Atlantis-Legende zu verstehen ist, wie wir sie aus den Dialogen *Kritias* – dieser will sie von seinem Großvater erfahren haben – und *Timaios* kennen.

Im Gegensatz zu den vorsokratischen Naturphilosophen zeigt das Meer bei Platon eine abgründige Moral, weil der Seehandel zu einem Sittenverfall, damit

43 Schadewaldt 1978, 180.

44 „Indem es nämlich hier den Handel und vermittels des Kleinverkehrs den Gelderwerb gedeihen läßt und in den Seelen einer veränderliche und unzuverlässige Gesinnung erzeugt". Platon 1966, 85f. – Der von Platon beeinflusste Boethius schreibt in seiner *Trostschrift*: „Dass das gierige Meer die Flut // In gesicherten Grenzen hält, // Dass das Land nicht hinaus ins Meer // Seine Küsten zu schieben wagt; // Solche Ordnung der Dinge knüpft // Sie, die Länder und Meere lenkt, // Liebe, die Himmelsherrscherin!" Boethius 2002, 89.

zu Unmoral führe und die Gerechtigkeit aushöhle. Aristoteles wird ihm hierbei nicht folgen, und diese Beurteilung ist zudem ohne Zweifel weit entfernt von Thales' – Küstenbewohner – Bestimmung des Wassers als Urgrund des Lebens. Am Ende von *Kritias* wird der Untergang von Atlantis einer Entscheidung zwischen Zeus und den Göttern zugesprochen.[45] Jenseits der Heraklessäule habe es vor ca. 9000 Jahren ganz in der Nähe von Gibraltar gelegen, eine große, fruchtbare Insel, deren Land Poseidon auf zehn Könige verteilte. Atlas und seine Nachfahren beherrschten dabei den größten Teil sowie die Hauptstadt mit einer riesigen Streitmacht; zehntausend Streitwagen, 1200 Schiffen und hunderttausenden Kämpfern. Zudem gab es ein lebendiges kulturelles Leben und im Zentrum einen Poseidontempel aus Silber und Gold. Bäder und Sportanlagen gewährten den Reichen Erholung. All dies führte jedoch zu einer stupenden Hybris und Expansionsgelüsten, die das Staatswesen scheitern ließen. Die Erosion seiner sittlichen Ordnung leitete die Vernichtung ein. Atlantis versank im Meer.[46]

Ähnlich wie Platon warnt auch Cicero vor den Gefahren einer städtischen Besiedelung der Küste; es sei eine weise Entscheidung von Romulus gewesen, Rom weit entfernt vom Meer anzusiedeln, denn in seiner Nähe sei man vor unerwarteten und nicht einschätzbaren Angriffen – Untergang von Korinth und Karthago – nicht gefeit. Demgegenüber beanspruchte Augustus, die Welt des Mittelmeeres Rom einverleibt zu haben und damit das Recht auf die Weltherrschaft zu besitzen.

In *Physik* unterteilt Aristoteles die irdische Welt in vier Stufen, das Mittelalter wird das beibehalten. Zwischen Erde und Feuer befindet sich das Wasser. „Die Erde befindet sich innerhalb der Wassersphäre, diese innerhalb der Luftsphäre, diese innerhalb der strahlenden Leuchtsphäre, die Leuchtsphäre innerhalb der Himmelssphäre".[47] Das Meer, das weder trocken wird noch durch Wasserzuflüsse überlaufen kann, ist sein eigentlicher Lokus.

---

45 „Wo Platon noch alles umfaßte, den Widersinn, die Vernunft und den Mythos, besitzen unsre Philosophen nur noch den Widersinn oder die Vernunft, weil sie die Augen vor dem übrigen schließen. Der Maulwurf meditiert." Camus 2000, Heimkehr, 84.

46 Kerényi verweist auf den s. g. „‚Alten von Athen' […] Er beherrschte, unter welchem Namen immer, unsere Meere. Früher als Poseidon und war vor dem früheren, hundertarmigen Meerbeherrscher, dem Briareos, durch seine Weisheit und Wahrhaftigkeit ausgezeichnet." Kerényi 1966, 41.
In Donovans Song *Atlantis* heißt es: „The continent of Atlantis was an island / Which lay before the Great Flood / So great an area of land […] The great Egyptian age is but a remnant / Of The Atlantian culture The antediluvian kings colonised the world […] Atlantis sent out ships to all corners of the Earth / Hail, Atlantis! / Way down below the ocean / Where I wanna be, she may be.".

47 Aristoteles 2019, 100.

Cicero sieht die Göttlichkeit der Welt in ihrer Harmonie reflektiert, insbesondere das Meer sei schön, womit er Platon widerspricht.

> Aber erst das Meer. Wie groß ist seine Schönheit! Wie herrlich der Anblick in seiner Gesamtheit! Welche Fülle und Mannigfaltigkeit der Inseln! Welche Anmut der Küsten und Gestade! [...] Das Meer selbst aber strebt nach dem Lande zu und brandet so an die Gestade, dass es aussieht, als seien zwei Elemente zu einem geworden.[48]

Cicero verbindet mit der Wahrnehmung des Meeres Harmonie, Schönheit und eine gut gefügte Ordnung.

Mit dem Topos Harmonie wird eine Ordnung der Welt, Ablehnung des Zufalls, unterstellt, was vom Christentum und von der Aufklärung geteilt wird. Die Verbindung von Harmonie mit dem Meer erinnert an Paul Valéry, für den die Mittelmeerregion nicht nur geologisch-klimatisch eine Einheit ist, sondern eine gleichsam ideale Natur besitzt, die in ihrer vollendeten Schönheit zum Kompass der mediterranen Kultur wurde. Diese Natur habe ihren Beitrag bei der Erfindung der Geometrie im antiken Griechenland gehabt. Ganz anders Lukrez, der den Zufall als Spielleiter sieht; Feuer und Wasser seien in einen ewigen Vernichtungskampf verschlungen und insbesondere das Meer sei ob seiner Tiefe sehr gefährlich. „Tief aus dem Schlunde des Meers zu bewirken die Weltüberschwemmung."[49] In *Von der Natur* ist die ozeanische Unordnung nicht einer territorialen Ordnung entgegengestellt, sondern der ewige Urgrund der Welt. Anschlussfähig wäre hier Nietzsches Diktum, die Welt sei in alle Ewigkeit Chaos.

Cicero decodiert in *Gespräche in Tusculum*, fünf Gespräche von 45 v. Chr., die wogende Bewegung des Meeres als Symbol der menschlichen Leidenschaften. Der tugendhafte Mensch – *honestus* – entspricht der eigentlichen Bestimmung des Menschen. Um das zu erreichen, muss man seine Leidenschaften zügeln,

---

48 Cicero 1978, 259. – „Wenn man das Meer von der Küste aus betrachtet, spielt es in allen Farben, es schimmert von blau ins grün, es leuchtet silbern im Mondlicht und wie Gold im Sonnenschein; es ist das Öl oder das Salz, heiter wie der Himmel in den Metaphern von Vergil [...] oder dunkel wie der Wein in den Epitheta des Homer [...] manchmal aber wahrhaft schwarz, mehr noch als die Nacht oder der Tod." Matvejević 1993, 207.

49 Lukrez 1924, 380ff. – „Macht und List und Tücke des treulosen Meeres zu meiden / Und ihm nie zu vertrauen, auch wenn die spiegelnde Fläche / Noch so verräterisch lockt und die lächerliche Stille des Meeres." Ebd., 552ff. – „Auch wenn der Winde Gewalt wildwütend über das Meer fährt. // Und dem Gebieter der Flotte mit seinen gewalt'gen Legionen // Und Elefanten zumal über die Fläche des Meeres fegt, // Fleht er die Götter um Gnade nicht an mit Gelübden und bittet // Zitternd und zagend die Winde zum Frieden und günstige Brise? // Ach umsonst! Mit wilder Gewalt erfasst ihn der Wirbel, // Dass er trotz alle Gebete versinkt in den Fluten des Todes." Ebd., V 1226-1232.

die so stark und gefährlich sind wie die Wellen des Ozeans. In der Stille des Meeres erblickt er ein Bild für Gelassenheit und Gemütsruhe; ein Schweigen der Leidenschaften und Begierden – Ataraxie – und nicht eines von Gefahr und lebensbedrohender Gefährdung. „Wie man die Ruhe des Meeres daran erkennt, dass nicht der kleinste Lufthauch die Fluten bewegt, so sieht man den ruhigen und friedlichen Zustand der Seele daran, dass keine Leidenschaft da ist, die ihn zerstören vermöchte."[50] Die Ataraxie wird zu einer lebenslangen Praxis, um das Schicksal zu meistern. Das unterscheidet sich von Nietzsches Amor fati, der eine aktive Haltung der Bejahung einfordert und keine Ruhe des Gemüts.

Auch Seneca fordert eine Zügelung der Leidenschaften, und bei ihm wird das Meer zum Symbol für sie und für das Schicksal. Ein in die Leidenschaften verstrickter Mensch schwanke wie das tiefe Meer, das selbst nach dem Sturm nicht still ist. Entsprechend ließen ihn die Begierden auch nicht in Ruhe, so in *Von der Kürze des Lebens*. In der Schifffahrt sieht er eine Herausforderung der göttlichen Natur. Das Meer als Metapher für das Schicksal verbindet Seneca in *Trostschrift an Polybius* mit dem „Wechsel zwischen Ebbe und Flut, der uns bald hoffnungsfreudig stimmt", aber auch niederwirft, ohne dass wir Festes erreichen können; „wir schweben und schwanken, stoßen einer auf den anderen, und Schiffbruch ist mitunter unser Los". Den Wechsel der Gezeiten versteht er, wenn auch nicht mit den Argumenten der Naturwissenschaft, nicht als etwas Zufälliges, darin ähnele er dem Schicksal. In diesem Meer des Schicksals – und das Meer steht für es und damit auch die Vorsehung, die mit ihm verbunden ist, wird der Tod zum einzigen Hafen, in den wir alle einlaufen werden.[51]

---

50 Cicero 1970, 331. – „Es ist die andere Antwort auf die schlichte Frage der Aufklärung, ob denn wirklich die Meeresstille der vollendeten Einsicht die Lösung des Problems der Vernunft sein könne. Worauf die […] Antwort gewesen war, die Stille sei tödlich für das Leben, das Segel bedürfe des treibenden Winds der Leidenschaften". Blumenberg 2014, 69.

51 Seneca 1993, Band 2, 115;167. – „Ich darf mich vergleichen einem einsamen Fels in seichtem Meeresgrund, den die Wogen, von allen Seiten andringend, unaufhörlich peitschen, ohne ihn doch von der Stelle zu rücken". Ebd., 44f. – In *Trost der Philosophie* erläutert Boethius: „Des Meeres Recht ist es, bald mit glattem Spiegel zu schmeicheln, bald in Stürmen und Fluten zu erstarren." Boethius 2002, 13. – „Manche Leute beschließen, wenn sie alt werden, ans Meer zu ziehen. Sie sehen dem Wechselspiel von Ebbe und Flut zu, dem am Strand zerrinnenden Schaum, der von draußen anrollenden Brandung, und vielleicht hören sie obendrein noch die ozeanischen Wellen der Zeit und finden in dieser Andeutung äußerer Weite ein wenig Trost für ihr eigenes kleines Leben und die nahende Sterblichkeit." Barnes 2018, 230. – „Mit warmem Athem athmet das Meer mich an, gleich meinem Schicksale, und windet sich auf seinen Klippen-Kopfkissen, es stöhnt wie vor bösen Erwartungen – Ich bin traurig mit dir, du dunkles Ungeheuer und mir selber noch gram um deinetwillen. […] Besser, du traust deinem Schicksale, wenn es wie ein Meer aus

Horaz verabscheut den Ozean, er trenne, und die Schifffahrt ist ihm eine unmoralische Angelegenheit, fordere sie doch die göttliche Natur heraus. In seinem Meer tummeln sich Bestien und Ungeheuer, es verschlingt Schiffer und Schiff und ist ein Reich der Finsternis.

Dantes kurze *Abhandlung über das Wasser und die Erde*, publiziert 1508 in Venedig, ist ein ungewöhnlicher, wenn auch durchaus origineller Text, der sich zudem gegen Aristoteles' Sphärentheorie – sphärisch konzentrische Anordnung der Elemente – wendet, die die Weltkugel, bestehend aus Erde, Wasser, Luft und Feuer zum Mittelpunkt des Kosmos erklärt und die Erde zu dem der Weltkugel. Aristoteles sieht sie vom Wasser umspült. Für Dante bildet die Natur eine vollkommene Ordnung, in der das Wasser und nicht die Erde das wichtigste Element, für ihn das „edlere", ist, woraus er ableitet, dass ihm deshalb ein „edlerer Ort" zukommen müsse. Das Wasser liegt höher als die Erde. Die Erde sei nicht sphärisch, bilde keinen Kreis-, sondern einen Halbbogen, der aus dem Wasser hervorrage. Es folge den exzentrischen Bewegungen des Mondes, die es nachahme, „Und da dies nur der Fall sein kann, wenn es höher liegt als die Erde", also näher am Mond, unterstützt das seine These. Dante beansprucht, philosophisch zu diskutieren, wiewohl seine *Questio* heute nur noch eine historische und keine philosophische Bedeutung genießt. In seiner *Göttlichen Komödie* ruft er das „Gnadenmeer" an. „In seiner Tiefe schloss vereint durch Lieben, // Wie in ein einzig Buch sich alles ein, // Was durch das Weltall steht zerstreut geschrieben".[52]

Jaspers und Nietzsche werden viel später mit dem Meer Transzendenz und Freiheit verbinden, und Baudelaire erblickt in *Die Blumen des Bösen* – im Gegensatz zur stoischen Philosophie – im Meer eine Spiegelung der Seele des freien Menschen. Der freie Geist Nietzsches könnte hiervon profitieren:

> *Der Mensch und das Meer.* Freier Mensch, immer wird das Meer dir lieb sein! // Das Meer ist dein Spiegel, du schaust deine Seele // in der unendlichen Entrollung seiner Wogen, // und dein Geist ist kein minder bitterer Abgrund. [...] Beide seid ihr finster und verschwiegen: Mensch, // niemals hat jemand deinen Abgrund ausgelotet; o Meer, niemand kennt deinen verborgenen Reichtum[53]

1000 Mäulern brüllt, besser noch seine Zähne fletschen gegen dich im Sturme, als solche schwangere nächtliche Verdrossenheit. Nichts Böseres giebt es als ein schlafendes Meer und ein schwangeres Schicksal: wie willst du über diese schwarze Fluth hinweg, wenn du nicht böser und schwärzer sein willst als sie?" NL 1883, 22[3]; KSA 10, 628. Das gehört auch zum Amor fati, böser und schwärzer zu sein.

52 Dante 1994, 5ff. – „Zu meinen, das Wasser liege nicht höher als die Erde, heißt der Sinneswahrnehmung zu widersprechen." Ebd.; Dante 2019, Verse 82-84.

53 Baudelaire 1975, 38f. – Nietzsche beurteilt Baudelaire negativ, ein Pessimist und er kommt auch auf den Topos „unendliche Melodie" zu sprechen. „Was den pessimistischen Baudelaire betrifft, so gehört er zu jenen kaum glaublichen Amphibien, welche ebensosehr

Baudelaire klassifiziert das Meer als ein Medium für unsere Reichtümer und unsere Abgründe. Seine Wertschätzung des Meeres ist weitreichend. Der Diamant Meer spiegelt und funkelt, zieht an und hinab. Das Geistige ist ihm so abgründig wie das Maritime, als Festungen scheinbar uneinnehmbar. Das Meer ist ein Kosmos, der nicht zu erobern ist. Die angesprochene Freiheit könnte der des freien Geistes Nietzsches verwandt sein. Die Spiegelung der Seele ist eine starke These, sie zeigt begrenzte Übereinstimmungen mit Freud und Jung.

1.4 Im Horizont des Meeres

Die Aufklärung räumt mit dem Seeungeheuer des Alten Testaments, dem Leviathan, der bei Hobbes geradezu zum Inbegriff des Souveräns wird, auf. Anders als in der griechisch-römischen Antike treten in der Aufklärungsphilosophie nicht mehr nur naturphilosophische, sondern auch naturrechtliche Fragestellungen hinsichtlich des Meeres zutage; das Meer wird zum Medium eines nationenübergreifenden Austauschs. Während Kant seine völkerrechtlich fundierte, freie Nutzung einklagt, Herder für Humanität und eine universelle Moral eintritt, vertraut Hegel beim Seehandel auf die Vernunft und nicht auf das Völkerrecht. Michelet geißelt demgegenüber die Schädigungen des Meeres durch die menschliche „Gier".[54]

Im seinem Gesellschaftsvertrag wird für Rousseau der Seehandel zur typischen Form des Handels.

> Wohnt ihr an ausgedehnten und bequemen Küsten, bedeckt ihr das Meer mit Schiffen, betreibt ihr Handel und Schifffahrt, so werdet ihr eine glänzende, wenn auch nur kurze Existenz haben. Bespült das Meer an euren Küsten nur fast unersteigliche Felswände, so bleibt Barbaren und nährt euch von Fischen, ihr werdet dabei ruhiger leben, vielleicht besser und sicherlich glücklicher sein.[55]

---

deutsch als pariserisch sind; seine Dichtung hat etwas von dem, was man in Deutschland Gemüth oder ‚unendliche Melodie' und mitunter auch ‚Katzenjammer' nennt. Im Übrigen war Baudelaire der Mensch eines vielleicht verdorbenen, aber sehr bestimmten und scharfen, seiner selbst gewissen Geschmacks: damit tyrannisirt er die Ungewissen von Heute. […] Es ist viel Wagner in Baudelaire." Womit sich der Grund der Polemik erhellt. NL 1885, 38[5]; KSA 11, 601.

54 „Zu dem Naturhaß des Mittelalters kam die mit schrecklichen, massenhaft und gefahrlos aus der Ferne tötenden Maschinen versehene kaufmännische, industrielle Gier hinzu. Bei jedem Fortschritt in der Kunstfertigkeit ein Fortschritt in der Grausamkeit und Barbarei, ein Fortschritt in der Ausrottung." Michelet 2006, 242.

55 Rousseau 1971, 60.

Für Rousseau zählt allein das einfache und natürliche Leben, wiewohl er hier anerkennt, dass der Seehandel der Zivilisation zugutekommt.

Bei Georg Simmel ist das Geld der Antreiber und Treiber des Seehandels. Zwischen diesem und dem Meer erkennt er sogar gewisse Analogien, um das soziale Gefüge zu unterminieren. In *Philosophie des Geldes* führt er aus: „Das Meer ist eine Vermittlung wie das Geld, es ist das ins Geographische gewandte Tauschmittel, gleichsam in sich völlig farblos und deshalb wie das Geld dem Ineinander-übergehen des Verschiedenartigsten dienstbar."[56]

Der Seehandel wird zum unverzichtbaren Bestandteil der bürgerlichen Gesellschaft, wobei Hegel ihn in *Grundlinien der Philosophie des Rechts* als einen vertraglich geregelten, jenseits des Willkürlichen würdigt. Das bürgerliche Leben verbinde „seine Genüsse, Begierden, mit den Elemente der Flüssigkeit, der Gefahr und des Unterganges. So bringt sie ferner durch dies größte Medium der Verbindung entfernte Länder in die Beziehung des Verkehrs". Das „Prinzip Meer" sei zudem eines der Bildung und damit der Vertiefung individueller Freiheit.[57] Für Hegel ist das Meer fruchtbarer als die Erde, was er an dessen Tier- und Pflanzenreichtum abliest. Insgesamt fundiere es, so in *Vorlesungen über die Geschichte der Philosophie*, als ein grenzenloses Medium, den Mut und damit eine „eigene Lebensweise". In seiner Grenzenlosigkeit gebe es uns eine „Vorstellung des Unbestimmten, Unbeschränkten und Unendlichen, und indem der Mensch sich in diesem Unendlichen fühlt, so ermutigt ihn das zum Hinaus über das Beschränkte." Würden wir das bei Nietzsche lesen, dann wären wir nicht überrascht. Warum Hegel die Vorstellung des Unbeschränkten für wichtig erachtet, ist zunächst erklärungsbedürftig. Doch: „Das Land, die Talebene fixiert den Menschen an den Boden, er kommt dadurch in eine unendliche Abhängigkeit, aber das Meer führt ihn über diese beschränkten Kreise hinaus."[58]

---

56 „Seeverkehr und Geldverkehr stehen in enger historischer Verbindung, die Reserve und scharf geformte Abgeschlossenheit der Aristokratie muß von beiden her ein Abschleifen und Nivellieren fürchten." Simmel 1977, 432.

57 „Welches Bildungsmittel aber in dem Zusammenhange mit dem Meere liegt, dafür vergleiche man das Verhältnis der Nationen, in welchen der Kunstfleiß aufgeblüht ist, zum Meere mit denen, die sich die Schifffahrt untersagt [haben] und, wie alle großen, in sich strebenden Nationen sich zum Meere drängen". Hegel 1970, Band 7, 391f. – Humboldt schreibt: „Sein Auge fesselt vorzugsweise der Horizont, wo unbestimmt, wie im Duft Wasser und Lift aneinander grenzen […] Zu dem ewigen Spiel dieses Wechsels mischt sich, wie überall, bei der menschlichen Freude, ein Hauch wehmütiger Sehnsucht." Humboldt 1993, 282.

58 Hegel 1971, Band 12, 118. – *„Die Weltgeschichte ist von beweglichen Stämmen, nicht vom seßhaften Bauerntum, sondern gegen diese gemacht.* Die freie Ebene und das freie Meer

Wie Hegel würdigt auch Herder – nahezu tönt das nach Nietzsche – die Freiheit, die das Meer, das er als ein unendliches ansieht, gewährt. „Das flatternde Segel, das immer wankende Schiff, der rauschende Wellenstrom, die fliegende Wolke [...] Auf der Erde ist man an einem toten Punkt angeheftet; und in den engen Kreis einer Situation eingeschlossen." Herder versteht das Meer als Ansatzpunkt für eine Decodierung von Europas kultureller Diversifikation; hierzu liefere es den Schlüssel. Zu vergessen ist nicht, dass er damit anderes verbindet als Camus, etwa abendländische Humanität und eine durch das Christentum verbriefte Einheit.

> Das einzige mittelländische Meer, wie sehr ist es zur Bestimmerin des ganzen Europa geworden! Sodass man beinahe sagen kann, dass dies Meer allein den Über- und Fortgang aller alten mittlern Kultur gemacht hat. [...] Man ändere die Grenzen dieser Länder, nehme hier eine Meerenge weg, schließe dort eine Straße zu, und die Bindung und Verwüstung der Welt, das Schicksal ganzer Völker und Weltteile geht Jahrhunderte durch auf einem andern Wege.[59]

Dieses Meer begründe nicht nur den Kontinent, sondern es beherrsche ihn, durch den Seehandel, die Entstehung der Küstenstädte und des Handels. Herder zufolge, wurden so die Rechte der Bürger und Freiheit fundiert, was zweifellos eine Verklärung ist.[60] Ihr Zusammenschluss zur Hanse habe Europa mehr vereint als alle Kreuzfahrten. Damit widerspricht er Platons Herabstufung des Seehandels und der Küstenstädte als Handelszentren der Unmoral.

Für Schopenhauer sind wir in einem unentrinnbaren Lebenskampf gefangen, den wir zudem verlieren werden. Sein Verständnis des Meeres teilt mit den Stoikern die Metaphorik der Bewegtheit und Gefahr; das Leben sei ein Meer „voller Klippen und Strudel", die man umschiffen müsse, denn der

---

haben die Schöpfer der Völker und Staaten und die großen Täter hervorgebracht." Spengler 1937, 182. Hier sind die Herrenmenschen als Schöpfer angesprochen.

59 Herder 1994, Band 4, 348; Band 13, 40. – „Als ich zuerst das Meer sah; auch ein Unendliches, eine himmlisch-weite Ansicht; bis es sich in den Wolken verlor und der Himmel sich zu ihm senkte, verlor sich mein Blick in die unangemessene Höhe und Tiefe, [...] Die tausend Wellen und Wogen, die mit Einem Schlage himmelan steigen und ihre Häupter krausen, dann über einander stürzen und niedersinken im Takt eines vielstimmigen Akkords, nach allen Krümmungen und Linien der Schönheit, bis wo die letzte Welle in den dunklen Horizont hinansteigt; die Bewegung des Schiffs gleichstimmig den großen Elementen, es schwebe in den Wolken oder spalte den Abgrund." Ebd., Band 22, 233f.

60 Scholtz stellt die ungesicherte Behauptung auf: „Aber mit Herders Gedanken im Kopf kann man Camus' ‚mittelmeerisches Denken' viel eher eine Form des Humanismus nennen, als den damals sich ausbreitenden Marxismus." Scholtz 2017, 221. – Camus' Evaluation des Absurden für die menschliche Existenz steht dem Humanismus zweifelsfrei entgegen.

Mensch sitze wie der Schiffer „auf dem tobenden Meere, das, nach allen Seiten unbegränzt, heulend Wasserberge erhebt und senkt [...] einem schwachen Fahrzeug vertrauend [...] mitten in einer Welt voll Quaalen [...] gestützt und vertrauend auf das *principium individuationis*".[61] Schopenhauer kennt nur das tobende, das gefährliche Meer, nicht seine Schönheit, nicht seine Verheißungen. Das Vertrauen des Menschen in das individuelle Prinzip identifiziert er mit dem des Schiffers in einem ob des tobenden Meeres viel zu schwachem Fortbewegungsmittel.

In *Der Geist als Widersacher der Seele*, dem Hauptwerk von Ludwig Klages, wird das Wasser als Prinzip geradezu gefeiert; im Feuchten der „Mutterfeuchte löst sich der Embryo zum Licht [...] alles lebende Plasma" sei vom Wasser durchtränkt. „Welche Stoffe des lebendigen Leibes am fließendsten, unveränderlichsten *vergänglichsten* sind, eben das sind die lebendsten; und welche am festesten, härtesten, unvergänglichsten sind, eben das sind die totesten!"[62] Klages' Lebensphilosophie identifiziert das Wasser mit dem Leben und dem Lebendigen, das dem Trockenen, für das auch das Tote steht, entgegengesetzt ist.

Obgleich Carl Schmitt gleich zu Beginn seines Essays *Land und Meer* von 1942 behauptet: „Der Mensch ist ein Landwesen, ein Landtreter. Er steht und geht und bewegt sich auf der festgegründeten Erde", fragt er dennoch, ob für ihn etwas anderes als ein Landdasein möglich sein könnte. Er verweist auf „autothalassische" Ethnien, die das Festland nur als Grenze ihrer Meerexistenz sahen. „Was ist unser Element? Sind wir Kinder des Landes oder der See? Das läßt sich nicht mit einem einfachen Entweder-Oder beantworten."[63] Wenn mit Schmitts „Landtreter" die Fixierung seiner erdhaften Identität verbunden

61 Schopenhauer 1977, Band II, 391; 439. – „in diesem Zustande als Zagreus verehrt werde: wobei angedeutet wird, dass diese Zerstückelung, das eigentlich dionysische *Leiden*, gleich einer Umwandlung in Luft, Wasser, Erde und Feuer sei, dass wir also den Zustand der Individuation als den Quell und Urgrund alles Leidens, als etwas an sich Verwerfliches, zu betrachten hätten. Aus dem Lächeln dieses Dionysus sind die olympischen Götter, aus seinen Thränen die Menschen entstanden." GT, KSA 1, 72.

62 Klages 1981, 1126f.

63 Schmitt 1981, 10f. – Selbstverständlich ist es riskant und problematisch, einen der umstrittensten deutschen Staats- und Völkerrechtler zu zitieren. Hinzukommt sein Engagement für das NS-Regime; ab Mai 1933 war er Mitglied der NSDAP und blieb das auch bis zum Ende. Die Morde im Zusammenhang des s.g. Röhm-Putschs hatte er durch sein Prinzip der „Führer-Ordnung" gerechtfertigt, wie er auch die antisemitischen „Nürnberger Gesetze" von 1935 legitimierte. Gleichwohl habe ich mich entschlossen, mich auf den Essay *Land und Meer* zu beziehen. – „Die Ur- und Frühgeschichte der Menschheit scheint diesen ozeanischen Ursprung zu bestätigen." Ebd. – „Natürlich unterscheiden sich jene, die gewohnt sind, nur vom Festland aus auf das Meer hinauszublicken, von jenen, die das Festland nur vom Meer aus kennen, ebenso wie jene, die nur auf das vor ihnen

ist, dann wäre Nietzsches „Meer-Thier" davon frei und könnte sein Existieren einem offenen Kurs überantworten. „*Am Meere.* – Ich würde mir kein Haus bauen (und es gehört selbst zu meinem Glücke, kein Hausbesitzer zu sein!). Müsste ich aber, so würde ich, gleich manchem Römer, es bis in's Meer hineinbauen, – ich möchte schon mit diesem schönen Ungeheuer einige Heimlichkeiten gemeinsam haben"[64] – so im dritten Buch der *Fröhlichen Wissenschaft*.

Schmitt reflektiert jedoch auch, dass der Mensch als ein „Landwesen, ein Landtreter" in seinen „tiefen, oft unbewußten Erinnerungen [an, J.G.] Wasser und Meer der geheimnisvolle Urgrund allen Lebens" aufscheinen könne.[65] Wäre das eine Rechtfertigung für Thales' archē, beglaubigt er damit völlig unwillentlich Jung und Klages und könnte hier der Ur- und Entstehungsgrund des Lebendigen bewahrt werden; im Unbewussten, als Gedächtnis des Anfangs?

Das Meer von Jules Michelet ist ein Klassiker. Das Buch durchzieht seine Liebe zum Meer, das „sein eigenes Leben führt, seine ganz unabhängigen und selbstständigen, für das Heil des Planeten wirkende Funktionen besitzt. Es trägt machtvoll dazu bei, seine Harmonie zu erschaffen, seine Lebenskraft, seinen Fortschritt". Beschwört wird das insbesondere in den letzten Sentenzen. „Inständig fleht die Erde Euch an zu leben. Sie bietet Euch das Beste an, was sie besitzt, das Meer, um euch wieder aufzurichten. Verlöre sie euch, so ginge sie selbst verloren." Man höre das Meer schon lange, bevor man es sehe, „man ahnt das Fürchterliche schon". In „Die Wiedergeburt des Herzens und der Brüderlichkeit" ist die Erde stumm und der Ozean ein über „*das Leben*, die ewige Metamorphose", sprechender. Er betont die flüssige Existenz. „Er beschämt die versteinerten Ambitionen des irdischen Lebens." Michelet unterscheidet drei Ozeane, die Luft, die Erde, sie ist stumm und das Wasser: Dieser „Ozean ist eine Stimme"; er sei „weniger beweglich als der erstere und nicht so fest wie der zweite, in seinen regelmäßigen Schwankungen gelehrig den himmlischen Bewegungen folgend". Das Meer ist für Michelet der alles erzeugende Born des Lebens.

> Es ist dies der eigentliche Beruf, die Arbeit dieser großen Meereswelt: lieben und sich vermehren. Die Liebe füllt ihre fruchtbare Nacht aus. Sie taucht in die Tiefe hinab und scheint bei den unendlich kleinen Wesen gar noch reicher zu werden. […] So stellt sich uns die See dar. Sie ist – so scheint es – das große Weib des

---

liegende Wasser starren, anders als jene, die auch einen Blick über das Meer werfen, egal ob vom diesseitigen oder jenseitigen Ufer aus." Matvejevié 1993, 70.

64 FW, KSA 3, 513.

65 Schmitt 1981, 7ff.

> Erdballs, dessen nie versiegendes Begehren, dessen unausgesetztes Empfangen und Gebären ohne Ende ist.[66]

Die ‚große Mutter' und die ‚Amme der Lebewesen' wird über das Meer symbolisiert. Stärker als Michelet hat wohl kaum einer – wiewohl geradezu auch in mythischen Worten – die Bedeutung des Meeres für das Leben bejubelt. Es lässt sich auf die Formel bringen: das Meer ist das Leben, das Leben ist das Meer. Wie Nietzsche, der es gegen die stellt, die nach Lehren suchen, die das Leben nicht fördern, denn sie können freilich, wenn das Leben ein Meer ist, nicht überzeugen. „Und inzwischen verläuft eure Zeit, und ihr trachtet nach Lehrern, die euch sagen: ‚fürchtet und zittert vor dem Meere, welches Leben heißt'",[67] lesen wir im Nachlass von 1882.

Für Michelet repräsentiert das Meer gleichsam eine Physiologie der Erde, mit der er zudem politische Utopien verbindet, sodass das Meer – ähnlich wie bei Nietzsche – für ihn, wenn auch mit anderen Inhalten, eine große Lehrmeisterin ist. Das Meer, jene nicht zu beschreibende Finsternis, ja Dunkelheit, schleudere uns zurück auf Frühformen der Erdgeschichte; hierzu müsse man das Meer zum Sprechen bringen, weil es die Sprache der Erde sei. Michelets maritime Metaphorik entbirgt die Relationen zwischen dem Meer und uns als eine naturhafte, symbiotische Gemeinschaft. Er sieht das Meer als eine Person; ein organisch-physiologisch geformtes Individuum. Zudem sei es ein „große[s] Weib"; es habe die „fruchtbare Zartheit einer unermeßlichen Matrix [...] wo die fortwährend ankommenden Kinder wie in lauwarmer Milch dahintreiben".[68] Michelet vergöttlicht die Natur und bebildert das Meer als ein fruchtbares weibliches Wesen, in dessen lebensspendendem Schoß alles wieder erneuert werden könne.

Wie Nietzsche fordert Michelet eine Treue des Menschen ein, jener spricht von einer zur Erde, die jedoch das Meer einschließt. Mit dieser Treue verbindet er eine Abkehr vom Überirdischen und Jenseitigen, von der Moral, all das ist dem Meer fremd, womit es zum Symbol eines Lebens in einem Jenseits von Gut und Böse wird; ein Leben, das Nietzsche favorisiert. Michelet kann mit dem Meer auch keinerlei Moral verbinden. Nietzsche formuliert 1882/83 gar eine Beschwörung: „Ich beschwöre Euch, meine Brüder, bleibt der Erde treu

---

66 „All dies wartet nicht auf die Geburt des Menschen, sondern ging wahrscheinlich schon seit Millionen von Jahrhunderten vor sich." Michelet 2006, 241, 301f.; 286ff.; 90. Der Ozean wende sich „zumal an den Menschen. Er ist der fruchtbare Schmelztiegel, in dem die Schöpfung begann und in ihrer ganzen Kraft weiterbesteht, und so besitzt er auch deren lebendige Beredsamkeit: Es spricht hier das Leben zum Leben selbst." Ebd., 287.

67 NL 1882/83, 5[1]; KSA 10, 214.

68 Michelet 2006, 90; 94.

und glaubt denen nicht, welche Euch von überirdischen Hoffnungen reden: Giftmischer sind es und Verächter des Lebens: [...] Absterbende sind es und Selbst-Vergiftete".[69] Die Giftmischer haben sich selbst vergiftet und geben das Toxische – ihre Ressentiments – weiter. Als Gläubige sind sie Leib- und Lebensverachtende. Die Erde und damit das Meer positioniert er gegen die moralisch-metaphysische Aufspaltung der Welt in Irdisches und Überirdisches.

Braudel beginnt seine monumentale Studie über das Mittelmeer mit einer Liebeserklärung, die Camus' Liebe zu ihm ähnelt: „Ich habe das Mittelmeer leidenschaftlich geliebt [...] Lange Jahre habe ich glücklich mit seinem Studium verbracht [...] Der beste Leser dieses Buchs wird vielleicht der sein, der mit eigenen Erfahrungen, eigenen Bildern des Mittelmeers an meinen Text herangeht, ihm eigen Farbe verleiht". Hier ist nicht der nüchterne Leser gefragt, sondern der empathische. Anders als Michelet nähert sich Fernand Braudel dem Mittelmeer von einer historisch-theoretischen Perspektive aus. Dessen Historie sei eine *longue durée* des Klimatischen, die aber Hindernisse einschließt und keine Harmonie bedeutet, wie bei Valéry – verbunden mit dem Sozialen, Wirtschaftlichen und einer sich schnell verändernden Ereignisgeschichte, in der diverse Geschichtsverläufe überlagert sind.[70] Braudel erkennt eine mediterrane Einheit über klimatische Faktoren, die aber durchaus divers sein können; von der Sonne verwöhnte Küsten und eine mediterrane Vegetation. Braudel interessiert sich für das Mediterrane in seiner Gesamtheit. Zudem betont er die urbane Infrastruktur, Kommunikation und Handel. Die Mittelmeeranrainer erlebten entgegengesetzte Jahreszeiten; den vom Ozean verursachten Winter und der von der Sahara kommende Sommer. Danach habe sich das Leben ausgerichtet, und sie teilten gemeinsame Erfahrungen, Interessen und Nöte. Sein Topos *longue durée* – für das Zusammenspiel geografischer, kultureller und geistesgeschichtlicher Zustände – fokussiert die strukturellen Verbindungen zwischen der Landschaft, ihrer Bewirtschaftung und damit die zwischen Mensch und Meer in einer Dialektik von Kontinuität und Diskontinuität. Das Handeln des historischen Subjekts Mensch im Mittelmeerraum sei als eine *unité humaine* zu verstehen und nicht als eine Abhängigkeit von äußeren Faktoren, wobei er die geologisch-klimatischen Gegebenheiten als Widerstände klassifiziert, etwa die stürmische See.

---

69 NL 1882/83, 5[19]; KSA 10, 223.

70 Braudel 1998, Erster Band, o. S. – „So bin ich bei der Betrachtung eines Individuums immer wieder versucht, es eingebunden in ein Geschick zu sehen, das es kaum selber gestalten kann, in eine Landschaft gestellt, die sich hinter ihm und vor ihm in den unendlichen Perspektiven einer ‚langen Dauer' erstreckt." Braudel 1998, Dritter Band, 460.

Als 1949 *La Méditerranée et le Monde méditerranéen à l'époque de Philippe II* erstmals publiziert wurde, eröffneten sich der Historiografie vollkommen neue Einblicke und Bewertungen. Insbesondere naturgegebene Faktoren – etwa das physische Meer – finden hier eine Berücksichtigung. Methodisch operiert Braudel mit drei Zeitebenen. Die unterste umfasst geologisch geografische Fakten, z.B. die Uferzonen und das Klima. Hier zeigt sich die *longue durée*, die Behaarung bedeutet, etwa über dieselben Land- und Seewege. Die zweite Ebene bündelt die Historie der Staaten, Gesellschaften, ökonomische Strukturen, den Güterverkehr und die Kulturen. Die dritte, die traditionelle Geschichtsschreibung, die von Braudels Historiografie jedoch relativiert wird, betrifft politische und kriegerische Ereignisse und damit den endlosen Kampf um die Vorherrschaft im Mittelmeer, der aber die materiellen und geographischen Strukturen unberührt lasse.

Das Mittelmeer ist an all dem nicht interessiert! Für Braudel ist es kein amorphes Konglomerat von Völkern, Kulturen, Regionen, sondern ein Kosmos der Begegnungen und damit eine grandiose Diversität.[71] Nur in seiner weit gespreizten Vielfalt sei das Mittelmeer zu verstehen; unzählbare Landschaften, gestiftet von einer Reihe von Meeren und sich überlagernder Zivilisationen, römische, libanesische, sardinische, sizilianische, arabische, spanische, portugiesische etc. Ein Kosmos aus Altem und Neuem und zudem eine Begegnung mit dem Archaischen. Das Mittelmeer ist das Symbol der Vielfalt des Lebens, unabhängig davon, ob auf ihm Kriege geführt oder friedlich Handel getrieben wurde. Besondere Bedeutung hat es als wirtschaftlicher Machtfaktor für die italienischen Küstenstädte.[72] Zudem ist es auch ein religiöser Raum für Pilgerfahrten, Kreuzzüge, Missionen, christliche Eroberungen etc.

Anzufügen ist ein Blick auf „Die Alpen" von Georg Simmel:

> Allenthalben wird das Meer als das Symbol des Lebens empfunden: seine ewig formwandelnde Bewegung, die Unergründlichkeit seiner Tiefen, der Wechsel

71 „So wurde der Mittelmeerraum zu der Region, in der es zu den weltweit wohl intensivsten Wechselwirkungen zwischen verschiedenen Gesellschaften kam. Und in der Geschichte der menschlichen Zivilisation spielt das Mittelmeer eine größere Rolle als jedes andere Meer." Abulafia 2013, 820.

72 „Die Küste duftet nach Gräsern, Kräutern, Pinien, an manchen Stellen überlagert dieser Duft sogar den Geruch des Meeres. Die Zusammensetzung unterscheidet sich von Küste zu Küste. Manche Äste, Zweige und Früchte erfassen den Geist, andere berühren ihn nicht. Die Weinrebe und die Palme, manchmal auch die Feige und der Granatapfel, standen einst im Rufe der Heiligkeit. Blätter und Ranken der Weinrebe, ebenso wie ihre Trauben, zieren die Kunstdenkmäler von Griechen und Barbaren, Christen und Heiden; sie finden sich auf römischen und romanischen Skulpturen und der Kunst des Hochmittelalters; sie schmücken Sarkophage, Stelen und Altäre, Ikonen und Missale." Matvejević 1993, 247f.

> zwischen Glätte und Aufgewühltsein, sein Sichverlieren am Horizont und das ziellose Spiel seines Rhythmus – alles dies gestattet der Seele, ihr eignes Lebensgefühl in das Meer zu transportieren."

Sein Anblick gewähre „Befreiung" und Erlösung von der „unmittelbaren Gegebenheit und bloß relativen Quantität des Lebens durch die überwältigende Dynamik [...] das Meer wirkt durch Einfühlung des Lebens, die Alpen durch Abstraktion vom Leben".[73] Wiewohl Simmel in diesem Kapitel aus *Philosophische Kultur* über die Alpen schreibt, ist ihm gerade das Meer das Symbol unseres Lebens, was hier bedeutet, unseres seelischen Lebens. Nicht zuletzt weist er darauf hin, dass es die Länder verbindet, während die Alpen sie trennen.

1.5 Die Gefahren der Seefahrt und die unendliche Fahrt

Vorausschicken möchte ich, dass das Meer schon seit Jahrhunderten von der Meerschifffahrt, der Bewältigung der Gefahren des Meeres, überzogen wurde. Der Mensch will aufs Meer, und er will es beherrschen. In der „Wanderer und sein Schatten" stellt Nietzsche die These auf: „Der kürzeste Weg ist nicht der möglichst gerade, sondern der, bei welchem die günstigsten Winde unsere Segel schwellen: so sagt die Lehre der Schifffahrer."[74]

Zur Beherrschung der Meere gehört der Seekrieg. Seit Thukydides finden sich hierzu antike Überlieferungen. Zudem waren namentlich seitens der griechischen Aristokraten individueller Ruhm und die Eroberung von Reichtümern – Gold – starke Motive für die Beherrschung der Meere. Insbesondere die jungen Helden wollten sich auf dem Meer bewähren; sei es, indem sie Städte plünderten, Könige betrogen oder deren Töchter raubten. Daneben war das Meer der Raum für Entdecker. Thukydides stellt fest, die

---

73 Simmel 1983, 115ff. – Überantworte sich einer dem offenen Horizont des Meeres, „falls das Leben noch gesteigert werden soll, – der leidet an einer solchen Richtung seines Urtheils wie an einer Seekrankheit. [...] Andrerseits: ist man einmal mit seinem Schiffe hierhin verschlagen, nun! wohlan! jetzt tüchtig die Zähne zusammengebissen! die Augen aufgemacht! die Hand fest am Steuer! – wir fahren geradewegs über die Moral *weg*, wir erdrücken, wir zermalmen vielleicht unsren eignen Rest Moralität, indem wir dorthin unsere Fahrt machen und wagen". JGB, KSA 5, 38f.

74 WS, KSA 2, 579. – „Die Bewohner des Mediterran reden weniger von Wellen als von Winden, vielleicht deshalb, weil letztere größeren Einfluß auf die Stimmung, ja die Sprache haben." Matvejević 1993, 40.

jungen Athener hätten eine gefährliche Liebe zu der Ferne, die für sie Freiheit bedeutet.[75]

Der Sieg der Griechen über die Perser in der Schlacht von Salamis, eine Insel in der Nähe Athens, war eine der bedeutensten Seeschlachten im Mittelmeerraum und führte zur Herrschaft Athens über das Meer. Herodot sah darin eine Bestrafung der Perser durch die Götter. Mit Salamis wuchs das Vertrauen der Griechen in ihre Überlegenheit auf dem Meer enorm an, was dazu führte, dass Athens Demokratie seine Herrschaft im östlichen Mittelmeer verankerte und fundierte.[76]

Chancen und Gefahren der Seefahrt reflektiert die griechisch-lateinische Literatur. Im Zuge der Entwicklung und Verfeinerung der nautischen Geräte wurde die Schifffahrt jedoch berechenbarer, wiewohl die Gefahren nicht restlos aufzulösen sind. Schiffe versinken selbst heute noch. Die maritime Metaphorik des Schiffs, Kahns, der Barke, des Segels, des Steuermanns, der Wellen, Wogen, des Ruders, des Kapitäns – ist alt, sehr alt. Viel älter als bei Nietzsche, Goethe, George, Rimbaud etc., auf die im Folgenden Bezug genommen wird. Zudem geht sie weit über diese Autoren hinaus, die Aneignung des Himmels soll dem Raum*schiff* gelingen. Mao war der große Steuermann, der Milliarden

---

75 „Hier erkennen wir eine anthropologische Grundkonstante, die das Verhältnis des griechischen Adels – überhaupt des antiken Menschen – zum Meer maßgeblich bestimmte und insbesondere junge Männer herausforderte [...] ihre ersten Abenteuer auf dem Meer bestehen zu müssen: Die Seefahrt wird zur gesellschaftlich anerkannten Mutprobe. [...] Die maritime Welterfahrung fungiert einerseits als eine Brücke zwischen dem mythischen Weltbild Homers und den rationalen Erklärungen der Philosophen". Schulz 2005, 27; 72.

76 Die griechischen Schiffe „scheinen sichelförmig aufgefahren zu sein. Die Griechen hatten den Vorteil des frischen Angreifers, während die Gegner schon die Nacht auf ihren Ruderbänken gesessen und vor allem viel gewartet hatten. [...] Zunächst griff der rechte Flügel der Griechen an, auf dem vor allem die Schiffe aus Ägina stammten. Doch setzte sich die Schlacht rasch nach links hinüber fort. [...] In das auf persischer Seite sich entwickelnde Chaos fuhren die Griechen vergleichsweise geordnet hinein, trafen mit ihren Rammsporen viele der feindlichen Schiffe, ihre Bewaffneten drangen auf deren Decks vor. [...] Die Perser verloren unzählige Schiffe und große Teile ihrer Mannschaft, zumal viele nicht schwimmen konnten und die Griechen die Schiffbrüchigen zumeist gnadenlos erschlugen, im Wasser oder an der Küste der Insel. Am Abend jenes nicht genauer datierbaren Septembertags hatte sich schließlich, was von der persischen Flotte noch übrig war, in die Bucht von Phaleron geflüchtet. [...] Auf dem Wasser schwammen die Schiffstrümmer, Masten, Balken, Riemen, Fetzen der Takelage, dazwischen kieloben viele Schiffsrümpfe – die Toten. [...] Die griechischen Verluste waren nicht so hoch wie die persischen, aber schmerzlich genug. Nach und nach wurde es wieder still. Die Schlacht hatte sich im ‚klugbeherrschten Getümmel vertobt', so hat es wenigstens Hölderlin im Hyperion formuliert." Maier 1993, 29ff.

Chinesinnen und Chinesen über das tückische Meer des Klassenfeindes steuerte, um sie sicher in den kommunistischen Hafen zu führen.

Michel Foucault erklärt in *Heterotopien*, einer Studie über die utopischen Körper, das Schiff sei seit dem 16. Jahrhundert nicht nur für die „wirtschaftliche Entwicklung" bedeutsam gewesen, „sondern auch das größte Reservoir für die Phantasie. Das Schiff ist die Heterotopie *par excellence*. Zivilisationen, die keine Schiffe besitzen, sind wie Kinder, deren Eltern kein Ehebett haben, auf dem sie spielen können. Dann versiegen ihre Träume."[77]

Die Gefahren des Meeres zeigen sich zumeist und zunächst der Seefahrt. In nahezu allen schriftlich überlieferten Kulturen wird das Meer als ein überaus bedrohliches, ja tödliches Medium wahrgenommen. Nicht selten findet sich der Hinweis, dass es die göttliche Schöpfung bedrohe. Entsprechend wird es als Element der Sünde und des Teufels dämonisiert. „Auf verschiedene Weise verknüpfte die kollektive Mentalität Meer und Sünde."[78] Womöglich verkörpert es eine göttliche Grenzziehung gegenüber unserer Existenz. Für die, die es befahren, braucht es Mut und ein Vertrauen auf Gottes Schutz, um die Abenteuer bestehen zu können, den Gefahren der gefährlichen Stürme zu trotzen, weil das Scheitern immer am Horizont mitfährt.

Nietzsche verbindet demgegenüber mit der Seefahrt metaphorisch etwas ganz anderes. Der Sonnenuntergang erfülle die Luft mit „Verheissung", so in:

> Die Sonne sinkt. Nicht lange durstest du noch, // verbranntes Herz! // Verheissung liegt in der Luft, // […] – die grosse Kühle kommt … // Meine Sonne stand heiss über mir im Mittage: // seid mir gegrüsst, dass ihr kommt // […] ihr kühlen Geister des Nachmittags! // Die Luft geht fremd und rein. // Schielt nicht mit schiefem // Verführerblick // die Nacht mich an ? … // Bleib stark, mein tapfres Herz! // Frag nicht: warum? – // Tag meines Lebens! // die Sonne sinkt. // Schon steht die glatte // Fluth vergüldet. // […] Tag meines Lebens! // gen Abend gehts! // […] schon quillt deine Thaus // Thränengeträufel, // schon läuft still über weisse Meere // deiner Liebe Purpur, // deine letzte zögernde Seligkeit … // Heiterkeit, güldne komm! // […] Rings nur Welle und Spiel. // Was je schwer war, // sank in blaue Vergessenheit, // müssig steht nun mein Kahn. // Sturm und Fahrt, wie verlernt er das! // Wunsch und Hoffen ertrank, // glatt liegt Seele und Meer. // […] Silbern, leicht, ein Fisch // schwimmt nun mein Nachen hinaus …[79]

---

77 Foucault 2005, 21f.

78 „Bei näherer Untersuchung entdeckt man, daß das Meer in früherer Zeit oft als das bevorzugte Revier Satans und der Höllenmächte dargestellt wurde." Delumeau 1985, 59f.

79 DD, KSA 6, 395ff. – „Seht doch hin, wie [die Sonne, J.G.] ungeduldig über das Meer kommt! Fühlt ihr den Durst und den heissen Athem ihrer Liebe nicht?" Za, KSA 4, 159. Das Meer ist weiblich und auch so scheint seine Begierde, wenn es sich zur Sonne – der Erkenntnis – emporhebt und sich ihr entgegenstreckt. – Camus behauptet in „Das Meer *Bordtagebuch*": „Die Nacht sinkt nicht auf das Meer. Aus den Tiefen des Wassers, das eine schon versunkene Sonne allmählich mit ihrer dichten Asche verdunkelt, steigt sie

Wenn die heiße Sonne im Mittag steht, dann in der Zeit für Entscheidungen; jetzt kann das Schwere vergessen werden und güldne Heiterkeit aufziehen. Die „kühlen Geister des Nachmittags" könnten freie sein. Da Wunsch und Hoffen durch die Bewegungen des Meeres versunken sind, schwimmt der Kahn hinaus zu einem unbekannten Ziel, und „Seele und Meer" werden ganz glatt. Das ist der „Tag meines Lebens", ein eminent wichtiger, einer der „Verheissung". In *„Im Süden"* aus dem Zyklus *Lieder des Prinzen Vogelfrei* schreibt Nietzsche über das „weisse Meer". Es „liegt eingeschlafen, // Und purpurn steht ein Segel drauf. [...] Unschuld des Südens, nimm mich auf! // Nur Schritt für Schritt – das ist kein Leben, // Stets Bein vor Bein macht deutsch und schwer. // Ich hiess den Wind mich aufwärts heben, // Ich lernte mit den Vögeln schweben, – // Nach Süden flog ich über's Meer."[80] Das Leben muss erflogen werden, dies entspricht seiner Dynamik, der Fliegende muss nach Süden – über das Meer.

Die Situationsbeschreibung, mit der das Gedicht „Die Sonne sinkt", beginnt, ist eine negative, aber für das verbrannte Herz scheint das gar eine erlösende und nicht – wie zu vermuten wäre – eine bedrohliche Situation zu bebildern, denn es eröffnet „Verheissung" in Gestalt von heraufziehender „grosse[r] Kühle". In der *Fröhlichen Wissenschaft* notiert er: „Ich höre im Schmerze den Commandoruf des Schiffscapitains: ‚zieht die Segel ein!' Auf tausend Arten die Segel zu stellen, muss der kühne Schifffahrer ‚Mensch' sich eingeübt haben, sonst wäre es gar zu schnell mit ihm vorbei, und der Ozean schlürfte ihn zu bald hinunter."[81] Der Mensch wird hier zum flexiblen Schifffahrer, sonst könnte er nicht überleben, der Ozean würde ihn „schlürfen", hinunter schlürfen, womit etwas geradezu Genüssliches ausgedrückt wird. Sein Leben ist eine gefährliche Reise über die Untiefen des Ozeans und damit eine lebensgefährdende, weil der Ozean den Schifffahrer verschlingen wird. Das ist das Gesetz der Natur. Die Macht des Ozeans ist der Kraft des Schiffers unendlich überlegen. Seine nautische Fähigkeit muss so perfekt wie nur je möglich sein; auf tausend Arten justiert, um die Gefahren zu umschiffen.

---

vielmehr empor zum noch blassen Himmel. Eine kurze Weile bleibt Venus einsam über den schwarzen Fluten." Camus 2000, Heimkehr, 107. – „Wasser. Die Sonne sinkt und wird schon weit über dem Horizont vom Dunst verschlungen. Für einen kurzen Augenblick ist das Meer auf einer Seite rötlich, auf der anderen blau. Dann dunkeln die Wasser. [...] Dann wird es still und bang auf diesen ursprünglichen Wassern." Ebd.

80 FW, KSA 3, 641. – Paul Celan: Das Haus überm Meer: „Es schwebt auch dein Haar überm Meer mit dem // goldnen Wacholder. // Mit ihm wird es weiß, dann färb ich es steinblau: // die Farbe der Stadt, wo zuletzt ich geschleift ward // gen Süden ..." Zitiert nach Wüstner 2005, 53.

81 FW, KSA 3, 550.

Es sind nautisch-maritime Metaphern, mit denen Nietzsche die Gefahren eines Existierens über den Untiefen des Meeres bebildert. Ein anderes Existieren ist nicht zu erwarten, womit jedes in der Gefahr stünde. Im Nachlass von 1881 lesen wir über die Gefahren dieses schwebend-maritimen Existierens, „ich berühre kaum noch die äußersten Spitzen der Wellen – das Dasein, in dem ich schwimmen sollte, ist wie *außer mir* und ich fühle mit einem Schauder der Wonne seine spielende Haut: bin ich zum fliegenden Fisch geworden ? – "[82] Er verfügt über kein stabiles Dasein mehr, er muss schwimmen, jedes Existieren ist ungewiss – wie das eines fliegenden Fisches. Als fliegender Fisch können wir nicht existieren, zweifelsfrei ist das unmöglich. Jedoch scheint es, das sollten wir imaginieren, um diese Existenz solle es gehen.

Wie in Goethes *Seefahrt* und Georges *Barke* ist der Protagonist in „Die Sonne sinkt" anonymisiert. Wenn die Sonne heiß über dem Mittag gestanden hatte, dann ist dieses Zeitfenster mit der sinkenden Sonne vergangen. Hinzukommt, dass der Planet das Subjekt ist; von ihm wird es abhängen, was geschieht. Die heiße Sonne und das verbrannte Herz koalieren zur Signatur eines herausgehobenen und herausragenden inneren Zustandes.[83] In scheinbarem Kontrast hierzu stehen die kühlen Geister, die zusammen mit der großen Kühle in Erscheinung treten. Bei all dem soll das eigene Herz, das wie ein Freund angeredet wird, tapfer bleiben; allzumal an einem Tag, der zu dem „meines Lebens" verklärt wird. Gerade an diesem – er könnte, weil der Abend naht, der letzte sein, muss sich das Herz durch Tapferkeit bewähren. Es muss stark sein, denn „Thränengeträufel" fließt schon über das weiße, das reine Meer, weil etwas abstirbt und sich Trauer ankündigt, die über dem Meer liegt. Dem Meer ist das gleichgültig. Es liegt still wie die Seele, die sich mit dem Lebensabend abgefunden hat. Dann erst schwimmt der Nachen hinaus aufs Meer, womöglich zur letzten Fahrt auf einem Ungewissen, das ob seiner perennierenden Bewegtheit – Analogie zum Leben – stets das Essenzielle bleiben wird.[84]

---

82 NL 1881, 15[56]; KSA 9, 653f.

83 „Wenn die Menschen der Sonne entbehren und mit Mondlicht und Oel den Kampf gegen die Nacht führten, welche Philosophie würde um sie ihre Schleier hüllen! Man merkt es ja dem geistigen und seelischen Wesen des Menschen schon zu sehr an, wie es durch die Hälfte Dunkelheit und Sonnen-Entbehrung, von der das Leben umflort wird, im Ganzen verdüstert ist." WS, KSA 2, 544f. – Hier ist die Sonne für Leben und Denken unentbehrlich, und mit ihrem Sinken und der Kühle wird keine „Verheissung" assoziiert.

84 „Da steht der Nachen, – dort hinüber geht es vielleicht in's grosse Nichts. – Aber wer will in diess ‚Vielleicht' einsteigen? Niemand von euch will in den Todes-Nachen einsteigen! Wieso wollt ihr dann *Welt-Müde* sein!" Za, KSA 4, 259. – „‚Die Wellen um deinen Berg, antwortete der Wahrsager, steigen und steigen, die Wellen grosser Noth und Trübsal: die werden bald auch deinen Nachen heben und dich davontragen.' – " Ebd., 301. „ – die

Die reinigende Funktion des Meeres wird hier überdeutlich, gerade am Lebensabend ist sie gefragt; am „Tag meines Lebens". Was der Gläubige dem Priester anvertraut, um Absolution zu erlangen, wird hier mit der Natur vereinbart – und zwar im Einklang mit ihr, wenn „die Sonne sinkt". Im Meer geht das Schwere, das Beschwerende unter; es fällt in die Tiefe, ohne dass es je wieder auftauchen soll. Damit ist authentische Reinigung bebildert und nicht nur ein Abwaschen. Das Meer wird zum Grab, auch für den Protagonisten. Jedoch dann, wenn alles Schwere reinigend verschlungen ist, kann – reflektiert von der Sonne, die die „Fluth vergüldet" – „güldne" Heiterkeit kommen. Ankommen, wenn die Sonne und der Tag des Lebens versunken sind und das Meer ganz beruhigt und still ist. Selbstverständlich muss das Meer hier metaphorisch verstanden werden. Das mindert aber nicht seine Bedeutung für Nietzsche; im Gegenteil, es unterstreicht sie. In *Der glückliche Tod* verbindet Camus eine Selbstreinigung mit dem Meer. „Er mußte sich erst in das warme Meer stürzen, sich verlieren, um sich wiederzufinden."[85]

„Wo scharfer Wind weht, die See hoch geht und keine kleine Gefahr zu bestehen ist, da wird mir wohl",[86] behauptet er in *Morgenröte*, um das Gefahrvolle seines Denkens zu unterstreichen und mit einem tosenden Meer zu analogisieren, dem tückischen und gefahrvollen Meer. In „Der Wind in Djemila" beschreibt Camus mit maritimen Metaphern einen tosenden Wind. „Der Wind hatte mich geschliffen wie Flut und Ebbe den Kiesel und hatte mich bis zur nackten Seele verbraucht." –

Im März 1879 bebildert Nietzsche gegenüber Köselitz seine intellektuelle Genese über eine Schifffahrt ohne Ziel: „Schreiben Sie nicht, bis ich Ihnen mittheile, wohin ich mich *verschlagen* habe, denn es ist eine Seefahrt, wo der Wind bläst, ich weiß nicht woher? wohin?" Damit ist Nietzsches Schicksal zu einer Seefahrt geworden, es ist die ausgewiesene Allegorie für es, für das Unbegreifbare und Bedrohliche.

Wie sehr er sein Denken, sein Philosophieren als eine Seefahrer-Geschichte versteht, schreibt er Overbeck, als er den *Zarathustra* beendet hat: „Die letzten zwei Wochen waren die glücklichsten meines Lebens: ich bin **nie** mit solchen Segeln über ein solches Meer gefahren; und der ungeheure Übermuth dieser

---

Wellen steigen höher und höher: bald wird mein Nachen nicht mehr im Trocknen sitzen – der auch Eseln Flügel giebt und Löwinnen melkt – zur Stunde, wo Mittag auf den Fluren ruht: kein Hirt bläst da die Flöte" NL 1884/85, 29[11]; KSA 11, 339.

85 Camus 1972, 126.

86 M, KSA 3, 284. – „Im veilchenblauen Meer liegt fern ein Kahn: der Schiffer kreuzt sich, der mich schreiten sieht Jetzt fährt zur Hölle Zarathustra – sagt er schaudernd: lange schon rieth ich auf dies Ende! Du irrst, Fischer, ganz und gar!" NL 1883, 10[4]; KSA 10, 366.

ganzen Seefahrer-Geschichte, welche so lange dauert als Du mich kennst".[87] In glücklicher und übermütiger Stimmung sei diese besondere Fahrt über das Meer verlaufen, als er den *Zarathustra* beendete. In dieser Schrift kommt bei der Seefahrt Weisheit ins Spiel: „Dem Segel gleich, zitternd vor dem Ungestüm des Geistes, geht meine Weisheit über das Meer – meine wilde Weisheit!" Eine ambivalente Weisheit, mit der ein ambivalent gezeichnetes Meer wird. „Still ist der Grund meines Meeres, wer erriete wohl, dass er schmerzhafte Ungeheuer birgt!"[88] Einer oberflächlichen Betrachtung würden diese „Ungeheuer" entgehen.

Goethe dichtet in:

> Seefahrt
> Taglang nachtlang stand mein Schiff befrachtet, // Günst'ger Winde harrend saß mit treuen Freunden // – Mit Geduld und guten Mut erzechend //– Ich im Hafen. // [...] Und die Segel blühen in dem Hauche, // und die Sonne lockt mit Feuerliebe; // ziehn die Segel, ziehn die hohen Wolken, // jauchzen an dem Ufer alle Freunde // Hoffnungslieder nach, im Freudentaumel // Reisefreuden wähnend, wie des Einschiffmorgens, // wie der ersten hohen Sternennächte. // Aber gottgesandte Wechselwinde treiben // seitwärts ihn der vorgestreckten Fahrt ab, // und er scheint sich ihnen hinzugeben, // strebet leis sie zu überlisten, // treu dem Zweck auch auf dem schiefen Wege. // Aber aus der dumpfen, grauen Ferne // kündet leise wandelnd sich der Sturm an, // drückt die Vögel nieder aufs Gewässer, // drückt der Menschen schwellend Herz darnieder. // Und er kommt. Vor seinem starren Wüten // streckt der Schiffer klug die Segel nieder; // mit dem angsterfüllten Balle spielen // Wind und Wellen. // Und an jenem Ufer drüben stehen // Freund' und Lieben, beben auf dem Festen: // ‚Ach, warum ist er nicht hiergeblieben! // Ach, der Sturm! Verschlagen weg vom Glücke! // Soll der Gute so zugrunde gehen? // Ach, er sollte? Ach, er könnte? Götter!' // Doch er stehet männlich an dem Steuer: // Mit dem Schiffe spielen Wind und Wellen, // Wind und Wellen nicht mit seinem Herzen. // Herrschend blickt er auf die grimme Tiefe // und vertrauet, scheiternd oder landend, // seinen Göttern[89]

87 „Unermüdlich blies und jagte er durch die Ruinen, drehte sich in einer Kies- Staubwolke im Kreise". Camus 2000, Hochzeit, 17; KSB 5, 397; KSB 6, 466f.

88 Za, KSA 4, 135; 150.

89 Goethe 1999, 49. – „Warum habt ihr bei eurer ersten Seereise als Passagier eine solch mystische Schwingung verspürt, sobald man euch mitteilte, nun sei das Land außer Sicht?" Melville 2021, 36. – „‚In See!' und durch den Indischen Ozean bis zum Gestade des Roten Meeres, wo man in stillen Nächten die Steinen der Wüste, einem nach dem anderen, zerspringen hört, die nach der Glut des Tages gefrieren, kommen wir wieder zum alten Meer zurück, wo die Rufe schweigen." Camus 2000, Heimkehr, 111. – Browning in *Nächtliche Fahrt*: „Grau ist die See und schwarz das Land – // Noch steht der Halbmond rot und tief – // Leuchtend läuft eine Woge zum Strand, // Die der Bug meines Boots aus dem Schlafe rief. // Schon winkt mir die Bucht, die mein Herz mir wies, // Schon hemmt meine Fahrt der knirschende Kies. [...] Ein flüsterndes Wort zwischen Angst und Lust – // Schon schlagen zwei Herzen Brust an Brust." Zitiert nach Wüstner 2005, 75.

In diesem *Sturm und Drang* Gedicht, entstanden am 11. September 1776, also bevor Goethe nach Weimar ging, steht wiederum ein nicht näher charakterisierter Protagonist, der mit Freunden zur See fährt, im Mittelpunkt. Er scheint über Mut und Gelassenheit zu verfügen, womöglich ist er ein Stoiker. Die Verschmelzung der Embleme der Seefahrt: Segel, Wind, Wolken, erfreuen ihn; er ist „im Freudentaumel". Das vergeht jedoch schnell, als „gottgesandte Wechselwinde" den Kurs bestimmen, und ein Sturm aufzieht, der das „Herz darnieder" drückt. Angst breitet sich aus, auch bei den am Ufer Zurückgebliebenen. „Männlich" hält der Anonyme das Steuer fest und vertraut, „scheiternd oder landend" – seinen „Göttern".

Ob des Gottvertrauens, das Nietzsche fehlt, zur Lebensrettung gereicht hat, wissen wir nicht, und das soll wohl offenbleiben. „Seefahrt" inszeniert poetisch die dialektische Ambivalenz dieser Meerreise für den Menschen; zwischen Bangen und Hoffen, Zukunft und Sterben, Aufbruch und Vernichtung, auch wenn das Tödliche der Seefahrt nicht explizit benannt wird, was den Schrecken verstärkt.

Eine tödliche Bedrohung des Meeres kann zweifelsfrei mit der Seefahrt verbunden werden. Zum Inbegriff hierfür wurde der Untergang der unsinkbaren *Titanic*.[90] Schadewaldt stimmt der These zu, dass bei den Griechen, ihren Dichtern, etwa bei Homer, die Seefahrt fehlte, weil ihnen das Meer unheimlich war. Wenn man bedenkt, dass sie zu einem Volk von Seefahrern wurden und sich durch ihren überraschenden Sieg über die Perser in der Schlacht von Salamis um 480 v. Chr. ihr Territorium sicherten, erstaunt das.[91]

Augustinus unterscheidet Typen philosophischer Seefahrer, die auf Lebensabenteuer verzichten und sich in Küstennähe aufhalten, die nur in ihren Zimmer ihre Werke verfassen –, und die Abenteurer, die sich aufs Meer begeben. Diese spricht Nietzsche mit seinem: ‚Auf die Schiffe ihr Philosophen' an.

Georges Gedicht *Die Barke* dichtet über die Übermacht des Meeres, beglaubigt im Untergang und dem Tod der Besatzung.

> Unsere barke tauchte und hob sich ächzend mitten auf dem meer in nässendem sturm. Ich war am steuer hielt es mit krampfender hand […] mein wille kämpfte

90 „Das 19. Jahrhundert war in quantitativer Betrachtung sicher *die* Epoche der Schiffbrüche. Die Natur manifestierte sich bis zum Untergang der ‚Titanic' mit ihrer Gewalt überzeugender als jemals zuvor". Blumenberg 2014, 72.

91 „Man hat mit Recht gesagt, daß in diesem Ganzen gerade das fehlt, was einmal für Griechenland höchst wichtig war: die Schifffahrt. Aber hier zeigt sich, daß Homer gern absieht von den Errungenschaften der eigenen Zeit, wenn er in die ältere Zeit zurückblickt." Schadewaldt 1978, 58.

> gegen das wetter. [...] Da aber erschlaffte der frost meine finger mein wille lahmte [...] Und die barke sank und die wellen schlugen drüber und wir werden alle sterben.[92]

Gegenüber der Übermacht der Natur vermag sich die Barke nicht zu behaupten. Ihr Untergang erscheint geradezu unausweichlich. Wiewohl man gegen das Wetter ankämpft, bleibt man chancenlos, denn die Kräfte erlahmen, die Natur und das Meer sind stärker. Der Schiffbruch wurde im 18. Jahrhundert zum Inbegriff der Katastrophe.

Eindringlich bebildert etwa Gericaults *Das Floß der Medusa* die ungeheure Gefahr der Meerfahrt, wenn Erschrecken vor Haiangriffen, die Angst vor dem Verhungern und dem Ertrinken, dem Kannibalismus, geradezu übermächtig werden.[93] Der Untergang der französischen Fregatte *Medusa* im Juli 1816 – nur 15 von 150 Seeleuten überlebten auf einem Floß, weil sie sich von Menschenfleisch ernährten, war ein Skandal, der ganz Europa erfasste. Mit seinem Gemälde gelang Théodore Géricault der künstlerische Durchbruch; es wurde zu einem Klassiker der Romantik. In der Pariser Kunstausstellung von 1819 löste das ebenso monumentale wie düstere Artefakt einen Schock bei den Zuschauern aus. Zu sehen ist, wie sich auf dem tobenden Meer ineinander verschlungen Leiber auftürmen; Tote, Lebende und ob des Kannibalismus zerstückelte Leichenteile. Die tödliche Übermacht des Meeres führt gar zum Kannibalismus, zum Fressen von ihresgleichen.

Demgegenüber verbindet in *„Unser Erstaunen“* die *Fröhliche Wissenschaft* mit dem Schiffbruch einen grandiosen Aufbruch:

---

92 George 1968, Band 1, 489. – „Das Auge schaut, nur Wellen, die sich schaukeln, // Gehn, kommen und vergehn. Ein Leichentuch. // Das Meer. [...] Ein Geist, der auf den Wassern schwebte, wüßte // Vom schrankenlosen Raum das öde Meer //, das bodenlos, nicht zu unterscheiden.“ Hugo 1860, Erster Band, 377.

93 „Der Untergang der *Medusa* und das tragische Schicksal der Passagiere, die sich auf ein Floß retten können, sind tief ins Bewußtsein der Zeitgenossen eingedrungen [...] Auf dem Floß und in dem Lotsenboot, den neuen Zufluchtstätten des Unsäglichen, verdoppelt sich der Schrecken [...] Die Gefahr des Versinkens, vermehrt um die zweifache Bedrohung, lebendigen Leibes gefressen zu werden, weckt im Frankreich der Restauration die Furcht vor einem neuen Erwachen der Animalität, wie sie im Menschen schlummert“. Corbin 1994, 312ff. – Fontane in „Goodwin-Sand“: „Und die Schiffe, die mit dem Sturm gerungen // Und die schäumende Wut der Wellen bezwungen // Und die gefahren über die Welt, // Unzertümmert, unzerschellt, // Sie sehen die Heimat, sie sehen das Ziel, // Da schiebt sich die Schlange unter den Kiel // Und ringelt Schiff und Mannschaft hinab, Zugleich ihr Tod, zugleich ihr Grab. [...] Ein Kirchhof ist's, halb Meer, halb Land, – // Das sind die Bänke von Goodwin-Sand.“ Zitiert nach Wüstner 2005, 84.

> Einmal den Boden verlieren! Schweben! Irren! Toll sein! – das gehörte zum Paradies und zur Schwelgerei früherer Zeiten: während unsere Glückseligkeit der des Schiffbrüchigen gleicht, der an's Land gestiegen ist und mit beiden Füssen sich auf die alte feste Erde stellt – staunend, dass sie nicht schwankt.[94]

Mit dem Staunen ist dem Schiffbrüchigen deutlich geworden, wie unwahrscheinlich eine feste Erde ist. Es könnte auch den nackten Schiffbrüchigen Odysseus erfasst haben, als er schwimmend das Ufer der Phäakeninsel Scheria erreichte. Über den grausamen Schiffbruch berichtet Homer in der *Odyssee*.[95] Nietzsche kann das Staunen nicht überraschen, er weiß um die Scheinstabilität des Festlandes und fordert den Taumel, das Schweben, Toll sein und die Bodenlosigkeit. Er könnte sich durchaus als einen stolzen Schiffbrüchigen verstanden haben, weil er mit der Tradition radikal gebrochen haben will, um Neues entstehen zu lassen. Dass dieser Bruch, einem Schiffbruch gleich, zunächst nur Unsicherheit und Unwägbarkeit, nur Gefahr und Uferlosigkeit bedeutet, muss in Kauf genommen werden, sie sind der Preis dafür. Wenn mit all dem jedoch Befreiung verbunden werden soll, wie Nietzsche es sieht, dann erscheint der Preis geradezu gering.

Hans Blumenberg schreibt in „Seefahrt als Grenzverletzung", das Meer sei dem Menschen unter den Elementen das furchterregendste. Demgemäß werde es dämonisiert – „als Sphäre der Unberechenbarkeit, Gesetzlosigkeit, Orientierungswidrigkeit. Bis in die christliche Ikonographie hinein ist das Meer ein Erscheinungsort des Bösen, auch mit dem gnostischen Zug, daß es für die rohe, alles verschlingende und in sich zurückholende Materie steht." Der Kulturkritik sei das Meer „immer verdächtig gewesen [...] Daß hier, an der Grenze vom festen Land zum Meer, zwar nicht der Sünden*fall*, aber doch der Verfehlungs*schritt* ins Ungemäße und Maßlose zuerst getan wurde, ist von der Anschaulichkeit, die dauerhafte Topoi trägt." Gleichermaßen betont

94 FW, KSA 3, 412. – „Da wollen wir unsre eigenen Bootsmänner und Lootsen sein." NL 1879, 42[43]; KSA 8, 603. – „Der Schiffbrüchige der das Land sieht und an Land zu sein sehr schätzen würde, aber nicht schlieren kann – was nützt es ihm, an's Land zu *wollen*? An unserem Willen liegt es nicht, wenn wir wenig erreichen, sondern an den Kräften oder dem Mangel an Übung: vor allem an Kenntniß unserer Kräfte: sonst würden wir vieles gar nicht *wollen*." NL 1880, 4[156]; KSA 9, 140.

95 „Als wir jetzo die Flut des Okeanosstromes durchsegelt, // Fuhren wir über die Woge des weithinwogenden Meeres [...] Jetzo landeten wir am sandigen Ufer der Insel, // Stiegen alsdann aus dem Schiff' ans krumme Gestade des Meeres, [...] Unsers toten Gefährten Elpenors Leichnam zu holen." Homer: Odyssee, 12. Gesang, 1-10. – Der zwölfte Gesang der Odyssee berichtet von der Vorbeifahrt an den Sirenen. Ihre Lockung ist die des sich Verlierens im Vergangenen. Der Held aber, an den sie ergeht, ist im Leiden mündig geworden. In der Vielfalt der Todesgefahren, in denen er sich durchhalten mußte, hat sich ihm die Einheit des eigenen Lebens, die Identität der Person gehärtet." GS 3, 49.

er, wiewohl der Mensch auf dem Festland lebe, müsse sein Dasein unter der Metapher einer gefährlichen Reise stehen. Was zeigt, wie nahe er Nietzsche damit kommt. Zudem sei das „Repertoire dieser nautischen Daseinsmetaphorik“ vielfältig. Das Meer werde als „naturgegebene Grenze des Raumes menschlicher Unternehmungen“ angesehen und es wurde dämonisiert.[96]

Die Gefahren der Seefahrt treffen, betreffen und gefährden potenziell jeden Seefahrer und jeden Passagier. Mit den Seefahrern sind gleichwohl nicht selten romantische Assoziationen von Abenteuern, heroischen Kapitänen und Freibeutern verbunden, von Einsamkeit und neuen Horizonten, gerade diese sind mit der realen Lebensgefahr nicht in Einklang zu bringen. Auch Zarathustra ist mitunter ein Seefahrer. „Dann erhob er sich schnell, wie ein Seefahrer, der mit Einem Male Land sieht, und jauchzte: denn er sah eine neue Wahrheit.“ Sie freilich kann er erst dann gewinnen – und diese wird nichts mit einer, die auf allgemeine, begrifflich abgestützte Wahrheiten vertrauen, teilen – und was mit ihr einhergeht, wenn er sich den Gefahren der Seefahrt ausgesetzt und sie gemeistert hat.

Bei Nietzsche gehört das zu einer Wahrheit für den „Schaffenden, den Erntenden, den Feiernden“. Um die „neuen Tafeln“ zu bebildern, greift Zarathustra erneut zum Bild des Seefahrers. „Nun sollt ihr mir Seefahrer sein, wackere, geduldsame! Aufrecht geht mir bei Zeiten, oh meine Brüder, lernt aufrecht gehn! Das Meer stürmt: Viele wollen an euch sich wieder aufrichten.“ Zu diesen mutigen Seefahrern zählt *Die Genealogie der Moral* „skandinavische Wikinger [...] Die vornehmen Rassen sind es“.[97] Sie hätten ein souveränes, von der Moral befreites Leben gehabt und verfügten, um mit Zarathustra

96 Der Schiffbruch sei ein „Naturereignis, und es ist zufällig, daß es mit dem Schiff den Menschen trifft. Daß dieser überhaupt auf das Meer hinausgeht und sich solcher Gefahr aussetzt, mußte danach gleichfalls Naturereignis, Resultat seiner Triebe und Leidenschaften sein“. Blumenberg 2014, 10f; 56. – „Was hätte den Schritt vom Land auf See sonst motivieren können als der Überdruß an der kargen Versorgung durch die Natur und der eintönigen Arbeit des Landbaus, der süchtige Blick auf Gewinn im Handstreich, auf mehr als das vernünftig Notwendige, für das Philosophenhirne eine Formel leicht auf der Zunge haben, auf Üppigkeit und Luxus?“ Ebd., 11. – „Ein Schiffbruch erst speit ihn an sein Land der Verheißung. Die größte Gefahr liegt hinter uns – dort hinaus wo die glückseligen Inseln sind.“ NL 1883, 17[16]; KSA 10, 543.

97 Za, KSA 4, 25; 267; GM, KSA 5, 275. – „In deinen Wagen springe ich, Sturm, und auch dich will ich noch peitschen mit meiner Bosheit: wie ein Schrei und ein Jauchzen wollen wir über weite Meere hin fahren. Voraus wirft die Vollendung ihren Schatten: *Schönheit* heiße ich diesen Schatten – das Leichteste und Stillste aller Dinge kam zu mir als Schatten des Übermenschen.“ – NL 1883, 13[1]; KSA 10, 426f. – „Die das Meer befahren, wollen auch gewinnen, erwerben; aber ihr Mittel ist in der Weise verkehrt, daß sie ihr Eigentum und Leben selbst in Gefahr des Verlustes setzen. Das Mittel ist also das Gegenteil dessen, was sie bezwecken.“ Hegel 1971, Band 12, 118f.

zu sprechen, über ein gleichsam befreites Gehen, das eines Seefahrers, der sogar auf dem Schwankenden das Gleichgewicht hält und die Abenteuer des Meeres bestehen kann. Auf einem schwankenden Schiff musste er die Stärke für es erwerben. Es ist eine, die auch am Land trägt. Wenn das allerdings die Gefährdung des eigenen Lebens bedeutet, dann zeigt sich das Ausmaß dessen, was bewältigt werden muss.

Zum Motiv der unendlichen Fahrt, aus der Schiffsperspektive aufgerollt, gehört Rimbauds *Das trunkene Schiff*, das uns mit einer ungeschminkten Narration des Geschehens geradezu überfällt: Das (Erlebnis)Schiff – weder ein imaginäres noch ein menschliches Ich –, aber subjektiviert und nach Selbstauflösung suchend, befindet sich auf rauschhafter Fahrt, die uns Rimbaud in einer Folge scheinbar unzusammenhängender Bilder und Metaphern vermittelt:

> Als ich hinabschoß, vom Gleichmut der Ströme getragen, // Da spürte ich das Leitseil der Treidler nicht mehr // [...] Unter dem wütenden Geplätscher der Gezeiten. // [...] Der Sturm gab meinen Wachen auf dem Meer den Segen.// Ich tanzte wie ein Korken auf den Wellen hin. // Die, sagt man, ewige Opfer fegen, // [...] Und seitdem badete ich mich in den Poemen, // Den sternendurchsunkenen, des Meers, das milchig blinkt, // Ich sah die Blitze auf den Himmel niederhämmern, // Den Sog der Strudel auf Ströme; sah die Nacht // [...] Die Wellen, ganz wie Helden aus antiken Dramen, // Verrollten fern, jagten dem Kompaß Schauer ein! // Ich träumte eine kühle Nacht, blendende Weiße, // Die leicht die Meere küßt, bis zu den Augen auf, // [...] In kuhtoller Brandung, die die Riffe besprang, // Vergessend, daß einst der Marienfüße Leuchten // Des wilden Ozeanes schnaufend Maul bezwang! // [...] Ich sah ungeheure Sümpfe brodeln, Reusen. // Wo in Binsen und Schiff ein Leviathan verstank! // Wie in kurzen Windstillen zerbarsten die Schleusen // Und die Ferne in Abgründe stürzend ertrank! // [...] Ein Schaum aus Blüten fiel auf meine Fahrt gleich Regen, // Und manchmal schwang mich Wind empor, unsagbar frisch. // [...] Streckte das Meer, das meine sanfte Wiege war, // Den gelben Kelch, dunkler Blumen mir entgegen, // Und lag still wie eine Frau vor dem Altar ...// [...] Und ich trieb weiter, wen durch meine morschen Planken // Rücklings Ertrunkene schwebten hin in Schlaf und Tod! // Ich aber, ein verlornes Schiff im Haar der Buchten, // Geworfen vom Orkan in vogellosem Raum, // – Und wenn auch Hansesegler, Panzerschiffe suchten, // Sie fänden mein Gerippe, wassertrunken, kaum – // [...] Als der Juli im meerblauen Himmel entthronte // Und mit Keulen hinunter in Gluttrichter schlug; // Ich, das ich endlos an der blauen Starre webte, // Ich sehne mich nach Europas uralter Wehr! // [...] Ach, splitterte mein Kiel! Sänk ich hinab ins Meer![98]

98 Rimbaud 1997, 151-157. – „Kaum wars Nacht geworden, als die See rund um uns her einen großen bewundrungswürdigen Anblick darbot So weit wir sehen konnten, schien der Ozean ein Feuer zu sein. Jede brechende Welle war an der Spitze von einem hellen Glanz erleuchtet [...] Der Ozean weit und breit mit Tausend Millionen dieser kleinen Tierchen

Die Trunkenheit eines verschlingenden Rausches ist bei Rimbaud nicht der dionysische Rausch Nietzsches, wiewohl auch er nach ekstatischer Auflösung strebt, ohne diese dabei als Kritik zu verstehen oder sie in den Dienst einer postmoralischen Existenz zu stellen.

In „Streifzüge eines Unzeitgemässen", aus *Götzen-Dämmerung*, schreibt Nietzsche in

> *Zur Psychologie des Künstlers.* – Damit es Kunst giebt, damit es irgendein ästhetisches Thun und Schauen giebt, dazu ist eine physiologische Vorbedingung unumgänglich: der *Rausch*. Der Rausch muss erst die Erregbarkeit der ganzen Maschine gesteigert haben, eher kommt es zu keiner Kunst. Alle noch so verschieden bedingten Arten des Rausches haben dazu die Kraft: vor Allem der Rausch der Geschlechtererregung[99]

Nietzsches dionysischer Rausch zeigt sich vorrangig in der Kunst, im rauschhaft überbordenden Schaffen der großen Künstlernatur. Auch sie kennt keine Moral. Ihr Dasein ist schaffende Überschreitung und könnte sich im Meer befinden.

Auf dem trunkenen Schiff Rimbauds vollzieht sich die Erosion als Selbstauflösung, um mit dem Meer, dem es trotzen will und mit Tieren, Pflanzen, mit Himmel und Licht zu verschmelzen. Für dieses Schiff scheint die Übermacht des Meeres geradezu ein Genuss zu sein; ein rauschhafter. Die ersehnte ekstatische Selbstauflösung kann ihm allein das Meer gewähren. Sie ist womöglich gar eine Verschmelzung mit dem Kosmos und stillt das Begehren – scheinbar. Denn es zeigt sich, dass trotz der Unterwerfung gegenüber dem Meer, es überaus schwer ist, die Kraft aufzubringen, um die Transzendenz auszuhalten. Was die Frage aufwirft, deren Verneinung zur Depression leitet, ob es dem Menschen überhaupt möglich sein kann. Depression ist der unausweichliche Daseinszustand nach dem Rausch und der Ekstase, weil Wunsch und Willen scheitern,

---

bedeckt! Alles organisiert zum Leben, alle mit einem vermögen begabt, sich zu bewegen, zu glänzen nach Willkür". Forster 2007, 80.

99 „Insgleichen der Rausch, der im Gefolge aller grossen Begierden, aller starken Affekte kommt, der Rausch des Festes, des Wettkampfs, des Bravourstücks, des Siegs, […] endlich der Rausch des Willens, der Rausch eines überhäuften und geschwellten Willens. – Das Wesentliche am Rausch ist das Gefühl der Kraftsteigerung und Fülle. Aus diesem Gefühl gibt man an die Dinge ab, man *zwingt* sie von uns zu nehmen, man vergewaltigt sie." GD, KSA 6, 116 – „etwas Nieempfundenes drängt sich zur Aeusserung, die Vernichtung des Schleiers der Maja, das Einssein als Genius der Gattung, ja der Natur. Jetzt soll sich das Wesen der Natur symbolisch ausdrücken; eine neue Welt der Symbole ist nöthig, einmal die ganze leibliche Symbolik […] Um diese Gesammtentfesselung aller symbolischen Kräfte zu fassen, muss der Mensch bereits auf jener Höhe der Selbstentäusserung angelangt sein, die in jenen Kräften sich symbolisch aussprechen will". GT, KSA 1, 33f.

und nach Rimbaud scheitern müssen. So wird die Landung – und damit die Rückkehr des Ich aus dem Rausch in das Gefängnis der eigenen Subjektivität am Festland – zum Schrecken.

Das trunkene Schiff könnte sich sehr gut auf einer unendlichen Fahrt befinden, weil seine Trunkenheit es nicht ans Land kommen lässt. Mit dem Motiv der *unendlichen Fahrt* ist per se ein unheimlicher Schrecken verbunden. Auf dieser befinden sich die Untoten, Ausgesetzten, Verfluchten, Gespenster – zu verweisen ist auf Hauffs *Die Geschichte von dem Gespensterschiff* – Ausgegrenzten, Ausgestoßenen, Flüchtenden, die das Meer nicht verlassen können und ihm endlos ausgesetzt sind. Manfred Frank sieht in diesem Motiv eine Metapher für die „*Lebensreise*", was aber den Hinweis erfordert, dass diese nicht unendlich sein kann. Nietzsche schreibt: „Unendlichkeit! Schön ist's ‚in diesem Meer zu scheitern.'"[100] Das wäre ein gewünschtes und schönes Scheitern an einer natürlichen Unendlichkeit.

In der Legende/Sage des *Fliegenden Holländer*, die Wagners romantische Oper in der Urfassung von 1841, Uraufführung 1843 in drei Aufzügen kompositorisch umsetzt, treffen wir auf eine unendliche Fahrt, die mit einem Tod im Meer endet. Der fliegende Holländer muss aufgrund seine Überheblichkeit gegenüber Gott das Kap der Guten Hoffnung trotz furchtbaren Wetters umschiffen und endlos mit seinem Schiff auf dem Meer umherirren. Alle sieben Jahre darf er an Land, wenn er dort eine treue Frau findet, kann er erlöst werden. Als er beim nächsten Landgang auf Kapitän Daland trifft, verspricht ihm dieser für Geld seine Tochter Senta zur Frau. Senta ist glücklich über den Deal. Am Ende der Oper beweist sie ihre Treue, indem sie sich hinter dem entschwindenden Schiff des Holländers ins Meer stürzt.

---

100 Frank 1979, 38; NL 1880, 6[364]; KSA 9, 290. – „Um die Geschichte einer unendlichen Fahrt handelt sich's auch im *Totenschiff* von Bruno Traven (1926) [wo, J.G.] der Zustand einer vom Kapitalismus zerstörten ‚Humanität'" bebildert werde. „Eisgebirge und wüstes Meer sind die Orte der Seelenlosigkeit, die *U-topien* eines hienieden, unter den bestehenden gesellschaftlichen Verhältnissen, unmöglich gewordenen menschlichen Lebens: zugleich Orte der Sinnlosigkeit und Symbole des Bestehenden." Frank 1979, 128. – „Der fliegende Holländer Die Feuerregen füllt den Ozean // Der schwarze Gram. Die großen Wogen türmt // Der Südwind auf, der in die Segel stürmt, // Die schwarz und riesig flattern im Orkan. […] Die Schiffer an den Rudern sind verdorrt, // Als Mumien schlafen sie auf ihrer Bank. // Und ihre Hände sind wie Wurzeln lang // Hereingewachsen in den morschen Bord. […] Die lautlos flackert, ein zerstörtes Herz, // Von Qual durchlöchert, und die Trauer krankt // Im Tode noch in seinem schwarzen Erz. // An langen Ketten zittert es und schwankt. […] Maßlose Traurigkeit. In Nacht allein // Verirrt der Wandrer durch den hohen Flur, Wo oben in der dunklen Wölbung Stein // Gestirne fliehn in magischer Figur." Heym 2017, 54.

In einem frühen Nachlassfragment – noch ganz Wagnerianer – notiert Nietzsche: „Die Sehnsucht nach der Ruhe Treue – aus dem Unbändigen, Grenzenlosen – im fliegenden Holländer"; womit das Meer über das Unbändige und Grenzenlose zum Thema wird.

Im Libretto von 1841, das auf Heines Reisebilder aus Norderney von 1826[101] zurückgreift: „Das Meer nimmt den größten Teil der Bühne ein; weite Aussicht auf dasselbe", womit die Örtlichkeit der Szenerie von Wagner festgelegt wird: man ist auf dem Meer. Als der namenlose Holländer am Ende der Oper zu Senta sagt: „Du kennst mich nicht, – du ahnst nicht, wer ich bin" und das mit dem Hinweis versieht: „Befrag die Meere aller Zonen, frag den Seemann, der den Ozean durchstrich: – erkennt dies Schiff, das Schrecken aller Frommen: den fliegenden Holländer nennt man mich", wird das Meer als alleinige Informationsquelle angesprochen. Das Meer ist das Medium der Oper, nur es vermag Zeugnis vom Geschehen abzugeben. Zudem wird es zum Grab für Senta, die den Holländer mit ihrer Treue – „Wird sie mein Engel sein" – aus dem Gefängnis seiner Irrfahrt hätte befreien können. *„Sie stürzt sich ins Meer; in selben Augenblick versinkt das Schiff des Holländers und verschwindet schnell in Trümmern"*. Beide werden vom Meer verschlungen, die Irrfahrt des Holländers ist beendet. Bei seinem ersten Auftritt in der zweiten Szene berichtet dieser, dass wiederum nach sieben Jahren ihn das Meer: „Voll Überdruß" ans Land geworfen habe. „Ha, stolzer Ozean! In kurzer Frist sollst du mich wieder tragen", er wird also wieder hinaus aufs Meer fahren, weil er an Land kein „Heil" finden kann. „Euch, des Weltmeers Fluten, blieb ich getreu, bis eure letzte Welle sich bricht und euer letztes Naß versiegt! – –" Solange wird seine Irrfahrt dauern, dann wäre sie eine unendliche. „Nirgends ein Grab! Niemals den Tod! dies der Verdammnis Schreck-Gebot. – – –" Der Verdammte verkündet, dass nur ein „gepries'ner Engel Gottes" ihm davon „Erlösung" gewähren könne.[102]

Auch Peter Grimes aus der gleichnamigen Oper von Benjamin Britten fährt zu einer letzten Fahrt aufs Meer hinaus und ward nicht mehr gesehen. Als ein sozial Ausgegrenzter weiß er, dass er im heimatlichen Hafen keinen Frieden finden kann. „What harbour shelters peace? […] What harbour can embrace? // Terrors and tragedies?" Getrieben von den wellenartig sich steigernden Anschuldigungen und perfiden Gerüchten der Dorfbewohner, er habe seine zwei Lehrlinge umgebracht –, die ihn wie das Meer zu verschlingen drohen,

101 NL 1874, 32[19]; KSA 7, 761. – Bei Heine werde der „Holländer wird zum Repräsentanten des Menschen selbst, dessen unstet irrende Seele tiefe symbolische Beziehungen zum proteischen Element unterhält". Frank 1979, 75f.

102 Wagner 1982, Band 2, 11; 13; 39f. – „Durch Sturm und bösen Wind verschlagen, irr' auf den Wassern ich umher, – wie lange? weiß ich kaum zu sagen: […] ich find' es nicht mein Heimatland". Ebd., 15.

übergibt er sich ihm und damit dem Tod. Die Angst vor ihm hat auch die Dorfbewohner erfasst, aus langer Erfahrung. „Now the flood tide // And the sea-horses // Will gallop over // The eroded coast // Flooding, flooding // Our seasonal fears. // Look the storm comes // The wind veers. A high tide is coming // Will eat the land." Offen bleibt, wie und was sich wirklich zugetragen hat – und das soll so sein. Das Geheimnis des Peter Grimes', der an Land und auf dem Meer gleichermaßen völlig allein ist: „Then home // Among fishing nets // Alone, alone, alone // With a childish death" – scheint nur das Meer zu kennen. Es wird es nicht preisgeben. Gleichwohl wird er als Fischer vom Meer ernährt, damit gibt es auch eine positive Hinsicht in all seiner Düsternis, die aber in *Peter Grimes* dominiert. Das düstere, um es mit Nietzsche zu sagen, tückische Meer allegorisiert jedoch gerade das Geschehen an Land und das seiner Bewohner, ihr Verhalten untereinander. Am Ende jedoch opfert sich Grimes dem Meer, an Land kann es für ihn kein Leben mehr geben. „In ceaseless motion comes and goes the tide // Flowing it fills the channel broad and wide // Then back the sea with strong majestic sweep // The rolls in ebb yet terrible und deep."[103] Majestätisch, tief und fürchterlich. Dann fällt der Vorhang.

Ich komme jetzt zu Wagners kompositorischen Umsetzung der unendlichen Melodie, die sich jeder Periodisierung widersetzt, und über die er in „*Zukunftsmusik*' An einen französischen Freund" 1860 schreibt: „In Wahrheit ist die Größe des Dichters am meisten danach zu ermessen, was er verschweigt, um das Unaussprechliche selbst schweigend uns sagen zu lassen; der Musiker ist es nun, der dieses Verschwiegene zum hellen Ertönen bringt, und die untrügliche Form seines laut erklingenden Schweigens ist die *unendliche Melodie*."[104] Das könnte die Melodie des Meeres sein, der Periodisierungen fremd sein müssen. Sie müsste vielmehr eine unendliche sein, die zudem das Unaussprechliche und damit Rätsel und Geheimnis intoniert, ohne sie je preiszugeben. In „Vermischte Meinungen und Sprüche" verweist Nietzsche auf die Verbindung zwischen dem Meer und der unendlichen Melodie Wagners.

> – Die künstlerische Absicht, welche die neuere Musik in dem verfolgt, was jetzt […] als ‚unendliche Melodie' bezeichnet wird, kann man sich dadurch klar machen, dass man in's Meer geht, allmählich den sichern Schritt auf dem Grunde verliert und sich endlich dem wogenden Elemente auf Gnade und Ungnade übergiebt: man soll *schwimmen*.

103 London 1979, 13; 11f.; 44.

104 Wagner 1882, Band VIII, 93. „Setzen wir zuerst fest, *daß die einzige Form der Musik die Melodie ist*, daß ohne Melodie die Musik gar nicht denkbar ist, und die Musik und Melodie durchaus untrennbar sind." Ebd., 88.

Polemisch betont eine Stelle aus dem Nachlass von 1881: „Aber die ‚unendliche Melodie' ist ein hölzernes Eisen – ‚die nicht Gestalt gewordene, fertig gewordene Gestalt' – das ist ein Ausdruck für das Unvermögen der Form und eine Art Princip aus dem Unvermögen gemacht."[105] Ausführlich äußert sich Nietzsche hierzu im April 1886 in einem Brief an Carl Fuchs.

> Das Wagnersche Wort ‚unendliche Melodie' drückt die Gefahr, den Verderb des Instinkts und den guten Glauben, das gute Gewissen dabei allerliebst aus. Die rhythmische Zweideutigkeit, so daß man nicht mehr weiß und wissen *soll*, ob etwas Schwanz oder Kopf ist, ist ohne allen Zweifel ein Kunstmittel, mit dem wunderbare Wirkungen erreicht werden können.

Die „Phrase" siege über die Melodie, „das Pathos über das Ethos (Charakter, Stil [...] eine Veränderung der Perspektive: man sieht das Einzelne viel zu scharf, man sieht das Ganze viel zu stumpf – und man hat den *Willen* zu dieser Optik in der Musik, vor allem man hat das *Talent dazu*! Das aber ist decadence". Damit ist es ausgesprochen: decadence – und Wagner war ihm zu einem Künstler der Decadence, dem Gegenspieler des dithyrambischen Künstlers, geworden und hatte sich damit von all dem verabschiedet, was er sich in ihrer künstlerischen Allianz erhoffte; einer geteilten Arbeit für eine kulturelle Renaissance der griechischen Tragödie und des tragischen Gedankens.[106]

---

105 VM, KSA 2, 434; NL 1881, 11[198]; KSA 9, 521. – „Das expressivo um jeden Preis und die Musik im Dienste, in der Sklaverei der Attitüde – *das ist das Ende* ..." NW, KSA 6, 422. – „Wie fein sich der Regen auf die ‚unendliche Melodie' versteht! Wie unvergleichlich leuchtet ein Blitz inmitten langer grauer Trübsal! Und gar der Donner: wie schön ist die Chromatik des Donners!' Aber endlich, endlich wollen wir auch den aufgeklärten Himmel wieder sehn und zum Mindesten den *schönen Abend* haben, den wir verdienen, nach einem so tugendhaften, aber so bösen Tage! – " NL 1885, 41[2]; KSA 11, 672.

106 KSB 7, 176f. – „ich nahm die *tragische* Erkenntnis als den schönsten Luxus unsrer Cultur [...] Desgleichen deutete ich mir die Musik Wagner's zurecht zum Ausdruck einer dionysischen Mächtigkeit der Seele". NW, KSA 6, 425. – „Was bestimmt die *Höhe der Höhen*, in der Geschichte der Cultur? Der Augenblick, wo der Reiz am größten ist. Gemessen daran, daß der mächtigste Gedanke ertragen, ja geliebt wird." NL 1882, 2[5]; KSA 10, 45. – Camus bei der Verleihung des Nobelpreises für Literatur: „Darum betrachten die wahren Künstler nichts mit Verachtung; sie fühlen sich verpflichtet, zu verstehen, nicht zu richten. Und wenn sie in der Welt Stellung zu beziehen haben, so können sie sich nur für eine Gesellschaft entscheiden, in der nach Nietzsches großem Wort nicht mehr der Richter herrschen wird, sondern der Schaffende, sei er nun Arbeiter oder Intellektueller. Gleichzeitig lässt die Aufgabe des Schriftstellers sich nicht von schwierigen Pflichten trennen. Seiner Bestimmung gemäß kann er sich heute nicht in den Dienst derer stellen, die Geschichte machen: Er steht im Dienste derer, die sie erleiden. Andernfalls sieht er sich allein und seiner Kunst beraubt." Camus 1960-1977.

In einem frühen Nachlassfragment von 1871 expliziert Nietzsche über die für ihn schlechthin vorbildhafte griechische Kunst:

> Diejenigen aber, deren Lob bei der Durchsichtigkeit, Klarheit, Bestimmtheit und Harmonie der griechischen Kunst stehen bleibt, im Glauben, unter dem Schutze des griechischen Vorbildes sich mit allem Entsetzlichen des Daseins abfinden zu können – [...] Uns hat die griechische Kunst gelehrt, daß es keine wahrhaft schöne Fläche ohne eine schreckliche Tiefe giebt; wer indeß nach jener Kunst der reinen Fläche sucht, der sei ein- für allemal auf die Gegenwart verwiesen als auf das wahre Paradies für solche Schatzgräberei, während es ihm im fremdartigen Lichte des griechischen Alterthums begegnen konnte.[107]

Bezüglich der Analogie zum Meer ist die These wichtig, dass es keine „schöne Fläche ohne eine schreckliche Tiefe“ geben kann. Stets geht es Nietzsche aber genau um diese, sei es als Kritiker, Genealoge, Philologe, Historiker, Philosoph, als Philosoph der Zukunft – und da im besonderen Maße. Sein dekonstruktiver Gestus will analytisch die verborgenen Schichten, zuweilen auch bewusst zugedeckten Schichten freilegen und damit offenlegen. Um das zu erreichen, setzt er hierbei nicht selten die Psychologie ein. Die Oberfläche ist stets eine scheinhaft-schillernde. Dieser Schein ist nicht der kreative des Künstlers. Es ist einer, unter dem sich etwas verbirgt, was verborgen werden soll, womöglich muss. Mit dessen Entbergung beginnt die Erkenntnisarbeit; da muss sie ansetzen. Unter dem Meeresspiegel befindet sich die unendliche Tiefe, sie ist schrecklich, aber um diese geht es bei der unterirdischen Arbeit, die eine im Unterirdischen ist.

Ich beziehe mich auf die unendliche Melodie des Meeres und folgere, man soll schwimmen, koste es, was es wolle, sich nicht an Starres und Festes klammern, sondern sich dem Unsicheren überlassen. Das war nicht Wagners Intention – und hier zeigt sich der polemische Gestus, denn Nietzsche analysiert, dieser habe eine etwas „andere Art der *Bewegung der Seele*“ gewollt, die dem „Schwimmen und Schweben verwandt“ sei.[108] Eine andere Bewegung der Seele klingt enigmatisch. Ich deute es versuchsweise; eine schwebende, wellenförmige, dem Offenen zugewandte Bewegung. Eine maritime Bewegung? Wenn Nietzsche von einer anderen Art spricht, dann könnte das womöglich trotz der Polemik zutreffend sein. Ganz unpolemisch schreibt er über diesen

---

107 NL 1871, 11[1]; KSA 7, 352.

108 VM, KSA 2, 434. – „Meine Seele, // unersättlich mit ihrer Zunge, // an alle guten und schlimmen Dinge hat sie schon geleckt, // in jede Tiefe tauchte sie hinab. // Aber immer gleich dem Korke, // immer schwimmt sie wieder obenauf, // sie gaukelt wie Öl uber braune Meere: // dieser Seele halber heisst man mich den Glücklichen.“ DD, KSA 6, 407.

Topos im Nachlass von 1877: „[*Die unendliche Melo*] *die* – man verliert das Ufer, überlässt sich den Wogen."[109]

Anzufügen ist, dass sich Nietzsche – und explizit in seinem späten Schaffen als einen Psychologen sah, der könnte etwas über die Bewegungsarten der Seele wissen. „– Dass aus meinen Schriften ein *Psychologe* redet, der nicht seines Gleichen hat, das ist vielleicht die erste Einsicht, zu der ein guter Leser gelangt".[110] Hier geht es freilich um eine neue Art der Psychologe, die, neben Analyse und Kritik, das Rüstzeug zur Projektion für die Zukunft haben dürfte. Abzulesen ist das nicht zuletzt an den Metaphern der „neue Horizont", der „grosse Mittag", das „offene Meer" etc. Darin und damit unterscheidet sich dieser Psychologe manifest vom begriffsfixierten Philosophen, weil er sich dem Experimentellen verschrieben hat. Das bezieht sich in *Jenseits von Gut und Böse* auf die Analyse „menschlicher innerer Erfahrungen [...] die ganze *bisherige* Geschichte der Seele und ihre noch unausgetrunkenen Möglichkeiten: das ist für einen geborenen Psychologen und Freund der ‚grossen Jagd' das vorbestimmte Jagdbereich".[111] Der Psychologe wird zum Jäger. Dem hätte sich Freud keinesfalls anschließen können. Jedoch: Eine tiefenpsychologisch-symbolische Deutung des Meeres sollte sich mit dessen Wirkung auf unsere Sinne und unsere seelischen Empfindungen beschäftigen und könnte damit weitergehend zu philosophischen Reflexionen über das Mediterrane einen Beitrag leisten.

---

109 NL 1877, 22[3]; KSA 8, 379. – Über den „freie[n] Geist" Lorenz Sterne schreibt er: „An ihm dürfte nicht die geschlossene, klare, sondern die ‚unendliche Melodie' gerühmt werden: wenn mit diesem Worte ein Stil der Kunst zu einem Namen kommt, bei dem die bestimmte Form fortwährend gebrochen, verschoben, in das Unbestimmte zurückübersetzt wird, so dass sie das Eine und zugleich das Andere bedeutet." VM, KSA 2, 424. Hier wird der Sprachstil und nicht wie bei Wagner die musikalische Komposition beschrieben.

110 EH, KSA 6, 305. – Mit maritimen Anklängen schreibt er über die Seele im *Zarathustra*: „Stumm über brausendem Meere bist du heut mir aufgegangen, deine Liebe und deine Scham redet Offenbarung zu meiner brausenden Seele. Dass du schön zu mir kamst, verhüllt in deine Schönheit, dass du stumm zu mir sprichst, offenbar in deiner Weisheit: Oh wie erriethe ich nicht alles Schamhafte deiner Seele! *Vor* der Sonne kamst du zu mir, dem Einsamsten" Za, KSA 4, 207.

111 JGB, KSA 5, 65. – „Wir Psychologen der Zukunft – wir haben wenig guten Willen zur Selbstbeobachtung [...] wir sind Instrumente der Erkenntniß und möchten die ganze Naivetät und Präcision eines Instrumentes haben; – folglich dürfen wir uns selbst nicht analysiren, nicht ‚kennen'". NL 1888, 14[27]; KSA 13, 230. – „Alles, was den Menschen vom Thier abhebt, hängt von dieser Fähigkeit ab, die anschaulichen Metaphern zu einem Schema zu verflüchtigen, also ein Bild in einen Begriff aufzulösen" und damit eine „neue Welt von Gesetzen, Privilegien, Unterordnungen, Gränzbestimmungen zu schaffen, die nun der anderen anschaulichen Welt der ersten Eindrücke gegenübertritt, als das Festere, Allgemeinere, Bekanntere, Menschlichere und daher als das Regulirende und Imperativische". WL, KSA 1, 881f.

Im Kontext der unendlichen Melodie werfe ich noch einen Blick auf Claude Debussy, dem auch das Komponieren unendlicher Melodien zu attestieren ist, wiewohl er Wagner überwinden wollte. Für die Kompositionslehren hatte er keine Wertschätzung. Gleiches gilt für musikalische Regeln, die er als ein Gefängnis für sein Komponieren empfand. Seine Richtschnur war seine Intuition; ein gleichsam intuitives Wissen unter Einschluss der Natur. Was den impressionistischen Charakter seiner Werke unterstreicht. Die Komposition *La Mer*, auf die ich mich beziehe, ist dreigeteilt. Der erste Satz: „De l'aube à midi sur la mer" – „Von der Morgendämmerung bis zum Mittag auf dem Meer" – beginnt wie eine Geburt der Musik aus dem Klang – über Klangfarbe, Taktart, Motiv, Tonalität, Thema, Entwicklung, Form jenseits symphonischer Kompositionstechnik. Nach dem leicht-heiteren Mittelsatz „Jeux de vagues" – „Spiel der Wellen" wird „Dialogue du vent et de la mer" – „Zwiesprache von Wind und Meer", über dramatische Tonfarben als einen Dialog zwischen chromatischen Wind-Themen und den Meerthemen des ersten Satzes präsentiert. Debussys unendliche Melodieführung zeigt sich als eine Zirkulationsbewegung parallel gespielter musikalischer Figuren, die als tonale Ereignisse auseinander hervorgehen, sich trotz ihrer Korrespondenz auch gegeneinander richten, ineinander übergehen und sich auflösen. Die melodischen Varianten setzen sich stetig neu zusammen und treten dann modifiziert wieder auf. Der Gipfelpunkt ist die kompositorische Vereinigung der Elemente, die zudem eine verborgene Übereinstimmung von Natur und Imagination – in einer unendlichen Melodie – hörbar werden lässt. Der Akzent bei dieser Komposition liegt auf dem Ausschluss jeglicher anthropomorpher Relationen bezüglich des Meeres. Debussy wagt nicht weniger, als es in seiner Eigenständigkeit – in *seinen* Klangfarben – zum Klingen bringen zu wollen. Periodisierungen wären dabei ganz untauglich.

KAPITEL 2

Das Erhabene und das Unbewusste

2.1 Das Erhabene als Zugangscode für das Meer

Im Nachlass von 1880 behauptet Nietzsche:

> Diese ganze Philosophie – ist sie mehr als ein Trieb zu beweisen, daß reife Früchte, ungesäuertes Brod, Wasser, Einsamkeit, Ordnung in allen Dingen mir am besten schmecken und am zuträglichsten sind? Also ein Instinkt nach einer richtigen *Diät* in Allem? Nur eine milde Sonne! Da nähere ich mich meiner Art Erhabenheit, welche keine düstere und anspruchsvolle ist, sondern ein förmliches und einsames Schwärmen eines Schmetterlings hoch an den Felsenufern eines Sees, wo viele gute Pflanzen und Blumen wachsen? Unbekümmert darum, daß es vielleicht das Leben Eines Tages ist, und daß die Nacht zu kalt für meine geflügelte Gebrechlichkeit ist?

Abgesehen von dieser Semantik der Erhabenheit, sie sei das „Schwärmen eines Schmetterlings", findet sich im frühen Nachlass ein Vergleich zum Schönen, das auf einem „Traum des Wesens" beruhe und das Erhabene auf einem „*Rausche* des Wesens. Der Sturm auf dem Meere […] Das Schöne und das Licht, das Erhabene und das Dunkel." Zwar verbindet Nietzsche hier das Meer mit dem Erhabenen, aber damit auch mit dem Dunklen. Eingeschlossen in diese Charakterisierung ist der Rausch, den er in seinem weiteren Schaffen auch ganz anders darstellt. „Wir müssen die Erhabenheit, vor der wir uns in der Natur *beugen*, in unsern Absichten und Willen *begehren* wir sollen die Erlöser der Natur und nicht ihre Vergöttlicher sein! ‚Vergöttlichung der Natur' – das ist die Folge der Armut, Scham, Angst, Thorheit!"[1] Nietzsche entkoppelt das Erhabene und das Göttliche, die Vergöttlichung, das mache uns zu Befreiern der Natur.

Kant bezieht sich in *Allgemeine Naturgeschichte und Theorie des Himmels* von 1755 auf einen Untergang der Erde im Meer; auch die Natur ist endlich. „Beträchtliche Stücke des Erdbodens, den wir bewohnen, werden wiederum in dem Meere begraben, aus dem sie ein günstiges Zeitalter hervorgezogen hatte, aber an anderen Orten ergänzt die Natur den Mangel".[2]

---

1 NL 1880, 7[15]; KSA 9, 319f; NL 1870, 7[46]; KSA 7, 149; NL 1883, 7[155]; KSA 10, 293.

2 Kant 1910, Werke Band 1, 317. – „Die Dünen in Holland und England, ingleichen die preußischen Nehrungen sind ohne Zweifel vom Meer aufgeworfene Sandhügel, jetzt aber steigt das Meer niemals so hoch wie sie. Man mag urtheilen, ob es genug sei, dieses daher

 | DOI:10.30965/9783846766941_003

An der Erhabenheit, die sich m[illegible]t der Wahrnehmung des Meeres einstelle, vermag das nichts zu ändern. Trotz [illegible]r Wandlungen, denen der Topos unterworfen ist, wird das Erhabene überwie[illegible]nd zur Bezeichnung von Grenzphänomenen, Grenzerfahrungen und Gre[illegible]überschreitungen der Wahrnehmung verwendet. Mit dem Erhabenen sin[illegible]e Grenzen der Repräsentation markiert; es steht für das, was nicht zu repr[illegible]tieren ist. Im Griechischen bedeutet das Erhabene (hypsos) eine Erhebung [illegible]öhung der Seele; eine durch die Dichtkunst evozierte Steigerung des Me[illegible]n.

> In Beziehung auf das Gefühl d[illegible] ist ein Gegenstand entweder zum *Angenehmen*, oder *Schönen*, oder *Er*[illegible]der *Guten* (schlechthin) zu zählen [...] *Erhaben* ist das, was durch seinen[illegible]d gegen das Interesse der Sinne unmittelbar gefällt. [...] es ist ein *Gegen*[illegible]Natur), *dessen Vorstellung das Gemüt bestimmt, sich die Unerreichbarkeit a*[illegible]*s Darstellung von Ideen zu denken.*

Das Meer erscheint unserer Wahrnehmung als etwas [illegible]as unsere Erfahrungsmöglichkeit übersteigt. Die Ideen beiseitelassen[illegible] es für Kant, dass dessen Wahrnehmung – ob des Widerstandes: [illegible] Repräsentation –, den es als Erhabenes auslöst, auch Furcht und Schrecken v[illegible]breiten kann. Mit diesem Widerstand, für den das Erhabene steht, sei für uns eine „Beraubung der Freiheit der Einbildungskraft" verbunden, weil es nach empirischen Gesetzen nicht als zweckmäßig bestimmt werden könne.[3] Kant unterscheidet zwischen einem „mathematischen"– Phänomen des Erhabenen, das jede Größenwahrnehmung übersteige – und einem „dynamischen", wo die Macht der Natur zwar furchteinflößend ist, ohne jedoch über uns herrschen zu können, denn als ein sittliches Wesen sei der Mensch ihr überlegen.

In der *Rhetorica ad Herennium* bei Cicero und bei Quintilian wird mit dem Erhabenen eine „sublime", weil ergreifende Wirkung thematisiert. Edmund Burkes *A Philosophical Enquiry into the Origin of our Ideas of the Sublime and Beautiful* von 1757 klassifiziert das Erhabene als wichtigen Gegenstand philosophischer Reflexionen, die seine machtvoll-überwältigende, undurchdringliche und nicht fassbare Beschaffenheit umkreisen. Das Erhabene rufe beim Betrachter außerordentliche Nervenreize hervor, die sich als Schrecken, Erschrecken und Angst zeigen; es lässt sie erschauern und stelle somit die Selbsterhaltung infrage. Zugleich trete damit gewisse Erleichterung ein,

---

zu erklären, daß die See ihren Schlamm, den die Flüsse hineinführen, am Ufer absetze, oder ob das Innere der Erde sich seit vielen Jahrhunderten her immer nach und nach fester setze; daher der Boden des Meeres immer tiefer sinke, weil sein Bette vertieft wird und sich vom Ufer zieht." Kant: Akademie Ausgabe, Band IV, 297.

3 Kant 1977, X, 191ff.; 193.

weil mit dieser Wahrnehmung keine reale Gefahr einhergehe, wiewohl das Erhabene riesig, schroff, schrecklich und geradezu unendlich anmuten könne. Auf das Meer bezogen wird die Wahrnehmung der Erhabenheit mit dessen scheinbarer Unendlichkeit, wie sie sich dem Betrachter zeigt, verbunden. Daneben mit den akustischen Überforderungen, die durch sein Dröhnen und Rauschen sich einstellen. Burkes Bestimmung des Erhabenen ist gegenstandsanalytisch gewonnen; es ist eine deskriptive, aposteriorische Definition. „In der Tat ist der Schrecken ohne Ausnahme – bald sichtbarer, bald versteckter – das beherrschende Prinzip des Erhabenen."[4]

Mit dem Erhabenen verbindet Kant zunächst Unlust, bedingt durch die Wahrnehmung physischer Ohnmacht, gefolgt von Lustempfindungen, weil das Subjekt realisiere, dass seine Vernunft dem gewachsen ist. „Das Gefühl des Erhabenen ist also ein Gefühl der Unlust aus der Unangemessenheit der Einbildungskraft […] und eine dabei zugleich geweckte Lust, aus der Übereinstimmung […] *mit* Vernunftideen, sofern die Bestrebung zu denselben doch für uns Gesetz ist". Dieses Gesetz ist eine Setzung Kants, eine Behauptung, gleiches gilt für die Ideen der Vernunft. „Die Stimmung des Gemüts zum Gefühl des Erhabenen erfordert eine Empfänglichkeit desselben für Ideen." Das Unvermögen der Einbildungskraft zur Repräsentation des Erhabenen sei „eine gleichsam abgezogene Darstellungsart […] und jene Absonderung ist also eine Darstellung des Unendlichen", das jedoch „schlechthin (nicht bloß komparativ) groß [ist, J.G.] Mit diesem verglichen ist alles andere (von derselben Art Größen) klein." Der „grenzenlose Ozean" – wie andere Naturphänomene – ein dynamisch Erhabenes, wird zum Unendlichen gerechnet.

> Kühne, überhangende, gleichsam drohende Felsen, am Himmel sich auftürmende Donnerwolken, mit Blitzen und Krachen einherziehend, Vulkane in ihrer ganzen zerstörenden Gewalt, Orkane mit ihrer zurückgelassenen Verwüstung, der grenzenlose Ozean, in Empörung gesetzt, ein hoher Wasserfall eines mächtigen Flusses u.d.gl. machen unser Vermögen zu widerstehen in Vergleichung mit ihrer Macht zur unbedeutenden Kleinigkeit. Aber ihr Anblick wird nur um desto anziehender, je furchtbarer er ist, wenn wir uns nur in Sicherheit befinden; und wir nennen diese Gegenstände gern erhaben, weil sie die Seelenstärke über ihr gewöhnliches Mittelmaß erhöhen und ein Vermögen zu widerstehen von ganz anderer Art in uns entdecken lassen, welches uns Muth macht, uns mit der scheinbaren Allgewalt der Natur messen zu können.

4 „Eine riesengroße ebene Landfläche ist gewiss keine geringe Idee; die Aussicht auf eine solche Ebene kann sich ebenso weit erstrecken wie die Aussicht auf den Ozean, – aber sie kann doch niemals das Gemüt mit etwas erfüllen, daß so groß wäre wie der Ozean selbst [weil, J.G.] der Ozean Objekt eines starken Schreckens ist." Burke 1989, 92.

In der *Kritik der Urteilskraft* kann das „eigentliche Erhabene […] in keiner sinnlichen Form enthalten sein, sondern trifft nur Ideen der Vernunft: welche, obgleich keine ihnen angemessene Darstellung möglich ist, eben durch diese Unangemessenheit […] ins Gemüt gerufen werden". Auch hier wird es als das Nicht-Repräsentierbare gesehen: Das Erhabene ist *„schlechthin groß"*.[5] Anders als bei Burke, für den Gott der Allmächtige das Erhabenste ist, verbindet es Kant mit der *Idee* der Unendlichkeit, die zum Gefühl der Erhabenheit leitet.

In „Die Platonische Idee: das Objekt der Kunst" treffen wir bei Arthur Schopenhauer auf eine anschauliche Explikation des Meers als Symbol des Erhabenen, wo im Unterschied zu Kant die Vernunft nicht zum Hort des Unendlichen wird, denn der Mensch fühlt sich der Naturgewalt nicht überlegen:

> wenn wir am weiten, im Sturm empörten Meere stehn: häuserhohe Wellen steigen und sinken, gewaltsam gegen schroffe Uferklippen geschlagen, spritzen sie den Schaum hoch, in die Luft, der Sturm heult, das Meer brüllt. Blitze aus schwarzen Wolken zucken und Donnerschläge übertönen Sturm und Meer. Dann erreicht im unerschütterten Zuschauer dieses Auftritts die Duplicität seines Bewußtseyns die höchste Deutlichkeit: er empfindet sich zugleich als Individuum, als eine hinfällige Willenserscheinung, die der geringste Schlag dieser Kräfte zertrümmern kann, hilflos gegen die gewaltige Natur, abhängig dem Zufall Preis gegeben, ein verschwindendes Nichts, ungeheuren Mächten gegenüber. […] Es ist der volle Eindruck des Erhabenen. Hier veranlaßt ihn der Anblick einer dem Individuo Vernichtung drohenden, ihm ohne allen Vergleich überlegenen Macht.[6]

Jaspers erblickt im Meer die:

> anschauliche Gegenwart des Unendlichen. […] Immer ist alles in Bewegung, nirgends das Feste und Ganze in der noch fühlbaren unendlichen Ordnung. […] Das Meer ist die leibhaftige Gegenwart. Es befreit im Hinausgehen über die Geborgenheit […] Wir vertrauen uns dem unendlichen Geheimnis an, dem Unabsehbaren, Chaos und Ordnung.

Von der Existenz einer Ordnung ist Nietzsche nicht ausgegangen, das kann er auch nicht, wenn wir folgende Stelle aus der *Fröhlichen Wissenschaft* uns anschauen. „Der Gesammt-Charakter der Welt ist dagegen in alle Ewigkeit Chaos, nicht im Sinne der fehlenden Nothwendigkeit, sondern der fehlenden

5 Kant 1977, Band X, 180f.; 189; 201; 177; 185; 166; 169. – *„Erhaben ist das, mit welchem in Vergleichung alles andere klein ist.* Ebd., 171. – „Das Erhaben ist also die Natur in derjenigen ihrer Erscheinungen, deren Anschauung die Idee ihrer Unendlichkeit bei sich führt." Ebd., 178. – „Das Erhabene, das Kant der Natur vorbehielt, wurde nach ihm zum geschichtlichen Konstituens von Kunst selber." GS 7, 293.

6 Schopenhauer 1977, Band I, 262f.

Ordnung, Gliederung, Form, Schönheit, Weisheit, und wie alle unsere ästhetischen Menschlichkeiten heissen."[7]

Bei Jaspers wird, was Furcht erregt, produktiv gewendet als eine „leibhaftige Gegenwart" anerkannt, und das Geheimnis mit dem Meer zu verbinden, erinnert an Nietzsche. Gedanken, die Burke, Kant und Schopenhauer vollkommen fremd sind. Jaspers erkennt wiederum die Erfahrungsdimension, die das Meer uns offeriert und damit sein Potenzial für uns. Ohne damit jedoch wie Nietzsche und Camus einen Auftrag oder Programmatisches zu verknüpfen. Nietzsche bezieht aus dem maritimen Geheimnis – und man darf es ein erhabenes nennen, durchaus weitreichende Potenziale fürs Existieren, trotz seiner Gefahren. Camus erkennt und liebt es als Symbol einer mediterranen Existenz, und es ist der Initiator seines mittelmeerischen Denkens. Bei beiden, wenn auch nicht explizit, ist seine Erhabenheit dafür unverzichtbar.

2.2 Das erhabene Meerestier Moby Dick

Schopenhauer schreibt, der Mensch verhalte sich zum „Thiere, wie der Schiffer, welcher mittelst Seekarte, Kompaß und Quadrant seiner Fahrt und jedesmalige Stelle auf dem Meer genau weiß, zum unkundigen Schiffsvolk, das nur die Wellen und den Himmel sieht".[8] Was Kapitän Ahab betrifft, der auf einer von obsessiver Rache diktierten Verfolgungsfahrt von Moby Dick ist, sieht dieser nur in Abgründe und zieht schlussendlich alle genau dorthin.

Der vordergründige Inhalt von Melvilles *Moby-Dick* lässt sich in einem Satz zusammenfassen: Kapitän Ahab, ein psychotisch Getriebener, ist auf der Jagd nach dem Wal, der ihm früher ein Bein abgerissen hatte. „Und dann raste sein wahnsinniger Geist davon, in atemloser Jagd". Seinen Männern, der Schiffsbesatzung erzählt er, „es war Moby Dick, der mich entmastet hat, es war Moby Dick, der mir diesen Stumpf beschert hat [...] Es war dieser verfluchte weiße Wal [...] der aus mir bis ans Ende meiner Tage einen erbärmlichen, humpelnden Krüppel gemacht hat"[9] – der müsse vernichtet werden. Die Rache lässt die Reise zu einer entfesselten Apokalypse auf dem Meer werden, jenseits

7 Jasper 1967, 15. – „Von unserer Vernunft aus geurtheilt, sind die verunglückten Würfe weitaus die Regel, die Ausnahmen sind nicht das geheime Ziel, und das ganze Spielwerk wiederholt ewig seine Weise, die nie eine Melodie heissen darf, – und zuletzt ist selbst das Wort ‚verunglückter Wurf' schon eine Vermenschlichung, die einen Tadel in sich schliesst." FW, KSA 3, 468.

8 Schopenhauer 1977, Band I, 127.

9 „wenn Ahab mit Sturm auf der Stirne, mit blutroter Mordlust im Blicke und Schaum vor den Lippen seiner Beute nachjagt". Melville 2021, 331; 272; 364.

von Verstand und Vernunft. In der Geschichte, die in ihrer Narration und ihren Stilmitteln weit über die Zeit hinausweist, erzählt von Ismael, der einzige, der überlebte, sind meines Erachtens weder der Wal, Kapitän Ahab noch der kriegerische Kampf um das Leben beider voneinander abhängigen Kreaturen das hervorstechende Thema. Wiewohl Moby Dick der Spielführer ist, der master of the scene – ist es vielmehr das Meer selbst, das in jeder nur denkbaren Dimension und Hinsicht von Melville in einer bis dato unerreichten Eindringlichkeit meisterlich bebildert wird. Mit seiner dominierend-dominanten Subjektivität als Regisseur und Dramaturg steht es gleichsam im Status eines elementar-archaischen Absoluten. Als Naturelement ist er für das Geschehen jedoch nicht verantwortlich zu machen, das teilt es mit seinem Lebewesen, dem Wal. Der Subjektstatus des Weißen Wals, wie ich es bezeichnen möchte, lässt ihn zu einer ungeheuren Herausforderung für die Urteilskraft werden, denn seine Erhabenheit übersteigt sie uneinholbar.

Die gleichnislose Szenerie einer unlösbaren, maritim-archaischen und damit der antiken, womöglich gar vorausliegenden Tragödie wird vom Meer diktiert, und sie könnte als eine Meer affine und damit seiner Bewegtheit blind folgen Müssende, verstanden werden. Melvilles Prosa und sein Stil haben das verstanden. Sie spiegeln es und scheinen sich dabei der Wellenbewegung des Meeres anzuschmiegen. Dessen lebensgefährlich-unkalkulierbare, endlose Bewegung, gepaart mit ignoranter Gleichgültigkeit, stiften eine gefahrenreiche Dialektik von Herausforderung und Gefahr. Letztlich ziehen beide in den Abgrund. Ungleich wichtiger sind jedoch die Wirkungen, die das Meer in der Psyche des Monomanen Ahab und seiner Besatzung auf der „Pequod" auslösen: Ängste und Mut, Traum, Traumen und Träumereien, Hoffnung und Verzweiflung, Sieg und Verlust, Gier und Macht, Unerbittlichkeit und Rache etc. Sie sind in seinem ewigen Kreislauf wahrnehmungs-verschlossen eingebettet und damit im Erhabenen situiert. Der Kreislauf des Meeres ist der Bewegungsmodus des Lebens – und in *Moby-Dick* – gleichermaßen seiner Phantome. „Diesen weißen Wal zu jagen, auf beiden Ozeanen, in allen Winkeln der Welt, bis schwarzes Blut er bläst und tot im Wasser treibt."[10]

Es sind also nicht allein die realen Gefahren, vielmehr sind es die Anforderungen und Herausforderungen an und für die Psyche seitens des Meeres – und sie werden sowohl vielfältig als auch differenziert bebildert,

10 „ein weißer Wal. Reißt mir die Augen nach ihm auf. Männer schaut scharf nach weißem Wasser, singt aus, wenn ihr nur eine Blase seht!' […] Tod und Teufel, Männer! Moby Dick ist es, den ihr gesehen habt – Moby Dick – Moby Dick!' […] schwört Tod dem Moby Dick! Gott soll uns alle hetzen, wenn wir nicht Moby Dick zu Tode hetzen!'" Melville 2021, 272; 277. – „Es war das Weiß des Wals, das mich mehr als alles andere in Angst und Schrecken versetzte." Ebd., 310.

symbolisiert und inszeniert. So scheinen sie mehr die Psyche als den Leib zu martern, allzumal den von Ahab, der schon als ein tief Gezeichneter die Fahrt beginnt. Das Meer giert naturgewaltig nach Opfern, wie die Sirenen, denen Odysseus zunächst ausgeliefert war. Zur übermächtigen Bedrohung wird es freilich erst dann, wenn gar keine Gefahr mehr wahrzunehmen ist, wenn das Meer ruhig und seidig daliegt. Das unterstreicht seinen trügerischen Schein, dann lädt es zur Kontemplation, dann baut sich die größte Gefahr auf; dann ist es tückisch, wie Nietzsche bemerkt.

In *Die Arbeiter des Meeres*, dem „Meervolk" gewidmet, erklärt Victor Hugo, das Meer führe seine:

> Schläge vom Verborgenen aus; es hält sich gern bedeckt. In dieser unermesslichen Dunkelheit behält es alles für sich. Selten macht es seine Geheimnisse offenbar. [...] Das Meer ist offenkundig und geheim zugleich; es entzieht sich und möchte seine Handlungen nicht allgemein kundtun. Es macht ein Schiffswrack und lässt es verschwinden, schamhaft verschlingt es das Zerstörte.[11]

Über den Topos „homme océan" entwickelt Hugo das Konzept eines Genies, ein universeller Künstler, der eine umfassende Selbsttransformation durchlebt.

Im Kapitel „Das Weiß des Wals" wird die vollkommene Farblosigkeit zum Symbol der Schönheit des Erhabenen – und damit zum Horror vacui; dem Ende jeder Wahrnehmungsmöglichkeit. Man könnte sagen, die Wahrnehmung schwimmt hier wellenförmig auf Wellen, und sie wird haltlos. Via Ismael wird der Weiße Wal als ein erhabenes Wesen charakterisiert, weil der „große Leviathan das einzige Wesen auf der Welt ist, welches bis zuletzt ohne Bildnis bleiben muß". Schon im Buch Genesis wird der Wal erwähnt. Ein Bildnis von ihm, der sich überwiegend unter Wasser bewegt, ist ein menschengemachtes, was ihm aber niemals entsprechen kann. Selbst ob es ihm nahekommt, ist nicht zu verifizieren. Etwas freilich ist über dem Meer zu sehen, und Ismael zieht daraus eine interessante Hypothese: „Der Spaut ist nichts als Dunst. [...] Überlegungen zur großen Würde und Erhabenheit, welche dem Pottwale innewohnen. [...] Er ist gewichtig und tief zugleich." Darin ähnele er den ganz Großen des Geistes, bei denen:

> stets ein kaum sichtbarer Dunst aufsteigt, wenn sie tiefe Gedanken denken. [...] Und wie hebt es doch unser Bild von dem gewaltigen, dunstverhüllten

11 Hugo 2003, 255. – „Wenn es dem Meer gefällt, ist es fröhlich. Keine Freude wirkt so strahlend wie die des Meeres. Der Ozean blüht förmlich auf [...] Schaut man nur auf die Oberfläche, so ist der Ozean die Freiheit, aber auch die Gleichheit. [...] während die Sonne mit einer glänzenden und mächtigen Schicht aus Licht jene furchtbaren Heucheleien des Abgrundes überdeckt". Ebd., 600.

> Ungeheuer ins edel Erhabene, wenn wir ihn erblicken wie er feierlich seine Bahn durch eine tropisch ruhige See zieht, und sich über seinem mächtigen Haupte ein Baldachin aus Dampf wölbt, erzeugt von seinen Grübeleien.[12]

Melville benennt Moby Dick in einigen bedeutenden Passagen explizit als ein erhabenes Wesen. Das Meer wird dabei zu seinem. Mit seiner Erhabenheit profitiert er von dessen natürlichen Potenzen: „nicht einmal Jupiter, der Höchste und Erhabenste, übertraf den glorreichen Wal, der so gottgleich dahinschwamm".[13]

Moby-Dick ist kein Abenteuerroman über eine lebensgefährliche Meerfahrt; vielmehr ist die Handlung von Rache und Vergeltungsgier diktiert, und sie navigiert im „Phantom des Lebens". Zu dessen entschlüsseltem Geheimnis am Bild des Meeres lesen wir: „Doch nämliches Bild sehen wir selbst in allen Strömen und Meeren. Es ist das Bild des unbegreiflichen Phantoms des Lebens und darin liegt der Schlüssel zu allem."[14] Vor dem Phantom versagt jede Erklärung, weil es sie alle übersteigt. Es bleibt unerklärlich, könnte jedoch die Untiefen des Meeres spiegeln und damit etwas, was sich uns nicht spiegeln kann und allein unsere Angst zu imaginieren vermag. Etwas, das an die Unendlichkeit des Meeres heranragt – mehr nicht. Dem Menschen und allzumal dem Seefahrer erscheint das Meer jedoch auch listig, ja geradezu heimtückisch, sie fürchten seinen Kannibalismus und befinden sich scheinbar im

12 Melville 2021, 429; 584f. – „Kannst du den Leviathan ziehen mit den Hamen und seine Zungen mit dem Strick fassen? [...] Seine Augen sind wir die Augenlider der Morgenröte. Aus seinem Mund fahren Fackeln und feurige Brände. Aus seiner Nasen gehet Rauch wie von heißen Töpfen und Kesseln. Sein Odem ist glühende Kohlen und aus seinem Mund gehen Flammen. [...] Wenn er sich erhebt, so entsetzen sich die Starken, und die Wellen werden trüb. Er macht, daß das tiefe Meer siedet wie ein Topf". In diesen Zeilen wird der Leviathan zum Bösen an sich. Hiob 40, 25-41, 23.

13 Melville 2021, 827. – „Seine beiden weichen, hell schimmernden Flanken teilten die wogende See, welche ihn nur einmal sanft bespülte, dann aber weit davonflutete, und verströmten Verlockungen. Kein Wunder, daß schon manche Jäger; von dieser heiteren Ruhe unsagbar hingerissen und betört, den Angriff gewagt hatten, nur um dann zu ihrem Verhängnis zu entdecken, daß diese Ruhe Wirbelstürme in sich barg." Ebd.

14 „Warum habt ihr bei euerer ersten Seereise als Passagier eine solch mystische (sic!) Schwingung verspürt, sobald man euch mitteilte, nun sei das Land außer Sicht? Warum hielten die alten Perser das Meer heilig? Warum gaben die Griechen der See einen gesonderten Gott und machten ihn zu Zeus' eigenem Bruder? Gewiß ist dies alles nicht ohne Bedeutung." Ebd., 36. – Antonius Grün in *Meerfahrt*: „Wie so rein des Himmels Bläue // Über meinem Haupte glänzt, // Fest und Licht die ew'ge Treue, // Wandellos und unbegrenzt! // Gleich dem ew'gen Frieden schimmert // Ruhig, klar und grün das Meer // Wie die heil'ge Liebe flimmert // Hell, die Sonne drüberher." Zitiert nach Wüstner 2005, 29.

Krieg mit ihm. Dieser Krieg beherrscht die Welt, womöglich ist er am und im Meer vorgebildet.

Moby Dick hat eine „eigentümliche, schneeweiße, runzlige Stirn und sein hoher, weißer, pyramidenförmiger Buckel", sie sind zuweilen zu sehen, das sind seine herausragenden, physischen Merkmale. In der Fama der Walfänger wird ihm eine übernatürliche Kraft zugesprochen, er gilt als ‚allgegenwärtig' und als ‚unsterblich'. All das löst bei ihnen Panik aus; Lebensangst und Todesfurcht.

> Was den Wal zu einem so schrecklichen Untier macht, war weder seine ungewohnte Größe noch seine bemerkenswerte Farbe oder auch sein verunstalteter Unterkiefer; als vielmehr jene beispiellose, vernunftbegabte Arglist, welche er laut manchen Berichten bei seinen Angriffen wieder und wieder an den Tag gelegt hatte. Vor allem waren es wohl seine tückischen Scheinrückzüge, die den größten Schrecken verbreiteten.

Der Wal ist weiß – die Farbe der Unschuld, wiewohl im Roman der Erzähler Ismael gerade im Weiß „etwas in sich Schrecklichem [sieht, das, J.G.], diesen Schrecken bis ins Äußerste steigert".[15] Die anderen Attribute, die zu seiner Charakterisierung dienen, können alle auch dem Meer zugeschrieben werden, allgegenwärtig, listig, heimtückisch, unsterblich, ewig, gefährlich, unergründlich, tief etc., womit Moby Dick gleichsam zu dessen vollkommener Abbild gleicher Kreatur wird.

Die Vernichtung von Schiff und Besatzung, am Ende des Romans, wird anhand dreier Jagdtage auf Moby Dick erzählt; dass er die Jagd gewinnt, kann niemanden überraschen. Der Wal selbst scheint von dieser Jagd angepeitscht; er wird immer schneller, gewandter, tückischer, lebensgefährlicher. Plötzlich schießt er „pfeilschnell senkrecht" aus dem Meer hervor, rammt seine „weiße Stirn gegen den Boden des Bootes" und wirft es „in die Luft [...] wo es sich mehrmals überschlug und mit dem Dollbord auf Wasser fiel". Am Ende ist die See still, das Meer ganz ruhig geworden, als müsse es sich vom Kampf gegen sein majestätisches Geschöpf Moby Dick ausruhen. Der endlose Kreislauf der Natur geht weiter, kein Ahab der Welt wird das verhindern. Nach dem Strafgericht der Sintflut, von Ahab provoziert, von Moby Dick vollzogen; „flogen kleine Vögel kreischend über dem noch gähnenden Abgrund [...] und das große Leichentuch des Meeres wogte weiter wie vor fünf Jahrtausenden".

---

15 „Auch sein übriger Körper war leichentuchfarben gestreift, gefleckt und marmoriert, so daß er sich schließlich einen ganz eigenen Namen erworben hatte: der Weiße Wal [...] wenn er mitten am hellichten Tage blendendweiß durch die dunkelblaue See glitt, sein Kielwasser eine Milchstraße aus sahnig weißem Schaum und golden funkelnder Gischt". Melville 2021, 302f.; 304f; 312.

Moby-Dick ist ein philosophischer Roman, der das Leben in seinen Grenzsituationen und damit dessen Einbettung in den Tod reflektiert. Die Erhabenheit des klugen, weißen Leviathans hat metaphysische Dimensionen, wiewohl er alles aus dem Meer bezieht, seiner Mutter. Nicht zuletzt ist es ein Roman über das Unbewusste und seine Phantome, die Unergründlichkeit des Geschehens wird damit einmal mehr unterstrichen. Das gierige Unbewusste Ahabs trifft auf die überlegene, leiblich-listige Überlebenskunst des Wals. Wer hätte ihn in seinem Medium besiegen können?

> Doch während wir Mysterien in der Ferne jagen, die uns im Traum erscheinen, oder wie gemartert das dämonische Phantom verfolgen, das irgendwann vor jedes Menschen Herz ersteht – indes wir solche Schemen um den Erdball jagen, führen sie uns durch öde Wüsteneien in die Irre oder fluten uns auf halbem Wege in ein Wellengrab.

Wenn wir diese Schemen jagen, dann verliert unsere Existenz jede Bedeutung. Ob wir in einem Wellengrab versinken, also sterben, müsste entsprechend unbedeutend sein. Ahab ist in besonders obsessiver Weise diesen Mysterien ausgesetzt, seine Scheme ist Moby Dick.[16]

Von Karl Jaspers kennen wir die Bestimmung des Todes als eine hermetische „Wand"; die ultimative Grenzsituation. Keine dieser Grenzsituationen ist zu wählen, aber sie verlangen Entscheidungen von uns und vertreten dabei unsere Endlichkeit, unser Leiden, unseren Tod. Wir müssen diese Grenzsituationen durchlaufen, das gehört zu unserer Existenz; ihnen kann nicht ausgewichen werden. Unser Existieren, so Jaspers, wird durch sie geformt und formt sich an ihnen, formiert sich über sie. Eine Wand vertritt bei Melville die tödliche Auseinandersetzung zwischen einer menschlichen und einer tierischen Kreatur, wobei der Wal zum Menetekel von Unheil und zwingendem Untergang wird. Ahab hat gegenüber dem Weißen keine Chance, er beginnt die Reise als ein alter Krüppel, schon dem Tode geweiht. Moby Dick erledigt dessen Geschäft, aber nur und das ist entscheidend, weil er selbst durch die Besatzung der *Pequod* tödlich bedroht wird.

Wie für Thales Jahrtausende zuvor, so ist auch für Melville das Wasser, hier das Meer, der Urgrund von allem. Gerade weil – und womöglich nur deshalb, weil Moby Dick mit der Erhabenheit des Leviathans und des Meeres – und

16 Ebd., 843f. – „Bald aber schien er mit seinem Tagewerk zufrieden, stemmte seine zerfurchte Stirn gegen die Wogen und zog weiter seine leewärtige Bahn, gemessen wie ein Wandersmann". Ebd.; 644, 864; 386. „In Blut und Blitz ward dieser Stahl gehärtet, und ich schwöre, ihn noch ein drittes Mal zu härten, in jenem heißen Fleck an seiner Flosse, dort wo der Weiße Wal am stärksten sein verfluchtes Leben spürt!'" Ebd., 817.

diese sind nicht voneinander zu trennen, die Begrenztheit unserer Urteilskraft transparent werden lässt, hat er eine starke philosophische Botschaft, die nicht zuletzt in der Beschränkung liegt. Sie liegt in unserer Beschränkung gegenüber der Natur und ihrem majestätischen Zauber, für den der Weiße Wal – als das erhabene Meerestier – eine Metapher ist.

Auch in Hemingways Erzählung *Der alte Mann und das Meer* geht es um den Kampf zwischen einem sehr großen Fisch und einem alten Fischer, den dieser nach einer langen Zeit glückloser Fangversuche auf dem Meer fängt und tötet. Der Fisch „kam heraus, ohne Ende [...] Er leuchtete in der Sonne, Kopf und Rücken waren dunkelviolett [...] Sein Schwert war so lang wie ein Baseballschläger [...] der alte Mann sah das große Sensenblatt des Schwanzes verschwinden und die Leine begann wegzusausen". Jedoch verliert er den Fisch wieder, weil gefräßige Haie, angelockt vom Kadavergeruch, gegen die er ohne Erfolg kämpft, er kann nicht alle töten, den Fisch verspeisen, bevor er die Beute an Land bringen kann. Hier geht es auch um Leben und Tod auf dem Meer, wiewohl die Relationen zwischen dem Meerestier und dem alten Mann, dem Fischer, vollständig anders gezeichnet sind als die zwischen Ahab und Moby Dick.[17] Es ist keineswegs eine Erzählung über Rache und Obsessionen. Vielmehr hat der alte Fischer Achtung vor seiner Beute. „‚Fisch', sagte er, ‚ich liebe dich und achte dich sehr. Aber ich töte dich bestimmt, ehe dieser Tag zu Ende ist.'" Der alte Mann entschuldigt sich, dass er den Fisch, wiewohl er ihn liebt, töten wird. Er erklärt ihm, warum es für ihn trotzdem notwendig ist, da er so lange Zeit nichts gefangen hatte und überleben muss. „Noch nie habe ich einen solch starken Fisch angehakt, auch keinen, der sich so merkwürdig benimmt. [...] Aber was das für ein großer Fisch sein muß [...] Ob er wohl irgendeinen Plan hat oder ob er ebenso verzweifelt ist wie ich?" Nachdem er den Fisch getötet hat, sieht er: „eine Untiefe in dem blauen Wasser, das mehr als eine Meile tief war. Dann breitete es sich wie eine Wolke aus. Der Fisch war silbrig und bewegungslos und trieb mit den Wellen."[18] Wiewohl der alte Fischer Achtung vor dem Fisch empfindet, womöglich ob dessen Erhabenheit, tötet er

17 „Er blickte über das Meer und wußte, wie allein er jetzt war. [...] und er blickte geradeaus und sah eine Schar von Wildenten, die sich über dem Wasser gegen den Himmel abzeichneten, und er wußte, daß man auf See niemals allein war." Hemingway 1995, 60; 52; 58.

18 Ebd., 46; 92. – „‚Fisch', sagte er leise und vernehmlich, ‚ich bleibe bei dir, bis ich tot bin.' ich nehme an, daß er auch bei mir bleiben wird, dachte der alte Mann, und er wartete darauf, daß es hell wurde." Ebd., 52. – „Nun wurde der Fisch lebendig, als er den Tod in sich spürte, sprang hoch aus dem Wasser empor und zeigte seine ungeheure Länge und Breite und seine ganze Macht und Schönheit." Ebd., 91f.

ihn. Er muss das tun, nicht allein, weil er überleben will, mehr noch, weil das den Kampf auf Leben und Tod, der auf dem Meer stattfindet, ausmacht.

2.3 Im Meer des Unbewussten – Das Mutter-Imago und das Meer

Im Herbst 1810 wurde Caspar David Friedrichs *Der Mönch am Meer* auf der Berliner Akademieausstellung gezeigt. Im selben Jahr veröffentlicht Heinrich von Kleist eine mit Clemens von Brentano verfasste Besprechung des Gemäldes: „Empfindungen vor Friedrichs Seelandschaft" in „Berliner Abendblätter."

> Herrlich ist es, in einer unendlichen Einsamkeit am Meeresufer, unter trübem Himmel, auf eine unbegränzte Wasserwüste, hinauszuschauen. Dazu gehört gleichwohl, daß man dahin gegangen sei, daß man zurück muß, daß man hinüber mögte, daß man es nicht kann, daß man Alles zum Leben vermißt, und die Stimme des Lebens dennoch im Rauschen der Fluth, im Wehen der Luft, im Ziehen der Wolken, dem einsamen Geschrei der Vögel, vernimmt. Dazu gehört ein Anspruch, den das Herz macht, und ein Abbruch, um mich so auszudrücken, den Einem die Natur thut. […] und so ward ich selbst der Kapuziner, das Bild ward die Düne, das aber, wo hinaus ich mit Sehnsucht blicken sollte, die See, fehlte ganz. […] Das Bild liegt, mit seinen zwei oder drei geheimnißvollen Gegenständen, wie die Apokalypse da […] Doch meine eigenen Empfindungen, über dies wunderbare Gemählde, sind zu verworren.[19]

Was der Betrachter mit dem Meer verbindet, was durch dessen – und sei es hier nur artifiziellen Anblick als Wahrnehmung des Gemäldes, besser wahrnehmende Deutung oder deutende Wahrnehmung hervortritt, hervorsticht, ist nicht unabhängig von seinen Erinnerungen – und davon wohl mitgeprägt, womöglich gar maßgeblich, von Sedimenten in seinem Unbewussten. Entsprechend paaren sich in der Wahrnehmung Erinnerungen und Wiedererinnerungen, wobei Unbewusstes der Wahrnehmung beigemischt wird. Das gilt es zu berücksichtigen, wenn wir lesen, dass „man Alles zum Leben vermißt", womit einem übergroßen Mangel Ausdruck verliehen wird, der aber wohl gerade die ungeheure Faszination des Meeres verkörpert. Dieser Kosmos repräsentiert Tiefe, Gefahr, Bewegung, Fülle und Unbegrenztheit. Das Gemälde erzählt davon, imaginiert das womöglich aus der Perspektive des abgewandten Mönchs. Er könnte das wahrnehmen.

---

19 Von Kleist o. J., 47f. – Hölderlin: „Wie Meeresküsten, wenn zu baun // Anfangen die Himmlischen und herein […] Und der Lieblingin // Des Griechenlandes, // Die meergeborenen, schicklich blickenden // Das gewaltige Gut ans Ufer." Zitiert nach Wüstner 2005, 104.

Die scheinbare endlose Ferne, die der Blick über das Meer eröffnet, könnte ihn fortziehen; dorthin. Das wissen wir nicht, aber wir dürfen es annehmen durch evozierte Erinnerung, die wir beim Anblick des Meeres haben. Im „Rauschen der Fluth, im Wehen der Luft, im Ziehen der Wolken“ – wird die „Stimme des Lebens“ hörbar. Am Meer hört man diese Stimme, vielleicht spricht sie mit uns. In der Besprechung verweist sie auf alles, was der Betrachter im Alltag schmerzlich vermisst. Der Ruf des Lebens am Meer als ein fernes Bild der Versöhnung, ein maritimes, wird hier über die Bewegung der Wolken symbolisiert. Sie wiederum stehen gegen das Starre, das Erstarrte und damit für einen Ausbruch womöglich eine Befreiung. Der „Anspruch, den das Herz macht“, sich mit der Natur zu versöhnen, gar zu vermählen, ein romantischer Anspruch nach dem ganz anderen, ist dabei der Wunsch eines Ausbruchs aus den Beschränkungen. Noch ist er ein utopischer und auf eine diffuse Ferne verwiesen. Das Gemälde – Friedrichs Mönch – erweckt Geheimnisse apokalyptischer Provenienz, aber auch verworrene Gedanken. Die Beteiligung des Unbewussten, das Freud ein „Störfeuer“ nennt, scheint damit belegt.

Mit ihrer chaotischen Fülle können das Meer und das Wasser dem Unbewussten entsprechen, sie werden zu seinem Symbol. Zudem ist das Meer unheimlich, rätselhaft in seiner unergründlichen Tiefe. Entsprechend kann es als ein Abbild und als ein Symbol des Unbewussten fungieren. Sein unerreichbarer Grund spiegelt all das, was uns verborgen, unbekannt ist und sein muss, bleiben wird. Das ist nicht allein verheißungsvoll, sondern es löst auch Angst aus. Der Meeresgrund kann dabei allegorisch der Seelengrund sein, einer für Wünsche, Träume und Sehnsüchte.

Ich unterstelle, dass auch in der Wahrnehmung des realen Meeres, sei es in seiner Ruhe, sei es in seiner Bewegtheit, in der Ahnung seiner Geheimnisse und der Projektion seiner mutmaßlichen Verheißungen, wie Nietzsche es sieht, Erinnerungen ausgelöst werden und dass dabei durchaus Unbewusstes und Verdrängtes lebendig werden können. In dem Umhüllenden, was mit ihm verbunden ist, dem Feuchten, Fruchtbaren, Mütterlichen entstehen Sehnsüchte, Wünsche – es könnten durchaus frühkindliche sein. Dieser Zusammenhang, so darf man anfügen, sollte auch für die Klassifikation des Mediterranen und einer demgemäßen Existenz Bedeutung haben.

Bei Merleau-Ponty empfindet und erlebt der Leib die ihn umgebende Welt. Für die Phänomenologie ist er der grundlegende Topos. In den leiblichen Empfindungen erlebe ich die Welt und das eigene Selbst. Das Wahrnehmen ist mit dem Leib verschmolzen. „Der Leib ist unser Mittel überhaupt, eine Welt zu haben.“[20] Womit sich eine Nähe zu Nietzsches These, alle sei leibvermittelt,

20 Merleau-Ponty 1966, 176.

andeutet und auch, dass es außerhalb des Leiblichen keine wahrnehmenden Empfindungen geben kann und ohne den Leib keine Welt – keine für uns.

Im Nachlass von 1885 findet sich die Behauptung: „Die Wahrnehmung der Sinne geschieht uns unbewußt: alles, was uns bewußt wird, sind schon bearbeitete Wahrnehmungen."[21] Die unbewussten können mit den Erinnerungen zusammenhängen, die sich durch die Anschauung ergeben, die bewussten sind schon durch unsere Rasterungen hindurchgegangen.

Im Folgenden beziehe ich mich auf Thesen von Schopenhauer, Nietzsche und Freud zum Status des Unbewussten. Danach werfe ich einen Blick auf C.G. Jungs Semantik des Mutter-Imago, das er auch mit dem Meer verknüpft.

Arthur Schopenhauer hat seinem Manuskriptbuch *Adversaria* anvertraut:

> Alles Ursprüngliche, alles ächte Seyn ist unbewußt: was durch das Bewußseyn durchgegangen, ist Vorstellung geworden, und seine Aeußerung ist die Mittheilung einer Vorstellung. Alle ächten Eigenschaften im Karakter oder Geiste des Menschen sind daher unbewußt [...] Alles Bewußte der Art ist wenigstens zur Hälfte Affektation.[22]

Nicht zuletzt diese Aussagen verdeutlichen Freuds Bekenntnis, er sei in den Hafen der Philosophie Schopenhauers eingelaufen.

Schon in *Fünf Vorreden zu fünf ungeschriebenen Büchern* wird deutlich, dass Nietzsche nicht an eine Transparenz im „Bewußtheits-Zimmer" glaubte. Vielmehr – und das ist seine Quintessenz – ruhe der Mensch, so in *Ueber Wahrheit und Lüge im aussermoralischen Sinne*, „in der Gleichgültigkeit seines Nichtwissens und gleichsam auf dem Rücken eines Tigers in Träumen hängend".[23] Der Tiger symbolisiert das Unbewusste, von diesem Raubtier und

21 NL 1885, 34[30]; KSA 11, 430. – „Ich halte die Phänomenalität auch der *inneren* Welt fest: alles, *was uns bewußt wird*, ist durch und durch erst zurechtgemacht, vereinfacht, schematisirt, ausgelegt – der *wirkliche* Vorgang der inneren ‚Wahrnehmung', die *Causalvereinigung* zwischen Gedanken, Gefühlen, Begehrungen, wie die zwischen Subjekt und Objekt, uns absolut verborgen – und vielleicht eine reine Einbildung. Diese ‚scheinbare *innere* Welt' ist mit ganz denselben Formen und Prozeduren behandelt, wie die ‚äußere' Welt." NL 1887/88, 11[113]; KSA 13, 53.

22 Schopenhauer 1985, 439. – Auch Freud würdigt Schopenhauer: „Die wenigsten Menschen dürften sich klar gemacht haben, einen wie folgenschweren Schritt die Annahme unbewußter seelischer Vorgänge für Wissenschaft und Leben bedeuten würde. Beeilen wir uns aber hinzuzufügen, daß nicht die Psychoanalyse diesen Schritt zuerst gemacht hat. Es sind namhafte Philosophen als Vorgänger anzuführen, vor allem der große Denker *Schopenhauer*, dessen unbewußter ‚Wille' den seelischen Trieben der Psychoanalyse gleichzusetzen ist." GW 12, 11f.

23 FV, KSA 1, 760; WL, KSA 1, 877. – „Das Ich-bewußtsein ist das letzte, was hinzukommt, wenn ein Organismus fertig fungirt, *fast* etwas Überflüssiges: das Bewußtsein der *Einheit*,

Jäger seien wir umfassend bestimmt und gesteuert. Wenn der Nachlass von 1885 eine Einheit der Person für irreal hält, dann wird das Bewusstsein zum phantastisch-fiktiven Herrscher ohne Territorium. Dann hätten wir kein taugliches Bewusstsein, das uns einen Subjektstatus verleihen kann, geschweige denn einen vernünftigen. Mit diesem Status des Bewusstseins, der seinen prätentierten zu einem erschlichenen degradiert, kann es keine Wahrheit noch eine letzte Bedeutung geben, denn alles ist im Fluss und im Spiel. In *Jenseits von Gut und Böse* schreibt er: „Gesetzt, dass nichts Anderes als real ‚gegeben' ist als unsre Welt der Begierden, dass wir zu keiner anderen Realität hinab oder hinauf können – denn Denken ist nur ein Verhalten dieser Triebe zueinander. –"[24] Aus dieser Perspektive sind unsere vernunftgemäßen Erkenntnis- und Bewusstseinsansprüche bodenlos geworden.

Das Unbewusste als *Finis nominandi* kann im Nexus von Nietzsches These; es kann keine letzte Bedeutung geben, verstanden werden. Insofern muss das Unbewusste ein rätselhaftes Rätsel bleiben. Das könnte als dessen letzte Bedeutung gelten.

Freud zufolge zeigen sich die unbewussten Vorgänge nur in realitätsenthobenen Sphären wie dem Traum oder in gestörten Realitätsdimensionen, in Psychosen und Neurosen. Seine Decodierung kann dann über die Störungen und deren Materialisationen erfolgen. In *Das Unbewußte* schreibt Freud, das „rätselvolle" Unbewusste sei über die Analyse der „narzißtischen Psychoneurosen näher gerückt". In *Das Ich und das Es* erkennt er das Verdrängte als das „Vorbild des Unbewußten". Mit diesem Näherrücken ist jedoch keine Transparenz angesprochen, denn Ungeklärtes und Verwirrendes persistierten. Das Näherrücken steht für den approximativen Erfolg der Decodierung – über die analytische Arbeit an den Psychoneurosen. Für Freud ist die Analyse der Träume die „via regia", um dem Rätsel des Unbewussten näher zu rücken, wiewohl es sich gerade über die Traumarbeit, Transformation des latenten in den manifesten Trauminhalt verrätsele. Um das Näherrücken dennoch zu ermöglichen, muss man retrograd diesen Weg der Traumarbeit rekonstruieren. Das bedeutet, der Therapeut kann die Spur des Unbewussten nur dann freilegen, ihm auf die Spur kommen, wenn er sich durch den manifesten Traumgedanken zum latenten durcharbeitet, um so nicht nur die Textentstellungen der Traumarbeit – Verschiebung und Verdichtung – zu rekonstruieren, sondern damit sogleich die im Trauminhalt sedimentierte Spur des Unbewussten, Text des Anderen, der etwas das ganz anderes als der manifeste Text sein muss, zu

---

jedenfalls etwas höchst Unvollkommenes und Oft-Fehlgreifendes […] Unbewußt ist die große Hauptthätigkeit." NL 1881, 11[316]; KSA 9, 563.

24 JGB, KSA 5, 54.

rekonstruieren und seinen Bedeutungsgehalt zu dechiffrieren. Bei Freud ist der Traum ein Artefakt, die Signatur des signifikatlosen Textes des Unbewussten. Wiewohl der Traum knapp und „armselig" sei, fördere seine Deutung ein Vielfaches an Bedeutungen zutage.

In den *Parerga et Paralipomena* finden wir Schopenhauers Klassifikation des Traumes.

> Die Träume für bloßes Gedankenspiel, bloße Phantasiebilder ausgeben zu wollen, zeugt von Mangel an Besinnung, oder an Redlichkeit [...] Der Traum hingegen steht da, als ein völlig Fremdes, sich, wie die Außenwelt, ohne unser Zuthun, ja wider unsern Willen Aufdringendes. Das gänzlich Unerwartete seiner Vorgänge, selbst der unbedeutendesten, drückt ihnen den Stämpel der Objektivität und Wirklichkeit auf.[25]

Freuds Semantik des Kontinents des Unbewussten fokussiert das Es. Das Bewusstsein schwimme wie eine „Nussschale" auf dem Meer des Unbewussten. In *Neue Folge zur Einführung in die Psychoanalyse* erfahren wir, das Es sei der dunkle, unzugängliche Teil unserer Persönlichkeit: „ein Chaos, einen Kessel voll brodelnder Erregungen", dem Lustprinzip gehorchend. „Im Es findet sich nichts, was der Zeitvorstellung entspricht [...] Selbstverständlich kennt das Es keine Wertungen, kein Gut und Böse, keine Moral." Die Stelle belegt die besondere Nähe der Bezeichnungen, die Freud hier dem Es zuschreibt mit denen des Meeres, auch der Kessel ist ein Wassergefäß, und die brodelnden Energien, die in ihm toben, lassen sich auf die des Meeres applizieren.

In *Abriss der Psychoanalyse* führt er aus: „Den Kern unseres Wesens bildet also das dunkle *Es*, das nicht direkt mit der Aussenwelt verkehrt und auch unserer Kenntnis nur durch die Vermittlung einer anderen Instanz zugänglich wird."[26] Der Kern unseres Wesens zeigt also manifeste und bedeutsame Übereinstimmungen mit dem Meer. Diese Instanz wolle eine sofortige, vollständige Befriedigung, sie sei genetisch determiniert; ein Stück des Erbes der Menschheit.

Freud verwendet vielfach maritime Ausdrücke, er spricht von den Tiefen des Seelenlebens, dem „ozeanischen Gefühl", das er in *Das Unbehagen in der Kultur* als Ursprung jeder Religiosität bestimmt. Es sei ein Streben nach der Wiederherstellung des frühkindlichen Narzissmus und somit eine regressive Haltung. Das lässt sich dem Meer zuordnen. Es und Ich fließen partiell ineinander, so

---

25 Schopenhauer 1977, Band VII, 252f.

26 GW XV, 80f. – „In diesem Es wirken die organischen *Triebe*, selbst aus Mischungen von zwei Urkräften (Eros und Destruktion) in wechselnden Ausmassen zusammengesetzt und durch ihre Beziehung zu Organen oder Organsystemen von einander differenziert. Das einzige Streben dieser Triebe ist nach Befriedigung". GW XVII, 128.

Freud, womit sie zwei Meeren ähneln. Das Bewusstsein ist ihm eine Oberfläche des seelischen Apparates. In *Eine Schwierigkeit der Psychoanalyse* listet er die drei großen Kränkungen der Menschheit auf: Das Kopernikanische Weltbild ist die kosmologische Kränkung, die biologische sei der menschlichen Eigenliebe durch Darwin zugefügt worden und schließlich die psychologische, dass der Mensch nicht Herr im eigenen Haus sei. Dann hängt das Individuum wie eine Marionette an den Fäden seiner Verdrängungen. „Du vertraust darauf, daß du alles erfährst, was in deiner Seele vorgeht [...] Ja, du gehst so weit, daß du ‚seelisch' für identisch hältst mit ‚bewußt' [...] Das Seelische in dir fällt nicht mit dem dir Bewußten zusammen".[27]

In Nietzsches Metaphorik des Unbewussten kann es keinen Anspruch auf Bedeutung mehr stellen. Das triebentfesselte Unbewusste, das sich im dionysischen Rausch entlädt, will er bejaht wissen, weil hier die stärkste Kraft der Lebensbejahung sich entäußere. Eine Konsequenz, die Freuds therapeutischer Arbeit und seinem therapeutischen Ethos mehr als fremd gewesen sein dürfte.

Zu fragen ist, wie diese Rätselstruktur sich mit dem Meer – auch als Symbol der Mutter, dem Weiblichen, der Erotik, Geburt, Tod und damit eines vom Ursprung des Lebens – verbinden lässt. Ebenso gehen Auflösungs- und Todesvorstellungen mit Meer und Ozean einher. Zudem ist das Unbewusste mit Erinnerung und Verdrängtem verbunden und damit gleichermaßen unheimlich wie rätselhaft, denn allzu vieles ist in ihm verborgen. Es ist gerade die unergründlich-unergründbare Tiefe des Meeres, die es erlaubt, es mit dem Unbewussten in Beziehung zu setzen, in beiden bleibt das allermeiste dem menschlichen Zugriff entzogen. Was die Oberfläche preisgibt, scheint weniger als die Spitze des Eisbergs. Das Meer eignet sich als Adressat unserer Sehnsüchte und Träume nach Freiheit und Unabhängigkeit. Daneben ist es auch heute noch das Symbol für eine Bewährung gegenüber seinen Gefahren, was der Rolle eines Mutter-Imago nicht entspricht.

In Hemingways *Der alte Mann und das Meer* lesen wir: „Aber der alte Mann dachte immer an sie [die See, J.G.] als an etwas Weibliches, als etwas, was große Gunst gewähren oder vorenthalten kann, und wenn sie wilde oder böse Dinge tat, geschah es, weil sie nicht anders konnte. Der Mond beeinflusst sie, wie er eine Frau beeinflusst, dachte er."[28]

Das Unbewusste sieht Nietzsche im Leib beheimatet, und wenn er eine Leibvernunft fordert, dann wird das Ausmaß von dessen Bedeutung klar.

27 GW XII, 10f.

28 Hemingway 1995, 17.

Nietzsche bebildert seine Leibmetapher mitunter mit maritimen Metaphern, so im Nachlass von 1885:

> Gesetzt, daß ‚die *Seele*' ein anziehender und geheimnißvoller Gedanke war, von dem sich die Philosophen mit Recht nur widerstrebend getrennt haben – vielleicht ist das, was sie nunmehr dagegen einzutauschen lernen, noch anziehender, noch geheimnißvoller. Der menschliche Leib, an dem die ganze fernste und nächste Vergangenheit alles organischen Werdens wieder lebendig und leibhaft wird, durch den hindurch, über den hinweg und hinaus ein ungeheurer unhörbarer Strom zu fließen scheint: der Leib ist ein erstaunlicherer Gedanke als die alte ‚Seele'.

Erstaunen ruft hervor, dass Nietzsche, insbesondere vor dem Hintergrund seiner Evaluierung des Leibes, den Philosophen ein gewisses Recht zuspricht, gleichsam ein Verständnis dafür, dass sie die Seele so anziehend fanden.

1883 verbindet er mit dem Meer weiße Brüste und damit ein genuines Muttersymbol.

> Ich blicke hinab in das Meer: still steht es und tückisch blickt mir aus ihm ein Bild entgegen. Ein kostbares Bild mit weißen Brüsten hält es in seinen Armen: träge und tückisch schleicht es über den Sand [...] also locken mich Meer und Bild der Zukunft Träge und tückisch wich das Meer von seinen weißen Brüsten. Halb begrub es der Sand und halb die Eifersucht der Welle.[29]

Das Meer als Symbol des Lebens und des Abgründigen zeigt sich auch der Psychoanalyse als eine Metapher für die unausgehobenen Tiefenschichten des Unbewussten. Es ist doppelgesichtig; gebend und nehmend, eben sowohl schenkend wie strafendend und dabei als Mutter-Imago einem Bild von Weiblichkeit verwandt.

In *Götzen-Dämmerung* begreift Nietzsche das Bewusstsein als ein „Oberflächenphänomen". Im Nachlass von 1885/86 schreibt er hierzu: „– Unter jedem

29 NL 1885, 36[35]; KSA 11, 565; NL 1883, 9[11] KSA 10, 348. – „gerad wie Menschenkinder beim Säugen still und starr etwas anderes betrachten als die Mutterbrust, als führten sie zwei Leben zu einer Zeit und als schwelge ihre Seele noch in überirdischen Erinnerungen, während ihr Leib irdische Nahrung aufnimmt". Melville 2021, 604. – „Und nun hebt sich die Begierde des Meers mit tausend Brüsten. Geküßt und gesaugt will es sein vom Durste der Sonne: Luft will es werden und Höhe und Fußpfad des Lichtes. Also, der Sonne gleich liebt der Erkennende das Leben: das Tiefste will er hinauf zu seiner Höhe tragen." NL 1883, 13[1]; KSA 10, 416. – „Ach, daß ihr erst gerundet und gebläht über das Meer giengt, dem Segel gleich, und zitternd vor dem Ungestüm und Athem eines Willens! Nun ist alle Luft erhitzt, Brand ist der Athem der Erde. Nun geht ihr Alle nackend, ihr Guten und Bösen! So hat der Erkennende sein Fest." NL 1883, 13[3], KSA 10, 452.

Gedanken steckt ein Affekt."[30] Schopenhauer, Nietzsche und Freud teilen die grundstürzende These, dass wir von unbewussten Dynamiken beherrscht werden, und dass unser Bewusstsein, entgegen den Überzeugungen der abendländischen Philosophie, eine sehr schwache Instanz ist.

Corbin behauptet, das Meer als Grab „nährt den Traum der Regression. Seine Gleichsetzung mit der Mutter stellt bekanntlich eine Konstante der Jungschen Psychoanalyse dar. „Das Phantasma, von der Tiefe des Wassers verschlungen oder vom Sand verzehrt zu werden, enthüllt nicht nur den Wunsch einer Rückkehr in die Leibeshöhle, es zeigt auch die ‚Einwilligung in die Vergänglichkeit.'"[31]

Hierzu vertiefend komme ich jetzt zur Tiefenpsychologie von C.G. Jung. Das Symbol ist der zentrale Topos der analytischen Psychologie, wobei Jung zwischen Symbol und Zeichen unterscheidet. Jenes sei die geeignete, verfügbare Bestimmung für etwas weitgehend Unbekanntes, das aber vorhanden ist. Das Symbol dient zur Darstellung von Fantasien, aber auch das individuelle Leben soll nach Jung symbolisch verfasst sein. Insbesondere kollektive Symbole regten unser emotionales Leben an und formten es. Unser Interesse an Kunst und Literatur, an Geschichten und Filmen basiere auf archetypischen Bildern, die grundlegende geistige Bedürfnisse befriedigen können.

All unser Handeln, Erleben, Gestalten vollzieht sich auf einem unbewussten Plafond. Damit gibt es zur scheinbar offenkundigen stets eine tiefer liegende und tiefer gehende Bedeutung, die uns nicht zugänglich ist. So könnte man vom doppelten Sinn der Symbole sprechen, denn sie verschleiern und offenbaren. Das lebendige Symbol verfüge über einen Bedeutungsüberschuss, der sich durch die Psyche interpretieren lasse, bis ein besserer Ausdruck gefunden ist. Jung unterscheidet zwischen Symbolen mit einem biografischen Charakter aus der Lebensgeschichte des Individuums und überpersönlichen, in denen sich archetypische Vorstellungen manifestieren. Ein archetypisches Symbol zeigt eine Relation zwischen dem menschlichen Bewusstsein und dem kollektiven Unbewussten. Sie ist vielschichtig und kontextuell vom Individuum und seiner Kultur abhängig. Die Symbole generieren sowohl Assoziationen als auch mentale Einstellungen. Archetypische Symbole können ein Krieger, ein Feuer, ein Fluss, ein See oder das Meer sein. Jung unterstellt, dass die Grundassoziationen der Kulturen sich stark ähneln.

In *Die Archetypen und das kollektive Unbewußte* bestimmt sie Jung als solche, die Verbindungen zum Mythos und den Märchen haben; einen „unbewußten Inhalt [...] welcher im individuellen Unbewussten, „durch seine

30 NL 1885/86, 1[61]; KSA 12, 26.

31 Corbin 1994, 218.

Bewußtwerdung und das Wahrgenommensein verändert wird". Das kollektive Unbewusste entberge sich in mythologischen Lehren über den Ursprung der Dinge, es werde ererbt und bestehe aus „präexistenten Formen, Archetypen, die erst sekundär bewußtwerden können und den Inhalten des Bewußtseins festumrissene Form verleihen".[32]

Das Wasser sei das „geläufige Symbol für das Unbewußte". Auf das rote Meer, das „Wasser des Todes", für die Unbewussten, für die Bewussten, das Taufwasser, bezogen, erläutert Jung in *Mysterium Coniunctionis*: „Die Unbewußten, die ungereinigt und ohne erleuchtete Führung das Meer durchschreiten wollen, ertrinken, das heißt sie bleiben im Unbewußten stecken und verfallen insofern dem geistigen Tode, als sie sich in ihrer Einseitigkeit nicht mehr entwickeln können."[33]

Wenn, wie wir gesehen haben, mit dem Meer das Umhüllende, Feuchte, Fließende und Fruchtbare verbunden wird, dann lohnt sich ein Blick auf den „Mutterarchetypus" von C.G. Jung, dem er folgende Eigenschaften attestiert:

> das ‚Mütterliche': schlechthin die magische Autorität des Weiblichen; die Weisheit und die geistige Höhe jenseits des Verstandes; das Gütige, Hegende, Tragende, Wachstum- Fruchtbarkeit- und Nahrungspendende; die Stätte der magischen Verwandlung, der Wiedergeburt, der hilfreiche Instinkt, das Geheime, Verborgene, das Finstere, der Abgrund, die Totenwelt, das Verschlingende, Verführende und Vergiftende, das Angsterregende und Unentrinnbare.

Die meisten dieser Attribute lassen sich umstandslos auf das Meer applizieren, selbst seine „Weisheit" könnte mit Nietzsches These, das Meer sei eine große Lehrmeisterin, addiere unsere, verknüpft werden. Jung betont, es sei das „beliebte Symbol des Unbewußten, der Mutter alles Lebendigen".[34]

32 Jung 2021, 15; 56. – „‚Archetypus' ist nun nichts anderes als ein schon in der Antike vorkommender Ausdruck, welcher mit ‚Idee' im Platonischen Sinne synonym ist. [...] Der Archetypus ist ein an sich leeres, formales Element, das nichts anders ist als eine ‚facultas praeformandi', eine a priori gegebene Möglichkeit der Vorstellungsform. Vererbt werden nicht die Vorstellungen, sondern die Formen, welche in dieser Hinsicht genau den ebenfalls formal bestimmten Instinkten entsprechen." Ebd., 91; 95. – „Es ist die Welt des Wassers, in der alles Lebendige suspendiert schwebt, wo das Reich des ‚Sympathikus', der Seele alles Lebendigen, beginnt, wo ich untrennbar dieses und jenes bin, wo ich den anderen in mir erlebe und der andere als Ich mich erlebt." Ebd., 31.

33 Jung 2011, 231.

34 Jung 2021, 97; 192.

KAPITEL 3

Nietzsche und Camus

3.1 Nietzsches Allegorien über den „Norden" und den „Süden"

Wenn ich mich in diesem Kapitel auf den Süden, auf Nietzsches Süden beziehe, der manches mit Camus' „Tipasa" und „Ithaka" teilt, dann analogisiere ich ihn auch mit dem Mittelmeer und dem Mediterranen.[1] Finden sich doch gewichtige Übereinstimmungen: die Luft, der Duft, die Wärme, die Vegetation, das Klima, die warmen Farben – und nicht zuletzt die Kultur und ein spezifisches Lebensgefühl; ein mediterranes.

Im Januar 1888 schreibt Nietzsche seiner Mutter: „Seit 10 Jahren wirkt jede Berührung mit dem deutschen Norden auf mich wie eine Niederlage"; ein Beispiel für das Ineinanderfließen von Biographischem und seinen philosophischen Erkenntnissen.[2]

Im Herbst 1881 führt er zum Norden und Süden aus, ohne dafür einen Beleg zu liefern: „Im Norden hat man eine Furcht vor den *warmen Farben* – sie gelten da als gemein, als pöbelhaft. Darin gehöre *ich* also zum Pöbel – aber *im Süden* nicht mehr!" Der Süden ist seine Heimat, seine Wahlheimat für Geist und Leib; das adäquate Fluidum seines Existierens als Freigeist. Nur im Süden gehört er zu den freien Geistern. Eine Philosophie des Mediterranen müsste, so meine These, vom Leib ausgehen – und der freie Geist sollte über einen kräftigen verfügen. Die sinnlichen Eindrücke des Meeres und damit selbstverständlich auch die des Mittelmeeres werden von unseren leiblich-sinnlichen Rezeptoren aufgenommen, und sie könnten befreiend und lebenssteigernd wirken.

Mit den Topoi Norden und Süden – dieser ist sehr wichtig für Nietzsches Denken, allzumal für seine Perspektiven auf eine Zukunft, verbindet er Vielfältiges. Ein der Gesundheit dienliches Klima, woraus gleichsam mediterrane Lebensentwürfe extrahiert werden können, aber auch Analyse und Kritik an

1 „Im Frühling wohnen in Tipasa die Götter. Sie reden durch die Sonne und durch den Duft der Wermutsträucher, durch den Silberküraß des Meeres, den grellblauen Himmel, die blumenübersäten Ruinen und die Lichtfülle der Steingetrümmer. Zu gewissen Stunden ist das Land schwarz vor lauter Sonne. [...] Ich aber weiß hier und jetzt, daß ich nie nahe genug an die Dinge der Welt herankommen werde. Nackt muß ich sein und muß dann mit allen Gerüchen der Erde behaftet, ins Meer tauchen, mich reinigen mit seinen Salzwassern auf meiner Haut die Umarmung von Meer und Erde empfinden, nach der beide so lange schon verlangen." Camus 2000, Hochzeit, 9; 11f.

2 KSB 8, 236.

 | DOI:10.30965/9783846766941_004

der flachen Gläubigkeit des Nordens sowie Visionäres und Utopisches. Für philosophische Reflexionen über das Mediterrane kommt selbstverständlich nur der Süden in Betracht. Ein Topos, der bei Nietzsche durchaus ohne den Norden bestehen kann. Dennoch lohnt es sich, auf seine Semantik/Metaphorik des Nordens zu reflektieren, um den Süden noch plastischer werden zu lassen. „Jenseits des Nordens, des Eises, der Härte, des Todes – *unser Leben*! *Unser* Glück!" Unser glückliches, heiteres Leben im Süden – eines für „*Hyperboreer*", die den nördlichen Glauben und die Feindschaft gegen ein leiborientiertes, starkes, selbstbestimmtes Leben hinter sich gelassen haben: Ein Leben in der Bejahung.[3]

Dem ganz entgegen steht bei Nietzsche der Norden, mit dem er häufig eine Kritik am Protestantismus so auch im Herbst 1887 verbindet. Er sei eine:

> geistig unreinliche und langweilige Form der décadence, in der das Christenthum sich bisher im mediokren Norden zu conserviren gewußt hat [...] Werth der *complexen Gebilde*, des seelischen Mosaiks, selbst des ungeordneten und vernachlässigten Haushalts der Intelligenz [...] der *unbescheidene Protestantismus*, der der Hofprediger und antisemitischen Spekulanten.[4]

3 NL 1881, 15[29], KSA 9, 645; NL 1886/87, 5[46]; KSA 12, 201. – „*wir Hyperboreer* Mein Schlußsatz ist: daß der *wirkliche* Mensch einen viel höheren Werth darstellt als der ‚wünschbare' Mensch irgend eines bisherigen Ideals; daß alle ‚Wünschbarkeiten' in Hinsicht auf den Menschen absurde und gefährliche Ausschweifungen waren, mit denen eine einzelne Art von Mensch ihre Erhaltungs- und Wachsthums-Bedingungen über der Menschheit als Gesetz aufhängen möchte; daß jede zur Herrschaft gebrachte ‚Wünschbarkeit' solchen Ursprungs bis jetzt den Werth des Menschen, seine Kraft, seine Zukunfts-Gewißheit *herabgedrückt* hat; daß die Armseligkeit und Winkel-Intellektualität des Menschen sich am meisten bloßstellt, auch heute noch, wenn er *wünscht*; daß die Fähigkeit des Menschen, Werthe anzusetzen, bisher zu niedrig entwickelt war, um dem thatsächlichen, nicht bloß ‚wünschbaren' *Werthe des Menschen* gerecht zu werden; daß das Ideal bis jetzt die eigentlich welt- und menschverleumdende Kraft, der Gifthauch über der Realität, die große *Verführung zum Nichts* war ..." NL 1887/88, 11[118]; KSA 13, 56.

4 NL 1887, 10[54]; KSA 12, 484. – Es ist darauf hinzuweisen, dass er an anderer Stelle die Notwendigkeit von Eis für einen starken Geist und für seine Philosophie betont. „Ein durch Kriege und Siege gekräftigter Geist, dem die Eroberung, das Abenteuer, die Gefahr, der Schmerz sogar zum Bedürfniß geworden ist; eine Gewöhnung an scharfe hohe Luft, an winterliche Wanderungen, an Eis und Gebirge in jedem Sinne". NL 1885/86, KSA 12, 146. – „Philosophie, wie ich sie bisher verstanden und gelebt habe, ist das freiwillige Leben in Eis und Hochgebirge – das Aufsuchen alles Fremden und Fragwürdigen im Dasein, alles dessen, was durch die Moral bisher in Bann gethan war. –" EH, KSA 6, 258. – „„Arabesken, Schnörkel, Rokoko scholastischer Abstraktionen – immer noch besser, nämlich feiner und dünner, als die Bauern- und Pöbel-Wirklichkeit des europäischen Nordens, immer noch ein Protest höherer Geistigkeit gegen den Bauernkrieg und Pöbel-Aufstand, der über den geistigen Geschmack im Norden Europa's Herr geworden ist und welcher an dem großen ‚ungeistigen Menschen', an Luther, seinen Anführer hatte." NL 1885, 41[4]; KSA 11, 679. Die Vorsokratiker

All das konnte gedeihen, und zwar im Norden – für Nietzsche nur im Norden, wo der Asketismus angenommen wurde und wird, trotz seiner Kleinlichkeit und Simplizität. Für den Süden, Prinzip der Verschwendung und Verausgabung, kann er sich das nicht vorstellen.

In „*Zu Ehren des homines religiosi*" aus dem fünften Buch der *Fröhlichen Wissenschaft* schreibt er:

> Die ganze römische Kirche ruht auf einem südländischen Argwohne über die Natur des Menschen, der vom Norden aus immer falsch verstanden wird [...] Schon der Protestantismus ist ein Volksaufstand zu Gunsten der Biederen, Treuherzigen, Oberflächlichen (der Norden war immer gutmüthiger und flacher als der Süden).

Hier also die römische, die katholische Kirche, und sie soll einem Argwohn entwachsen sein, den der Norden gar nicht mobilisieren kann, weil er intellektuell flacher ist als der Süden. Zudem verfügt jener über kein Wissen, besitzt keine glaubensbereinigte Erkenntnis über die menschliche Natur. Hier führe man keine glaubensunabhängige Existenz. Mutmaßlich, weil er sich durch den Glauben zu weit davon entfernt hat und damit von den authentischen Bedürfnissen menschlichen Lebens.

In „*Renaissance und Reformation*" aus dem späten Nachlass von 1888 behauptet er:

> Wir haben in der Reformation ein wüstes und pöbelhaftes Gegenstück zur Renaissance Italiens, verwandten Antrieben entsprungen, nur daß diese im zurückgebliebenen, gemeingebliebenen Norden sich religiös verkleiden mußten, – dort hatte sich der Begriff des höheren Lebens von dem des religiösen Lebens noch nicht abgelöst.

Die Reformation steht für den Norden, Renaissance für den Süden. In „Anzeichen höherer und niederer Cultur" wird das so vertieft: „Die italiänische Renaissance barg in sich alle die positiven Gewalten, welchen man die moderne Cultur verdankt: also Befreiung des Gedankens, Missachtung der Autoritäten, Sieg der Bildung über den Dünkel der Abkunft [...] Entfesselung des

sind die Vertreter eines südlichen Denkens. – „Die Verflachung des europäischen Geistes, namentlich im Norden, seine *Vergutmüthigung*, wenn man's lieber mit einem moralischen Worte bezeichnet hört, that mit der Lutherischen Reformation einen tüchtigen Schritt vorwärts, es ist kein Zweifel; und ebenso wuchs durch sie die Beweglichkeit und Unruhe des Geistes, sein Durst nach Unabhängigkeit, sein Glaube an ein Recht auf Freiheit, seine ‚Natürlichkeit'." FW, KSA 3, 604f.

Individuums".[5] Diese Entfesselung – und könnte sie eine vom Mediterranen begünstigte sein, würde sich unter dem hegemonialen Banner des Religiösen selbstverständlich nicht entfalten. Der Zwang zur Religiosität wird von ihm, dem „gemeingebliebenen Norden" zugeschrieben. Dort scheinen Angst und Lebensfurcht zu herrschen, die kompensatorisch in ein religiöses Bedürfnis münden. Ganz anders sei das in der für Nietzsche lebensbejahenden italienischen Renaissance gewesen, in der die leiblich Starken die Macht hatten.

Das höhere Leben kommt bei Nietzsche allein den Starken zu; dem Krieger, freien Geist, Aristokraten, dem dionysischen Künstler etc. – und keinesfalls dem Religiösen, für ihn ein Kranker, der in seiner Lebens- und Leibfeindschaft geradezu der Vertreter eines niederen und niedrigen, eines angstbesetzten Lebens ist.

Nicht zu vergessen, dass die ersten Vorlesungen über Nietzsches Philosophie ausgerechnet im Norden von Georg Brandes gehalten wurden. Ihm schreibt er im März 1888. „ – Sie dauern mich in Ihrem dies Mal besonders winterlichen und düsteren Norden: wie hält man da eigentlich seine Seele aufrecht! Ich bewundere beinahe Jedermann, der unter einem bedeckten Himmel den Glauben an sich nicht verliert [...] In Petersburg wäre ich Nihilist". Das bedeutet nicht weniger, als dass er in der Kälte des Nordens seinen Kampf gegen den Nihilismus, der ihm essenziell war, hätte aufgeben müssen.

In „Völker und Vaterländer" lesen wir über die Liebe zum Süden:

> Gesetzt, dass Einer den Süden liebt, wie ich ihn liebe, als eine grosse Schule der Genesung, im Geistigsten und Sinnlichsten, als eine unbändige Sonnenfülle und Sonnen-Verklärung, welche sich über ein selbstherrliches, an sich glaubendes Dasein breitet [...] Ein solcher Südländer, nicht der Abkunft, sondern dem *Glauben* nach, muss, falls er von der Zukunft der Musik träumt, auch von einer Erlösung der Musik vom Norden träumen und das Vorspiel einer tieferen, mächtigeren, vielleicht böseren und geheimnissvolleren Musik in seinen Ohren haben, einer überdeutschen Musik, welche vor dem Anblick des blauen wollüstigen Meers und der mittelländischen Himmels-Helle nicht verklingt, vergilbt, verblasst, wie es alle deutsche Musik thut, einer übereuropäischen Musik, die noch vor den braunen Sonnen-Untergängen der Wüste Recht behält, deren Seele mit der Palme verwandt ist und unter grossen schönen einsamen Raubthieren heimisch zu sein und zu schweifen versteht ...[6]

5 FW, KSA 3, 586; NL 1888, 15[23]; KSA 13, 419; MA I, KSA 2, 199. – „die Vollkommenheit in ihren Werken und Nichts als Vollkommenheit [...] ja, die Renaissance hatte positive Kräfte, welche in unserer *bisherigen* modernen Cultur noch nicht wieder so mächtig geworden sind". Ebd.

6 KSB 8, 278f.; JGB, KSA 5, 200f. – „Die Raubthiere und der Urwald beweisen, daß die *Bosheit* sehr gesund sein kann und den Leib prachtvoll entwickelt." NL 1883, 7[42]; KSA 10,

Mit der Genesung und der hierüber generierten Befreiung der Musik, scheint der Süden eine besondere Gesundheit zu gewähren; eine starke, eine große, eine für freie Geister, die wohl im Süden am besten existieren und dessen Potenzial maximal nutzen können, begleitet von südlicher Musik, womit Bizet gemeint sein könnte. Ihr Existieren wäre gleichsam eine Erlösung vom lebensfeindlichen Norden mit den genannten Implikationen.

Bedingt durch seine fragile Gesundheit war Nietzsche, nach der Aufgabe der Professur in Basel auf Wanderschaft und dabei immer auf der Suche nach einem Klima, das ihm seine Leiden erträglicher machen könnte. Im Nachlass von 1884 schreibt er über eine „südliche Gesundheit" – und nach Naumburg: „Übrigens bin ich immer noch sehr herunter und viel krank; der Norden und all das Nordische hat mir schrecklich zugesetzt" – geistig wie physisch. Die Gesundheit müsse man sich, und davon ist er überzeugt, über eine ‚Mächtigkeit der Seele' wieder erobern. Das sollte wohl mit jener gelingen.[7]

Zentral ist die These, dass der Süden – für ihn die „*Sonnen*-Verklärung" – von der lebensfeindlichen Moral, die dem Norden zukommt, nicht durchdrungen, ja nicht einmal affiziert sein könne. Das kommt einer Idealisierung nahe und muss als eine Verklärung verstanden werden. Für die südliche Sonnenkraft dürfte das sie reflektierende und sie damit verstärkende Meer mitverantwortlich sein, das als endlos bewegtes nicht mit moralischer Starre zu verbinden ist.

255f. – „Der Bau der Kirche ruht jedenfalls auf einer *südländischen* Freiheit und Freisinnigkeit des Geistes und ebenso auf einem südländischen Verdachte gegen Natur, Mensch und Geist, – er ruht auf einer ganz andren Kenntniss des Menschen, Erfahrung vom Menschen, Erfahrung vom Menschen, als der Norden gehabt hat." FW, KSA 3, 603. – „den Thee oder sein Wasser ‚*mediterranisiren*' (durch Orangenwasser)". NL 1881, 12[144]; KSA 9, 601. – „Dies dumme Winter-Wetter setzt mir so zu, dass ich die Lust verliere, es mit dem Norden und seinen bedeckten Himmeln länger aufzunehmen. Die Gesundheit sagt ‚geh nach Süden'". KSB 6, 277. – – In „*Im Gefrierpunkt des Willens* lesen wir: – ‚Endlich einmal kommt sie doch, die Stunde, die dich in die goldene Wolke der Schmerzlosigkeit einhüllen wird: wo die Seele ihre eigene Müdigkeit geniesst und glücklich im geduldigen Spiele mit ihrer Geduld den Wellen eines See's gleicht, die an einem ruhigen Sommertage, im Widerglanze eines buntgefärbten Abendhimmels, am Ufer schlürfen, schlürfen und wieder stille sind – ohne Ende, ohne Zweck, ohne Sättigung, ohne Bedürfniss, – ganz Ruhe, die sich am Wechsel freut, ganz Zurückebben und Einfluthen in den Pulsschlag der Natur.' Diess ist Empfindung und Rede aller Kranken: erreichen sie aber jene Stunden, so kommt, nach kurzem Genusse, die Langeweile. Diese aber ist der Thauwind für den eingefrorenen Willen: er erwacht, bewegt sich und zeugt wieder Wunsch auf Wunsch. – Wünschen ist ein Anzeichen von Genesung oder Besserung." VM, KSA 2, 520.

7 KSB 6, 447. – „‚Gesundheits-Begriff und Ideal *abhängig* vom Ziele des Menschen' –? aber das *Ziel* selber ist ein Ausdruck einer bestimmten *Beschaffenheit* des Leibes und deren *Bedingungen*." NL 1882/83, 4[217]; KSA 10, 173.

Nietzsche kannte den Süden – wenn er auch nicht dort geboren wurde, wie Camus –, was zu seiner Zeit durchaus nichts Selbstverständliches war. Seine zahlreichen Reisen dorthin, wenn man es addiert, verbrachte er dort Jahre seines Lebens, dienten mitunter als eine mediterrane Selbsttherapie – leiblich und mental. Wichtige Schriften sind im Süden entstanden. Auf das Südliche, bald sein Südliches, trifft er vor allem in den französischen und italienischen Küstenstädten, die er besuchte: Nizza: „Ich ziehe Orte vor, wo man überall Gelegenheit hat, aus fließenden Brunnen zu schöpfen (– Nizza, Turin, Sils)", Neapel: „Ein Gang am Hafen von Neapel macht den Geist frei und bringt ihn den Alten näher", Sorrent: „Sorrent ist wie gemacht, um gesund zu werden. Ich bin viel kräftiger geworden", Vicenza, Sizilien, Messina[8] – Nietzsches südlichster Aufenthaltsort, St, Margerita, Rapallo, La Spezia, Genua: „dort, wo die Bucht von Genua ihre Melodie zu Ende singt", Ruta Ligure, die ligurische Küste, Venedig: „Süden Morgenland (zwei Süden: Venedig und die Provence)", Villefranche, Menton: „Im Übrigen bewährt sich Nizza, im seltsamen Contrast zu Mentone. Ich habe die *trockensten* Climata nöthig, um mich wohl zu fühlen und geistig hell und heiter zu sein [...] Damit hängt wieder die Menge Helligkeit und Reinheit des Himmels zusammen."[9] Was er erfahren und erlebt hat, verdankt sich häufig der selbstverständlichen Eingebundenheit in diese südliche Landschaft – gleichsam in einer zeitlosen Zeit –, die an die endlose Bewegung des Meeres erinnert.

Im Nachlass von 1885 gibt er einen Hinweis, der als eine Forderung verstanden werden kann. Man müsse „die südliche Gesundheit und verborgene Mächtigkeit der Seele sich wieder erobern [...] die Entdeckung *unserer ‚neuen Welt'*: – wer unter solchen Imperativen lebt, wer weiß, was *dem* eines Tages begegnen kann? Vielleicht eben – *ein neuer Tag*!" Würde das gelingen, sei man damit beschützt und beschirmt, dann wäre eine vom gläubigen, kalten Norden befreite Zukunft gewiss – und sei es auch nur durch einen neuen Tag, womöglich aber in unserer neu entdeckten Welt. Diese Neuentdeckung der Welt ist auf das Mediterrane zu applizieren, auf den Süden und seine Wiederentdeckung. Eine Welt, die zudem unsere sein soll, zu unserer werden soll, weil sie nicht mehr eine des Glaubens ist und ein davon befreites Leben ermögliche. Sie müssten wir uns jedoch erschaffen, sie formen, das könnte bedeuten, sie durch Selbstüberwindungsprozeduren, Transfigurationen und Transformationen zu kreieren. Das bedeutet aber auch, Gewichtiges und

---

8 NL 1888, 24[1]; KSA 13, 617; NL 1879, 41[55]; KSA 8, 592; KSB 5, 211. –Aus Messina schreibt er am 8. April 1882 an Köselitz: „Also, ich bin an meinem ‚Rand der Erde' angekommen, wo, nach Homer das Glück wohnen soll." KSB 6, 189.

9 FW, KSA 3, 525; NL 1885, 40[70]; KSA 11, 668; KSB 6, 571.

Bedeutendes von uns abzuschneiden, herauszuschneiden, abzutöten. Es wird ein Prozess sein, der sich nicht ohne Leiden und Schmerzen vollzieht.

Diese Welt – und sie könnte mit dem Mediterranen verwandt sein, ist für Nietzsche, neben anderem, mit einer Rückeroberung der antiken griechischen verbunden. Eine Wiederentdeckung als eine Rückeroberung. Das Verlorene zurückholen und es sich dabei und damit aneignen. Insgesamt ist seine Hinwendung zum Süden von seiner Vision der griechischen Antike inspiriert, vorgezeichnet und figuriert.

Mit der Orientierung auf den Süden sind bei Nietzsche Grenzüberschreitungen und Grenzüberschreitendes zu assoziieren. Das Transnationale, Transeuropäische und der südliche Kontinent Afrika gehören dazu. Man brauche dazu einen „,zähen Willen zur Weisheit' und zum Süden"; sie gehören zusammen.[10] Es ist also ein Wille vonnöten, einer, der zum Süden will; ein starker, dem zu folgen ist. Formiert haben könnte er sich aus der Abscheu vor dem lebensfeindlichen Norden, vor dessen Lebensfeindschaft. Dieser Wille schließt einen zur Genesung ein und eine südliche Gesundheit, die als eine leibliche gleichursprünglich eine geistige ist. Nietzsche unterstellt diesen Willen, er spricht ihn uns zu, wir würden über ihn verfügen. Belegt werden kann das nicht. Gut vorstellbar, dass der lebensfeindliche Norden uns jeder Willenskraft beraubt hat. Den Willen, um den es ihm geht, gewährt allein der Süden und eben nicht der Norden.

Ich wende mich jetzt den *Idyllen aus Messina* zu und beziehe mich dabei auf *„Prinz Vogelfrei"* und *„Vogel Albatross"* Die *Idyllen* können – neben den *Dionysos- Dithyramben* – als Nietzsches ambitionierteste Lyrik verstanden werden. 1887 hat er sie der *Fröhlichen Wissenschaft* hinzugefügt. Schon 1885 schreibt er über seine Wanderschaft im Süden. „Damals nannte ich mich bei mir selber einen ‚freien Geist', oder ‚den Prinzen Vogelfrei' und wer mich gefragt hätte: wo bist du eigentlich noch zu Hause, dem würde ich geantwortet haben ‚vielleicht jenseits von Gut und Böse, sonst nirgends'."[11] Der Süden sollte auch mit der Freigeisterei und mit diesem Jenseits identifiziert werden.

In *„Prinz Vogelfrei"* aus den *Idyllen aus Messina* lesen wir:

---

10 NL 1885, 41[7]; KSA 11, 682; NL 1885, 40[59]; KSA 11, 657.

11 NL 1885, 40[59]; KSA 11, 657. – „Wir haben ein Bedürfniß nach einer *groben* Wahrheit; und wenn es diese nicht giebt, nun, so lieben wir das Abenteuer und gehen aufs Meer – zu beweisen, daß die Consequenzen der Wissenschaft *gefährlich* sind, meine Aufgabe. ‚Es ist vorbei mit ‚gut' und ‚böse' –' – im Zeitalter des suffrage universel ist der *Ton der Unehrerbietigkeit* am höchsten, mit der jetzt der Philosoph behandelt wird: alle Gänse schnattern ja bereits mit!" NL 1884, 25[337]; KSA 11, 100.

> So hang ich denn auf krummem Aste // Hoch über Meer und Hügelchen: // Ein Vogel lud mich her zu Gaste – // Ich flog ihm nach und rast' und raste [...] Das weisse Meer ist eingeschlafen, // Es schläft mir jedes Weh und Ach. // Vergessen hab' ich Ziel und Hafen, // Vergessen Furcht und Lob und Strafen // Jetzt flieg ich jedem Vogel nach. [...] Vernunft? – das ist ein bös Geschäfte: // Vernunft und Zunge stolpern viel! [...] Das Fliegen gab mir neue Kräfte // Und lehrt mich schönere Geschäfte // Gesang und Scherz und Liederspiel. // Einsam zu denken – das ist weise.

Dieser Prinz, ein Aristokrat, versteht es, mit den Vögeln zu fliegen, womit er über den herkömmlichen Gesetzen steht– im Mittelalter waren die Vogelfreien die Gesetzlosen. Er existiert in seiner Einsamkeit, die ihm diese Freiheit – frei wie ein Vogel zu sein – gewährt. Zudem hat er sich vom bösen Geschäft der Vernunft verabschiedet und sich dem Liederspiel zugewandt.

In „Der Wanderer und sein Schatten" behauptet Nietzsche, „dass jenes *Stück Welt*, welches wir kennen – ich meine unsre menschliche Vernunft –, nicht allzu vernünftig ist".[12] Wenn er daneben in *Morgenröte* über die *„Luft-Schifffahrer des Geistes"* schreibt und diese werden sich an keine Vernünftigkeit anhängen, dann kann das zu einer Selbstbezeichnung und poetischen Selbstbefreiung avancieren, zumindest als Beschreibung seines Ichideals gelesen werden dürfen. Gleiches ist bei der Figur des Prinzen Vogelfrei zu vermuten. Beide sind als schwebende Existenzen von den Belastungen und Befrachtungen des Erdendaseins befreit, gleichsam losgelöst, und damit sind sie einer mittelmeerischen, südlichen Existenz nahe.

Auch *„Vogel Albatross"* umkreist das Fliegen und die Vogelart. „Gleich Stern und Ewigkeit // Lebt er in Höhn jetzt, die das Leben flieht, // [...] Und hoch flog, wer ihn auch nur schweben sieht! O Vogel Albatross! // Zur Höhe treibt's mit ew'gem Triebe mich!" Das Motiv der Höhe finden wir zahlreich, so auch im Vorwort zu *Ecce homo*: „ – Wer die Luft meiner Schriften zu athmen weiss, weiss, dass es eine Luft der Höhe ist, eine *starke* Luft. Man muss für sie geschaffen sein".[13] Diese Luft – weit oben über der Erde – kann einer schwebenden Existenz zugeschrieben werden. Albatross existiert fliegend hoch oben über

---

12 IM; KSA 3, 335f.; WS, KSA 2, 540. – Paul Verlaine. „Das Meer ist schöner noch // Als Kathedralen; // Nährt es uns treulich doch, // Sänftigt die Qualen. [...] Es kennt die Gaben all, // Dunkle und hell. // Ich hör den milden Schall, // Den Zorn der Welle. // Seine Unendlichkeit // Ist gnädig und bereit. [...] Hat es ein sanftes Blau, // Ein Grau, ein Rot, ein Grün ... // Schöner als alles hier, // Besser als wir!" Zitiert nach Wüstner 2005, 25.

13 IM, KSA 3, 341f.; 342; EH, KSA 6, 258. – Baudelaire in *Der Albatros*: „Oft kommt es dass das schiffvolk zum vergnügen // Die albatros – die grossen vögel – fängt // Die sorglos folgen wenn auf seinen zügen // Das schiff sich durch schlimme klippen zwängt. [...] Der dichter ist wie jener fürst der wolke – // Er haust im sturm er lacht dem bogenstrang. // Doch hindern drunten zwischen frechem volke // Die riesenhaften flügel ihn am gang." Zitiert nach Wüstner 2005, 67f.

den Dingen des Irdischen, über dessen Belastungen; befreit von ihnen. Damit wird er zum allegorischen Vorbild für uns. Denn selbst wir scheinen diesen Trieb zur Höhe – und er steht für eine Sehnsucht – zu haben, der uns antreibt, uns vom Festen und Starren, vom Nördlichen zu lösen. Damit können wir vom Süden und vom Meer beschenkt werden, und somit eröffnen und erweitern sie unser Existieren. Bei Nietzsche befreien, ja erlösen sie uns.

In Nietzsches Süden finden wir eine Verbindung zwischen Ruhe, metaphorisch über die südliche Meerlandschaft, den glatten Meeresspiegel und seiner Suche nach Immoralität. Zu finden sei sie, wenn man sich vom Glauben abgewandt hat und sich der Musik des Südens überlässt. Die südliche Musik gewährt womöglich ein Gefühl der Erlösung. Der Südländer, der frei sein will von der Musik des Nordens und sich deshalb vor der deutschen Musik in Acht nimmt und damit gesund bleibt, Kritik an Wagner, dessen Musik krank mache – weiß darum, kann das empfinden, der Nordländer nicht. Nicht? „Die Krankhaftigkeit ist bei Wagner nicht gewollt, nicht Zufall, nicht Ausnahme – sie ist die Essenz seiner Kunst, ihr Instinkt, ihr ‚Unbewußtes' […] die Sensibilität, das tempo des Affekts, Alles hat an ihr Theil". Dagegen setzt er den „seltenste[n] Zauber" einer Musik, die jenseits von „Gut und Böse" wäre; „vielleicht irgend ein Schiffer-Heimweh […] eine Kunst, welche von grosser Ferne her die Farben einer untergehenden, fast unverständlich gewordenen *moralischen* Welt" hätte.[14]

Das musikalische, südliche Gegenbild hierzu wird in Nietzsches Apotheose von Bizets *Carmen* transparent, weil man hier, anders als bei Wagner, so im „Turiner Brief vom Mai 1888" – „man Abschied vom *feuchten* Norden, von allem Wasserdampf des Wagnerischen Ideals" genommen habe. Bei Bizet sei der „grosse Stil" verwirklicht; er „entsteht, wenn das Schöne den Sieg über das Ungeheure davonträgt". Eine Musik, die keine dramaturgische Metathematisierung braucht und das Melos des Südens erklingen lässt. Im Unterschied zu der *„gebildeten* Musik Europas" habe Bizet, so im späten Nachlass, eine südlich-erotische Sensibilität transparent werden lassen, die bis dato:

> noch keine Sprache gehabt hatte […] einer südlicheren, brauneren, verbrannteren Sensibilität, welche freilich nicht vom feuchten Idealismus des

14 NL 1888, 15[99]; KSA 13, 465; JGB, KSA 5, 201. – „Südliche Musik. Hayden empfand bei der *ital[ienischen]* Oper wohl das, was Chopin bei einer *ital[ienischen]* Bacarole! Beide machen Musik der Sehnsucht mit Verwendung der wirklichen ital[ienischen] Musik." NL 1880, 2[33]; KSA 9, 38f. – „Unsere schwachen, unmännlichen gesellschaftlichen Begriffe von gut und böse und die ungeheuere Überherrschaft derselben über Leib und Seele haben alle Leiber und alle Seelen endlich schwach gemacht und die selbständigen, unabhängigen, unbefangenen Menschen, die Pfeiler einer *starken* Civilisation, zerbrochen: wo man der *schlechten* Moralität jetzt noch begegnet, da sieht man die letzten Trümmer dieser Pfeiler.'" M, KSA 3, 146.

> Nordens aus zu verstehen ist. Das afrikanische Glück, die fatalistischer Heiterkeit, mit einem Auge, das verführerisch tief, und entsetzlich blickt, die laszive Schwermuth des maurischen Tanzes; die Leidenschaft blinkend, scharf und plötzlich wie ein Dolch; und Gerüche aus dem gelben Nachmittage des Meeres heranschwimmend bei denen das Herz erschrickt, wie als ob es sich an vergessen Inseln erinnere, wo es einst weilte, und ewig hätte weilen sollen.[15]

Ist bei Bizet und insbesondere in *Carmen* der *„grosse Stil“*, der das Gefällige verabscheut und der großen Leidenschaft entströmt, verwirklicht, dann wird im *Antichrist* erläutert; er sei die „Vornehmheit des Instinktes, der Geschmack, die methodische Forschung, das Genie der Organisation [...] der *Wille* zur Menschen-Zukunft, das grosse Ja zu allen Dingen [...] der grosse Stil nicht mehr bloss Kunst, sondern Realität, Wahrheit, *Leben* geworden ...“[16] Der grosse Stil bedeutet also weitaus mehr, als was sich in der Kunst zeigt, gar einen Willen zur Zukunft der Menschheit.

Kann der grosse Stil, seine besondere Sensibilität und Stärke, seine Kraft, mit dem Mediterranen alliiert werden? Auch wenn Camus diesen Topos nicht verwendet, könnte er mit seinem mediterranen Lebensgefühl verbunden werden. Nietzsches Norden kann ihn weder generieren noch verstehen – und auch nicht die Musik der Leidenschaft – eine des Südens; bewegt und beweglich, amoralisch, erotisch, zeitlos, naturgewaltig, mittelmeerisch, sinnlich; einem Meer gleich. Bizet habe sie komponiert und nicht Wagner.

Carmen steht antithetisch gegen die Musik des idealistischen Nordens; heiter und verheißungsvoll, verführerisch und fatalistisch, aber auch schwermütig ob der Endlichkeit. *Carmen* fasziniert Nietzsche wegen der intentio recta der kompositorischen Umsetzung von Leidenschaft und Tod, Glück und Gewalt; transparent durch dieses südliche Melos, das zum Rhythmus der Natur und den Farben und Gerüchen des Südens gehört. Dennoch „erschrickt“ das Herz wegen der sich unaufhaltsam aufdrängenden Erinnerungen an vergessene (verlorene) Inseln, sicher die stärkste Stelle in dem Fragment – und

15 WA, KSA 6, 15; NL 1887/88, 11[49]; KSA 13, 23f. – „Ihre Heiterkeit ist afrikanisch; sie hat das Verhängniss über sich, ihr Glück ist kurz, plötzlich, ohne Pardon. Ich beneide Bizet darum, dass er den Muth zu dieser Sensibilität gehabt hat [...] Wie die gelben Nachmittage ihres Glücks uns wohlthun! Wir blicken dabei hinaus: sahen wir je das Meer *glätter*? – Und wie uns der maurische Tanz beruhigend zuredet!“ WA, KSA 6, 15.

16 WS, KSA 2, 596; AC, KSA 6, 248. – „Die ‚Totalität‘ als Gesundheit und höchste Aktivität; die gerade Linie, der große Stil im Handeln wiederentdeckt; der mächtigste Instinkt, der des Lebens selbst, die Herrschsucht, bejaht.“ NL 1887, 10[5]; KSA 12, 457. – *„der große Stil* Ausdruck des ‚Willens zur Macht‘ selbst (der am meisten gefürchtete Instinkt *wagt sich zu bekennen*) – *man giebt ab*. –“. NL 1887/88, 11[138]; KSA 13, 63. – *„Und* der Wille zur Ökonomie grossen Stils: seine Kraft, seine *Begeisterung* beisammen behalten ... Die Ehrfurcht vor sich; die Liebe zu sich [...] was liegt am *Rest*?...“ AC, KSA 6, 167.

wir alle kennen diese Wirkung der Musik und die evozierten Erinnerungen an verlorenes Glück, wo das Herz bleiben wollte und dennoch unerbittlich fortgerissen wurde. Hier wird die südliche Musik von ihm nicht verklärt, wie zuweilen der Süden, ruft sie doch Tragisches hervor, für Nietzsche freilich Authentisches. Sie intoniert und evoziert das Melos des Lebens; ein südliches.

Anzufügen ist ein Blick auf Nietzsches Metaphorik der „glückseligen Inseln", von denen ich zunächst behaupten möchte, es sind südliche, und auf ihnen befindet man sich über dem Meer. Zudem wählt sie Zarathustra zuweilen, um sich dort aufzuhalten. „Die glückseligen Inseln. ‚Südlich'. Von der Bescheidenheit. [...] Wahnsinn des Gebenden. Die Gelehrten. Die Gegenwärtigen. Gelächter der Höhe. Glück des Sämanns. Stille des Heiligen. [...] Schönheit." Die Attribute dieser Inseln ähneln den eines Liebenden, der schenken kann und Fruchtbarkeit verströmt. Zudem wird das der Schönheit zugeschlagen.

Auch in „Die Feuerzeichen" aus den *Dionysos-Dithyramben* werden Inseln im Meer thematisch, wenn auch keine glückseligen.

> Hier, wo zwischen Meeren die Insel wuchs, // ein Opferstein jäh hinaufgethürmt, // hier zündet sich unter schwarzem Himmel // Zarathustra seine Höhenfeuer an, // Feuerzeichen für verschlagne Schiffer, // Fragezeichen für Solche, die Antwort haben ... [...] Verschlagne Schiffer! Trümmer alter Sterne // Ihr Meer der Zukunft! Unausgeforschte Himmel! // nach allem Einsamen werfe ich jetzt die Angel: // gebt Antwort auf die Ungeduld der Flamme, // fangt mir, dem Fischer auf hohen Bergen, // meine siebente *letzte* Einsamkeit![17]

Zwischen den Meeren und in der Höhe über dem Meer scheint es zwar Orientierungen für die Existenz zu geben, aber selbst denen, die antworten können, werden noch Fragen entgegengeworfen. Das Bild der Insel verkörpert metaphorisch gleichsam ein eingefrorenes Ich, das trauert und keine Antworten und Auskünfte über sich geben kann. Der aus dem Grund des Meeres sich aufrichtende „Opferstein" verweist auf den Tod, weil das Ich zum Feuerzeichen seines fragmentarischen und fragmentierten Daseins geworden ist. „Verschlagene Schiffer" stehen für Scheitern und Sieg sowie die Entgegensetzung von Himmel und Meeresgrund, von oben und ganz unten. In dieser Spannbreite oszilliert die Existenz. „Trümmer alter Sterne" verkündet mit dem Meer der Zukunft einen Ausblick für die „verschlagnen Schiffern" und ihre „Unausgeforschte[n] Himmel".

17 NL 1883, 13[20]; KSA 10, 468; DD, KSA 6, 393f.

Nicht zu vergessen, dass Nietzsche Tribschen, wo er, von Basel kommend, viel Zeit mit Richard Wagner und Cosima verbrachte, eine „Insel der Glückseligen" nennt.[18]

Wenn wir von Nietzsches Allegorie des Nordens aus einen Blick auf Camus' mittelmeerisches Denken werfen, dann muss es als dessen Gegenpol angesehen werden, denn es ist ein Denken des Südens, ein mittelmeerisches Sonnendenken, im Süden geboren und gelebt.

3.2 Nietzsches „grosser Mittag" und „Morgenröthe"

Das „offne Meer", der „offene Horizont", der „grosse Mittag", wenn die Sonne heiß über dem Meer steht, „Morgenröthe" etc., sind Metaphern, die Nietzsche zahlreich verwendet, um Zukünftiges und damit Neues zum Ausdruck zu bringen. In seiner metaphorischen Sprache entfalten sie bewegte Bilder für eine unendliche Bewegung des Meeres, die eine endlose ist.

In *Morgenröthe* fragt er in *„Auf Umwegen"* nach dem Wohin der Philosophie und landet im Mediterranen. Das hier mit einem „Trieb nach milder Sonne, heller und bewegter Luft, südlichen Pflanzen, Meeres-Athem"[19] verbunden wird. Mit diesem Atem, dem des Meeres, könnte dem philosophischen Denken eine Bejahung des Leben eingehaucht werden, selbst wenn man sich mit der Philosophie auf Umwegen befindet und befinden muss, wäre das ihr Ziel und sollte für Nietzsche ihre Existenzberechtigung verkörpern, wenn sie sich einem Trieb, einem Begehren nach der Sonne verschreibt. Jedoch kann das nur ein Aspekt dieser Philosophie sein, der nicht die notwendige Zerstörung, die auch mit ihr verbunden sein muss, artikuliert. Das könnte der „Meeres-Athem" verhindern.

„Mittag und Ewigkeit Entwurf einer *heroischen Philosophie*." Im Zeitfenster des Mittags, allzumal des „grossen", wiewohl er stets vergeht und letztlich in den Abend einfließt, werde Ewigkeit fühlbar, mit deren Bejahung verbindet er Heroisches, wie auch mit dem Wiederkunftsgedanken. In dieser metaphorisch beleuchteten Perspektive will er uns das Heroische, für das seine Philosophie stehe, die sie verkörpern solle, entfalten. Es ist freilich eine, die zunächst und

---

18 „Umsonst blätterte ich in meinen Erinnerungen. Tribschen – eine ferne Insel der Glückseligen: kein Schatten von Ähnlichkeit. […] Man hatte Wagner ins Deutsche übersetzt! Der Wagnerianer war Herr über Wagner geworden! Die *deutsche* Kunst! – der *deutsche* Meister! das *deutsche* Bier!" EH, KSA 6, 323. – „Neue Wege gehe ich […] Wie ein Schrei und ein Jauchzen will ich über weite Meere hinfahren, bis ich die glückseligen Inseln finde, wo meine Freunde weilen". Za, KSA 4, 106f.

19 M, KSA 3, 323.

zumeist für Aufbruch als Abenteuer, ohne Gewissheiten gar Stabilität steht und damit eine Dialektik von Gefahr und Befreiung zeigt, wobei die Gefahr für Nietzsche kein Hindernis bedeutet. Sie ist vielmehr die überaus notwendige Nagelprobe, an der sich das Heroische bewähren muss.

> Mein Glück stand heiß über mir im Mittage, meine Sonne trank durstig am Meere – nun kommt eine Nacht von Wolken daher und plötzliche Winde. Wohl weiß ich, woher Winde kommen und wohin sie brausen seinen Willen einpflanzen, daß er ein hoher Baum werde und ein Schattenbringer für ferne Geschlechter noch – ein langer Wille![20]

Dieser vom Glück getränkte Mittag verdankt sich einem zu pflanzenden, langen und damit zähen Willen, der einen Schattenspender für die Zukünftigen kreieren können soll, ist einer am Meer, ist einer des Meeres. Ein heißer Meermittag, der die Sonne und uns durstig nach dem Meer werden lässt.

Handelt es sich bei der Metapher Mittag aber um einen Aufbruch, der einen definitiven Abschied von Verneinungen bedeutet, die angesichts der sich entbergenden Ewigkeit keinen Bestand haben kann, dann wird die Zeit des Mittags zu einer der Evaluation über Scheitern und Gelingen. Zugleich sind mit ihm Visionen von Erlösung und Befreiung angestimmt. Nicht zuletzt ist damit der „grosse Mittag“ anvisiert, das Zeitfenster für die Ankunft des Übermenschen. In „Von der schenkenden Tugend“ findet sich hierzu eine prominente Ausführung über die Menschenzukunft, die einen Untergang des bisherigen Menschen prophezeit:

> Und das ist der grosse Mittag, da der Mensch auf der Mitte seiner Bahn steht zwischen Thier und Übermensch und seinem Weg zum Abende als seine höchste Hoffnung feiert: denn es ist der Weg zu einem neuen Morgen. Alsda wird sich der Übermensch selber segnen, dass er ein Hinübergehender sei; und die Sonne seiner Erkenntnis wird ihm im Mittage stehn. ‚*Todt sind alle Götter: nun wollen wir, dass der Übermensch lebe.*‘ – diess sei einst am grossen Mittage unser letzter Wille! –[21]

---

20 NL 1882, 1[83]; KSA 10, 31; NL 1883, 22[1]; KSA 10, 612. – „Jenseits von gut und böse, und des Lichts Nicht mehr gelüstend als der Dunkelheit, Dem Mittag Freund und Freund der Ewigkeit.“ NL 1882, 3[3]; KSA 10, 107f. – „Heisser Mittag schläft auf den Fluren. Singe nicht! Still! Die Welt ist vollkommen. Singe nicht, du Gras-Geflügel, oh meine Seele! Flüstere nicht einmal! Sieh doch – still! der alte Mittag schläft, er bewegt den Mund: trinkt er nicht eben einen Tropfen Glücks –“ Za, KSA 4, 343.

21 Za, KSA 4, 102. – „Da ging ich in die Einsamkeit und schuf den Übermenschen. Und als ich ihn geschaffen hatte, ordnete ich ihm den großen Schleier des Werdens und ließ den Mittag um ihn leuchten.“ NL 1882/83, 5[1]; KSA 10, 210. – „ich komme ewig wieder zu diesem gleichen und selbigen Leben, im Grössten und auch im Kleinsten, dass ich wieder aller Dinge ewige Wiederkunft lehre, – – dass ich wieder das Wort spreche vom grossen

Kontraintuitiv – und auch erschreckend – soll das unser letzter Wille sein; was die Bejahung unseres Untergangs für den Übermenschen bedeutet. Ist das romantisch oder naiv oder beides? Es ist jedenfalls fern jeder Erwartbarkeit. Der Mittag, hier die Zeit unseres Untergangs, damit Übergangs und radikalem Neuanfang. Diese Zeit grundstürzender Transformation muss von uns gewollt werden. Ohne unseren Beitrag scheint das nicht realisierbar. Das ist verwirrend, wenn Nietzsche doch an der Ankunft des Übermenschen nicht zweifelt. Warum braucht er uns dafür? Er braucht unser unabweisbares Opfer und geradezu Selbstopfer für eine höhere, stärkere Zukunft. Das könnte man geradezu als eine Bestrafung für unsere Dekadenz verstehen. Dieser Mittag, der große, scheint in gewisser Weise ein Zeitstillstand zu sein, eine Nicht-Zeit, eine Aufhebung der linearen Zeit, weil er die Ankunft des Übermenschen verkörpert. Mit dieser würde eine vollkommen neue Zeitrechnung beginnen.

In diesem exklusiven Augenblick ist es noch offen, inwieweit, wie Nietzsches Prophetie es will, durch unsere Bejahung der Übermensch ankommt. In der Legende findet sich nicht allein Utopisches. Vielmehr befrachtet uns Nietzsche mit einem vollständig masochistischen Auftrag: opfert euch für eine Zeit, die ihr nicht mehr erleben werdet, weil es die des Übermenschen sein wird, für den ihr untergehen müsst, denn nur er ist ein Befreier und damit auch ein Erlöser. Selbstverständlich ist das nicht mit dem Meer zu verbinden, bis auf den Zeitstillstand, den wir durch seine Überfülle von Wärme, Licht und Unendlichkeit wahrnehmen könnten. Der „grosse Mittag" ist *das* Zeitfenster des Übermenschen, der denkbar männlichsten Kreatur; an einem Mittag werde er kommen, so Nietzsches Glauben. Mit seiner Ankunft ist eine Periode für Bewährungen, für eine Selektion in Überlebende und zu Vernichtende verbunden.

Diese mittägliche Ankunft ist in Nietzsches Denken sehr bedeutsam und metaphorisch hoch aufgeladen. Der Übermensch und die ewige Wiederkehr des Gleichen sind Nietzsches Chiffren der Transformation, darum braucht der Übermensch weder Bezüge noch Vorbilder. Er ist der grosse Transformator. Seine Immoralität steht im Nexus seiner Autarkie und seine kraftstrotzende Leiblichkeit, die ihn uneingeschränkt bejahen lässt, seine schrankenlose Potenz lässt ihn für Nietzsche gar schön sein, auch ob seiner schrankenlosen

---

Erden- und Menschen-Mittage, dass ich wieder den Menschen den Übermenschen künde". Za, KSA 4, 276. – „Dieser Mensch der Zukunft, der uns ebenso vom bisherigen Ideal erlösen wird, als von dem, *was aus ihm wachsen musste*, vom grossen Ekel, vom Willen zum Nichts, vom Nihilismus, dieser Glockenschlag des Mittags und der grossen Entscheidung, der den Willen wieder frei macht, der der Erde ihr Ziel und dem Menschen seine Hoffnung zurückgiebt, dieser Antichrist und Antinihilist, dieser Besieger Gottes und des Nichts – *er muss einst kommen* ..." GM, KSA 5, 336. Kommen werde er an einem Mittag.

Verschwendung in Tanz, Experiment und Spiel. Womöglich könnte er am Meer wohnen und das genießen, weil er dessen Gefahren nicht zu fürchten braucht.

Er liebe den, unterstreicht Zarathustra, der dem „Übermensch das Haus baue und zu ihm Erde, Thier und Pflanze vorbereite, denn so will er seinen Untergang". Diese Vorbereitung der Natur durch den Menschen, der damit seinen Untergang beglaubigt, könnte das bestätigen, so als müsste die gesamte Natur zu einer mediterranen, kraftvollen, wärmenden, bejahenden und fruchtbaren werden. Dafür spricht auch eine andere Stelle aus dem *Zarathustra*: „Alle Wesen bisher schufen Etwas über sich hinaus: und ihr wollt die Ebbe dieser grossen Fluth sein und lieber noch zum Thiere zurückgehen, als den Menschen überwinden?"[22] Die Entwicklung wird in maritime Metaphern gekleidet. Als ein bewegtes Meer reinige der Übermensch die große Selbstverachtung der Menschen; sie könnte aus dem Norden kommen. Deshalb sollen wir ihn schaffen. Poetisch bilderreich verbindet Nietzsche seine Vision des Übermenschen mit schrankenloser Macht und Willkür, Endlosigkeit, Bewegtheit, Tiefe, Unermesslichkeit, Reinigung – und damit mit dem Meer, in das die schmutzigen Menschenströme fließen müssen, um dort von ihm reinigend aufgelöst zu werden.

Keine Zeitperiode ist für Nietzsche bedeutender als dieser Mittag. Es ist die, auf die alles zuläuft, an der sich alles zu bewähren hat, Altes und Neues gleichermaßen, so zeigt es seine Metaphorik klar und deutlich. In *„Nach neuen Meeren"* schläft der „Mittag [...] auf Raum und Zeit", womit die Zeitstille und das nicht mehr Räumliche im Schlafen auf den neuen Meeren symbolisiert wird. Alle Aktivitäten sind eingestellt, sind stillgestellt – Ruhe: Ebbe. Dieser „grosse Mittag" ist nicht nur eine Allegorie für Ewigkeit und Unendlichkeit, sondern auch für die ewige Wiederkehr. Im Mittagsauge spiegeln sie sich gleichsam und sprechen uns damit an: sie schlagen die Augen auf. Als ein metaphorisches Denken ließe sich das Mediterrane bei Nietzsche womöglich mit diesem „Mittag" alliieren, wenn die Furcht, auf die Schiffe zu gehen, auf schwankendem Grund am Abgrund zu existieren, Loslösungen zu vollziehen, ob der neuen Perspektiven gering sein dürfte.

In dem Fragment: „**Mittag und Ewigkeit.** *Fingerzeige zu einem neuen Leben*" von 1881 verbindet er die Ewigkeit explizit mit der Wiederkehr und erneut mit dem Mittag und dadurch mit einem authentischen, womöglich mediterranen Existieren, das als ein maritimes in die ewige Bewegung des Meeres eingeschlossen ist. *„Mittag und Ewigkeit.* Heilige Tänze der Wiederkünftigen", das könnte am Meer stattfinden. Der Übermensch werde an einem großen Mittag kommen, und dann sei die Umwertung aller Werte vollzogen. Zarathustra will sie mit uns feiern. Über die Umwertung führt der späte Nachlass aus:

---

22 Za, KSA 4, 17; 14.

> ‚*Der Wille zur Macht*. Versuch einer Umwertung aller Werthe' – mit dieser Formel ist eine *Gegenbewegung* zum Ausdruck gebracht, in Absicht auf Princip und Aufgabe: eine Bewegung, welche in irgend einer Zukunft jenen vollkommenen Nihilismus ablösen wird; welche ihn aber *voraussetzt*, logisch und psychologisch, welche schlechterdings nur *auf ihn* und *aus ihm* kommen kann. [...] Wir haben, irgendwann, *neue Werthe* nöthig ...[23]

Wenn wir neue Werte nötig haben, so Nietzsches Überzeugung, fragt sich, wie das „irgendwann" hier sich eingeschlichen hat? Das stiftet Verwirrung, denn wir haben jetzt – und wir hätten überhaupt und schon immer neue Werte nötig gehabt, dann wäre es nicht zu den fatalen Auswirkungen durch die alten Werte gekommen.

„Die Sonne der Erkenntniß steht wieder einmal im Mittag: und geringelt liegt die Schlange der Ewigkeit in ihrem Lichte – – es ist *eure* Zeit, ihr Mittagsbrüder!"[24] Diese etwas enigmatische These findet sich im Nachlass von 1881. Die stärkste Erkenntnis ist also die mittägliche, wenn die Sonne am höchsten steht. Das ist auch die Zeit der „Mittagsbrüder", dann ist ihre Zeit gekommen, die sie brüderlich im Licht der Ewigkeit des Mittag vereint. Es ist zudem die Zeit für die Schlange der Ewigkeit, die geringelt da liegt und das endlose Kreisgeschehen verkörpert. Damit ist es die Zeit, um die Wiederkehr zu erfassen, die geringelte Schlange symbolisiert das Kreishafte des Geschehens. Die Mittagsbrüder sollten in ihrer Erkenntnis Intensität und Bejahung hervorrufen und keinen Ehrgeiz für abstrakte Ziele. Sie könnten Meerbewohner sein, einen Mittag am Meer erleben.

---

23 FW, KSA 3, 649; NL 1881, 11[195]; KSA 9, 519; NL 1885/86, 2[75]; KSA 12, 96; NL 1887/88, 11[411]; KSA 13, 190. – Im *Antichrist* sieht er die freien Geister als schon umgewertet. „Unterschätzen wir dies nicht: *wir selbst*, wir freien Geister, sind bereits eine ‚Umwerthung aller Werthe', eine *leibhafte* Kriegs- und Siegs-Erklärung an alle alten Begriffe von ‚wahr' und ‚unwahr'. Die werthvollsten Einsichten werden am spätesten gefunden; aber die werthvollsten Einsichten sind die *Methoden*." AC, KSA 6, 179.

24 NL 1881,11[196]; KSA 9, 519. – „Die Aufgabe, die sich der zu seinem Leben Ja-sagende stellt, besteht demnach in der Verlagerung des Schwergewichtes des Seins von der wahren Welt in den Mittag der jeweiligen Lebens*gegenwart*." Kaulbach 1985, 32. – „Der Einfluß der Mittagssonne bewirkt nach allem, was man weiß, ganz bestimmte psychische Ereignisse – einmal von bleibender, dann wieder von flüchtiger Bedeutung. Die ungewöhnliche Weite und Transparenz impliziert mystische Stimmungen, aber auch die Angst vor dem Jenseits. Sowohl dem Glauben als auch dem Aberglauben errichtet der Mediterran Monumente, der Größe ebenso wie der Eitelkeit." Matvejević 1993, 22. – Mit dem Mittag ist die *Morgenröthe* alliiert und mit ihr, so Nietzsche im Nachlass von 1882, auch die Freundschaft: „Heil dir ‚Freundschaft! Meiner höchsten Hoffnung Erste Morgenröthe! [...] Nun ich schau' in deiner Augen Morgenglanz und Sieg, Du liebste Göttin!" NL 1882, 1[106]; KSA 10, 35f.

Der Mittagsbruder „Zarathustra *zerbricht sein Herz* gegen seine Freunde gegen seine Thiere. gegen alles, was er geliebt hat *ganz Wille zum Mittag*."[25] Mit diesem Willen kann er die größten Opfer bringen, allerdings wohl nur an einem Mittag; der scheint ihm die Kraft zu geben, um die vielen Opfer, die verlangt werden, zu erbringen, auch der Liebe zu entsagen, das alles muss er vollziehen. Zarathustras Willen ist das jedoch zuzutrauen.

Im Nachlass von 1883 wird der „große Mittag als Wendepunkt" bestimmt: „– die zwei Wege. Der Hammer zur Überwältigung des Menschen: höchste Entfaltung des Individuums, *so daß es an sich zu Grunde gehen muß*". Durch die Ankunft des Übermenschen werde der Mensch überwältigt, will sagen, überwunden, was bei Nietzsche auch bedeuten kann, er wird geopfert werden, das symbolisiert der Hammer und es soll an einem Mittag geschehen, dem höchsten, wenn der Übermensch kommt. Der Mensch muss an sich zugrunde gehen, aber wir müssten das sogar bewerkstelligen. Im Meer der großen Reinigung könnte das geschehen, wiewohl es ein gewaltförmiges Szenario ist. Es ist darauf hinzuweisen, dass es bei Camus keinen Übermenschen gibt, und er könnte in diesem Typus keinesfalls etwas Positives sehen. Ob dessen martialischer Gestalt wäre er von ihm abgestoßen, und er würde keineswegs in seine Vorstellungen und sollte auch in kein Szenario des Mediterranen passen.

„Ganz Meer, ganz Mittag, ganz Zeit ohne Ziel Ein Kind, ein Spielzeug Und plötzlich werden Eins zu Zwei Und Zarathustra gieng an mir vorbei."[26] In der ziellosen ewigen Zeit, die Nietzsche an vielen Stellen mit dem Mittag verbindet, es könnte ein Meerszenario sein, wo man die Wahrnehmung von Ewigkeit haben kann, wird man zum Kind und Spielzeug. Dann hat man die Moral und den Glauben hinter sich gelassen; damit ist man wieder unschuldig geworden.

Die unerlässliche Bedingung des „grossen Mittag" und seiner Freisetzungspotenziale ist der Tod Gottes, womit die Voraussetzungen für Metaphysik, objektive Wahrheit und den christlichen Glauben in sich zusammenfallen; so Nietzsche. In „*Was es mit unserer Heiterkeit auf sich hat*" jubiliert er: „In der That, wir Philosophen und ‚freien Geister' fühlen uns bei der Nachricht, dass der ‚alte Gott todt' ist, wie von einer neuen Morgenröthe angestrahlt; unser Herz strömt dabei über von Dankbarkeit, Erstaunen, Ahnung, Erwartung – endlich

25 NL 884/85, 31[17]; KSA 11, 365.

26 NL 1883, 21[3]; KSA 10, 600; NL 1882, 4[145]; KSA 10, 157. Zu dieser Stelle notiert Jung: „Zarathustra ist für NIETZSCHE mehr als eine poetische Figur, er ist ein unwillkürliches Bekenntnis. Auch er hatte sich in den Dunkelheiten eines gottabgewandten, entchristlichten Lebens verirrt, und darum trat zu ihm der Offenbarende und Erleuchtende, als redender Quell seiner Seele. Daher stammt die hieratische Sprache des ‚*Zarathustra*', denn das ist der Stil dieses Archetypus." Jung 2021, 47.

erscheint uns der Horizont wieder frei". Das wäre ein Meerhorizont, der frei macht und mit der Botschaft aufwartet, einer heiteren, dass nach diesem Tod dem Christentum jede Begründungsmöglichkeit für seine Lebensfeindschaft fehlt – und Lebensbejahung möglich sein sollte.

Diese frohe Botschaft kann jedoch wohl nur von wenigen umgesetzt werden, zu ihnen zählen die freien Geister. In „Vom höheren Menschen" wird mit ihr Verheißungsvolles intoniert. Seit Gott „im Grabe liegt, seid ihr erst wieder auferstanden. Nun erst kommt der grosse Mittag, nun erst wird der höhere Mensch – Herr!"[27] Die Zeit des höheren Menschen ist der „grosse Mittag". Ist die Umwertung der Werte vollzogen, dann könnten die höheren Menschen zu Herren, will sagen, Beherrschern werden. Wenn Gott beerdigt ist, und damit ist mehr verbunden an Transformationen, als seinen Tod zu unterstellen, erodiere der Anschein einer geordneten Welt – das wird ein Prozess sein –, der für Nietzsche einer lebensverneinenden, leibfeindlichen Zivilisation zukommt, die christliche Werte stabilisiere und sie zudem etabliert habe.

Seine „Aufgabe" sei, so in *Ecce homo*, an einen *„grossen Mittag"* geknüpft, um „einen Augenblick höchster Selbstbesinnung der Menschheit vorzubereiten, [...] wo sie aus der Herrschaft des Zufalls und der Priester heraustritt [...] diese Aufgabe folgt mit Nothwendigkeit aus der Einsicht, dass die Menschheit *nicht* von selber auf dem rechten Wege ist" und dass „vielmehr gerade unter ihren heiligsten Werthbegriffen der Instinkt der Verneinung, der Verderbniss, der décadence-Instinkt verführerisch gewaltet hat".[28] Wenn sich die Menschheit dieser Selbstbesinnung jedoch verweigert und sich nicht von selbst auf einen Weg begeben kann oder will, sich aus der Gefangenschaft zu befreien, dann müsse der Übermensch das für sie am grossen Mittag erledigen; sie reinigend von Verneinung und Dekadenz erlösen. Eine freilich, die Vernichtung bedeutet. Kann sie sich nicht befreien, die Menschheit, dann muss sie untergehen. Die Potenzen des Übermenschen entsprechen hier den reinigenden des Meeres. Mit ihnen müsste die von Nietzsche diagnostizierte „Gesammt-Abirrung der Menschheit von ihren Grundinstinkten, eine solche Gesammt-Décadence des Werturtheils" überwunden werden.

Nietzsches Buch *Morgenröthe* von 1881 trägt den Untertitel „Gedanken über die moralischen Vorurtheile", das sind selbstverständlich Werturteile. In der

---

27 FW, KSA 3, 573f.; Za, KSA 4, 357. – „Oh Geheimniss vor Mittag! – Laufende Feuer will ich einst noch aus ihnen machen und Verkünder mit Flammen-Zungen: – – verkünden sollen sie einst noch mit Flammen-Zungen: Er kommt, er ist nahe, *der grosse Mittag*!" Ebd., 217.

28 EH, KSA 6, 330. – „Nun sehen wir fortwährend z.B. den Sonnen-Auf- und Untergang und glauben, was wir als unwahr wissen. Ganz so steht es überall. Ein ‚*du darfst* nicht' wäre ein Imperativ, der das Leben verneinte. Folglich muß man betrügen und sich betrügen lassen." NL 1885, 34[226]; KSA 11, 497.

Vorrede ist zu lesen, man beobachte hier einen „‚Unterirdischen' an der Arbeit, einen Bohrenden, Grabenden, Untergrabenden".[29] Diesen Arbeiter, es wird Nietzsche sein, braucht es wohl, um die moralischen Vorurteile zu zerstören. Dass sie im im Unterirdischen ihr Werk verrichten müssen, zeigt wie tief diese Vorurteile sitzen und wie mühsclig diese Arbeit ist. Am Meer fänden sie zweifellos keine Nahrung und keinen Nährboden, keine Orientierungen an Gut und Böse. Nietzsche war davon überzeugt, dass unsere moralischen Werte und deren Vorurteile in christlichen Wertsetzungen gründen. Insgesamt erkennt man in *Morgenröte* eine zunehmende Radikalisierung des nietzscheanischen Denkens, und dabei fokussiert es sich zunehmend auf eine Umwertung aller Werte, die er mehr und mehr zu seiner Aufgabe erklärt. Sie bestehe: „in einem Loskommen von allen Moralwerthen, in einem Jasagen und Vertrauen-haben zu Alledem, was bisher verboten, verachtet, verflucht worden ist".[30] So in *Ecce homo*, wo er behauptet, es liege allein in seiner Macht, die Perspektiven für die Umwertungen umzustellen. Damit zeigt sich, dass er diese Macht nur seiner Philosophie zutraut.

In „Von alten und neuen Tafeln" aus dem *Zarathustra* steht das „Wort" Übermensch, das er „vom Wege" aufgelesen habe, für das Transformierte. Der zu überwindende Mensch, der eine „Brücke sei und kein Zweck", hat dann seinen notwendigen Untergang angenommen und wird „sich selig preisend ob seines Mittags und Abends, als Weg zu neuen Morgenröthen", mit den Vollzügen und Ereignissen am grossen Mittag einverstanden sein. Das ist eine kontraintuitive, eine groteske Unterstellung. Mit den „neuen Morgenröthen" könnte das Meer jedoch subkutan anwesend sein. Sie sind Symbole einer Zukunft von Moralfreiheit. „Der Sonne lernte ich Das ab, wenn sie hinabgeht, die Überreiche: Gold schüttet sie da in's Meer aus unerschöpflichem Reichthume". Wäre das ein idealtypisches Panorama eines post/transmoralischen, mediterranen Existierens, Morgenröte, Sonne und Meer, wobei die Sonne die Lehrerin ist?

Zarathustra scheint das zu verkörpern, wenn er von sich behauptet, „‚ich bin die *Lust*' des Windes Mistral // der Elektrizität [...] des reinen Himmels // der Morgenröthe // des Stromes // des organischen Lebens // Durst der Sonne nach [dem] Meere", womit das maritime Panorama um den südlichen Wind Mistral erweitert wird.[31]

29 NL 1887/88, 11[227]; KSA 13, 89; M, KSA 3, 11. – „Mit der ‚Morgenröthe' nahm ich zuerst den Kampf gegen die Entselbstungs-Moral auf. –" EH, KSA 6, 332.

30 EH, KSA 6, 330.

31 Za, KSA 4, 248f.; NL 1883, 13[24]; KSA 10, 469. – „*An den Mistral.* Ein Tanzlied. Mistral-Wind, du Wolken-Jäger, // Trübsal-Mörder, Himmels-Feger, // Brausender, wie lieb' ich dich! // Sind wir Zwei nicht Eines Schoosses // Erstlingsgabe, Eines Looses // Vorbestimmte ewiglich?" FW, KSA 3, 649f.

Diesem verheißungsvollen, südlich-mediterranen Szenario steht Nietzsches Evaluation der Philosophie in *„Die Tyrannen des Geistes“* konträr entgegen. Diese Philosophie sieht er als eine „Art höchsten Ringens um die Tyrannenherrschaft des Geistes“, und die Wissenschaft sei durch „die *moralische Beschränkheit* ihrer Jünger zurückgeblieben“, und deshalb müsse sie mit einer „höheren und *grossmüthigeren* Grundempfindung fürderhin getrieben werden […] ‚Was liegt an mir!‘ – steht über der Thür des künftigen Denkers.“[32] Das wäre die Einstellung des zukünftigen Denkers, und er könnte seine Kraft aus dem Mediterranen beziehen. Allzumal, wenn er weiß, dass es nicht auf ihn ankommt, sondern auf ein mit der Natur versöhntes Gesamtpanorama, in das er eingebunden ist und sein will. Dieser Denker wird keinem borniertnegierenden Egoismus mehr folgen – und das auch nicht wollen.

3.3 Das offene Meer

Nietzsches Meermetaphorik beutet das Meer aus, er fischt es gleichsam leer, überzieht es mit Bildern, Allegorien, Deutungen, Bedeutungen, Symbolen, Visionen, Unterstellungen. Wir finden bei ihm Paradigmen des Feuchten, Tiefen, Unergründlichen, Bewegten, Fruchtbaren etc., die er für sein Denken zu weiteren Bildern und Thesen nutzt. Seine fischend gewonnene Beute deutet er und übergibt damit dem Meer weitere und auch andere, bisher unbekannte Attribute. Elemente seiner Meermetaphorik appliziert er auf eine neue, zukünftige Philosophie. Insbesondere mit dem „offnen Meer“ werden die Visionen des Zukünftigen bebildert, die für ihn so bedeutsam sind und die per se Gefahr bedeuten. Und das in zweierlei Hinsichten für die und das was mit der Offenheit zu überwinden ist, aber auch für die Zukünftigen, denn ihre Existenz würde einem offenen Meer gleichkommen.

Es geht Nietzsche keineswegs nur um die Kritik am Bestehenden, symbolisiert über den Norden, das Starre, die Verneinung, das ist nur eine notwendige Voraussetzung für seine Zukunftsphilosophie, die uns zu Bejahenden, Lebensbejahenden machen soll. Das Meer wird ihm hierfür zum ausgewiesenen Symbol, zu der am besten geeigneten Metapher, zum Bild, zur Komposition, zum Tanz, Film, Gedicht, Lehrstück, zur Allegorie, zur Parabel, zur Musik, zum Gesang, zur Sirene, zum Gebrüll, Getöse, zum Brausen und Tosen – über die wir verstehen sollen.

32 M, KSA 3, 317f.

„Das *einzig Sichere* ist, daß ich *am* **Meere** *leben muß*: ich kann nicht beschreiben, *wie* erlösend es mir für Gehirn und Augen vorkommt",[33] schreibt Nietzsche am 13. Oktober 1883 aus La Spezia an Mutter und Schwester. Die Kursivierung und der Fettdruck unterstreichen überdeutlich, wie ernst es ihm mit dieser Aussage ist. Sie wird nicht zuletzt in die große Bedeutung seiner Metaphorik des Meeres eingeflossen sein – um diese geht es im Folgenden.

Wenn wir uns vom Biografischen weg- und dem Philosophischen zuwenden, stellen wir fest, dass Nietzsche seine Metaphorik und Semantik des Meeres vielfältig und divers einsetzt. Als das fließend-werdende Element positioniert er es gegen das Starre, gleichsam Leblose, auch Abgestorbene – sei es hinsichtlich des Lebens, sei es bezüglich der Erkenntnis. Damit wird es zum Medium des Offenen, Grenzenlosen, oftmals mit dem offenen Horizont, dem des Meeres verbunden – und genau deshalb mit einem neuen Perspektivenreichtum des Erkennens und Existierens.

Die Meer-Metapher richtet er gegen den Glauben und die Moral, gegen negatorische Werte und lebensfeindliche Belastungen. Wie das Mediterrane Camus' steht Nietzsches Meer, insbesondere das offene, für Experimente und Zukünftiges, für Bejahung, für Lebensbejahung und lebensbejahende Werte. Für eine Existenz, die sich in einem maximalen Jenseits zum Herkömmlichen befindet. Zudem positioniert er es gegen Romantik und Idealisierung – sowie gegen krankmachende Ideologien. Gegen all das steht es bei Nietzsche ... das offene Meer.

Joachim Ringelnatz in „Das Schiff 1931": „Das Schiff, auf dem ich heute bin, // Treibt jetzt in die uferlose, // In die offene See. – Fragt ihr: ‚Wohin?'"[34] Dieses Wohin könnte man mit Nietzsche als Lebensbejahung fassen.

Nietzsche formuliert relevante Gedanken, Topoi, Thesen seiner Philosophie über *Metaphern*. Bei näherer Betrachtung ergibt sich, dass seine Metaphorik eine spezifische Topografie aufweist, die auf einer dreipoligen Struktur aus Analyse, die zur Kritik wird und darüber neue, befreiende Horizonte offerieren soll, aufruht. Mit seinen Metaphern will er aus dem Sinnlich-Leiblichen extrahierte Einsichten, die für ihn authentischen, vermitteln, womit eine Kritik an der traditionellen Erkenntnis, Begriffe seien abgestorbene Metaphern, einhergeht. Zudem notiert er im Frühjahr 1888: „Die Erkenntniß arbeitet als *Werkzeug* der Macht."[35]

---

33 KSB 6, 447.

34 Zitiert nach Wüstner 20005, 92.

35 NL 1888, 14[122]; KSA 13, 302. – „das *Maß* des Erkennenwollens hängt ab von dem Maß des Wachsens des *Willens zur Macht* der Art: eine Art ergreift so viel Realität, *um über sie Herr zu werden*, um *sie in Dienst zu nehmen*". Ebd. – „Die Unruhe des Entdeckens und

Nur über Metaphern werde es möglich, dem begrifflich verdrängten Nichtidentischen – dazu würde auch das Meer zu zählen sein – ein Medium des Ausdrucks zu geben, um so eine größere Vielfalt für einen perspektivenreichen Welt- und Daseinszugang zu eröffnen und zu ermöglichen. „*Schreibstil und Sprechstil*“ erklärt, man brauche für das Erkennen „Gebärden, Accente, Töne, Blicke“.[36] Eine erkenntnisträchtige Rettung des Nichtidentischen will auch Adornos *Negative Dialektik*; damit der „Identitätszwang zerging“.[37] Die Verdrängung oder Nivellierung, wie Nietzsche sie der Wortsprache zuschreibt, finde sich nicht in der Tonsprache. Über sie kann er in seinen Texten freilich nicht verfügen. Die Metapher wird dann zum zweitbesten Ausdruck; für Differenzen, Widersprüche und Paradoxien. Das gilt auch für das Meer, das in Nietzsches Denken mit einer breit gefächerten Metaphorik umkreist wird.

Nietzsches Hinwendung zur Metapher vollzieht sich als ein Prozess, der eine gleichsam komponierten Philosophie erstrebt. Damit sollen nicht zuletzt die Prätentionen der Metaphysik erodieren. Im Sommer 1885 bestreitet er ihren Erkenntnisanspruch: „‚Sein‘, ‚Substanz‘ und ‚Unbedingtes, ‚Gleichheit‘, ‚Ding‘ –: das Denken erfand sich zuerst und zu ältest diese Schemata, welche thatsächlich der Welt des Werdens am gründlichsten widersprachen“. Die Sprache erhält bei ihm ein anderes, ein metaphorisches Fundament. Damit solle und werde auch unser Leben zum Experiment und Abenteuer; zur perennierenden Suche, zu einer nicht endenden Anstrengung der Kreativität. Zu diesem Experimentieren gehört im frühen Nachlass die Phantasie, die „im *schnellen Ähnlichkeitenschauen*“[38] bestehe. Ungefähr so verfährt Nietzsche mit seiner metaphorischen Indienstnahme des Meeres, wenn er es als ein unendliches, tiefes, bewegtes, offenes, tosendes, glattes, stilles beschreibt und daraus Ableitungen, Aufgaben, Forderungen, Erkenntnisse, Thesen, Behauptungen entwickelt.

Daneben ist es gefährlich, tückisch, verschlingend, aber auch nachmittäglich wie Seide etc. Hier versieht er es mit Attributionen, die nicht seiner natürlichen Beschaffenheit entsprechen, sondern in Relation zu unserer

---

Errathens ist uns so reizvoll und unentbehrlich geworden, wie die unglückliche Liebe dem Liebenden wird“. M, KSA 3, 264.

36 WS, KSA 2, 600.

37 GS 6, 398. – Man findet bei Nietzsche eine ungewöhnliche Vielfalt von Metaphern sprechen, neben den bedeutsamen Naturmetaphern: Meer, der Wind, die Sonne, Hochgebirge, Eis, Wald, Fels etc., daneben Morgenröte, der „grosse Mittag“, die „grosse Gesundheit“, das Spiel, der Tanz, die Einsamkeit, der Einsiedler, der dionysische Künstler, der Perspektivismus, das Werden, der Leib, das Dionysische, die Musik, Amor fati/die tragische Bejahung, der Übermensch, die ewige Wiederkehr des Gleichen, um nur die tragenden aufzulisten, die in seinem Denken eine sehr wichtige Rolle spielen.

38 NL 1885, 38[14]; KSA 11, 613; NL 1872/73, 19[75]; KSA 7, 444.

Wahrnehmung stehen. Auch von diesen gleichsam anthropomorphisierten Zuschreibungen aus werden Verbindungen, Weiterungen, Konsequenzen und auch Forderungen abgeleitet. Mit beiden metaphorischen Relationen wird nicht zuletzt seine bejahende Philosophie und weiter Zukünftiges allegorisiert.

In summa ist es stets die Metapher, die für Nietzsche eine neue Semantik und eine andere Erkenntnis offerieren soll. Sie umfasse den konflikthaften Zusammenhang von Erkenntnis und Interpretation.

Nietzsches Parteinahme für die Metaphorik ist nicht allein das Ergebnis seiner Erkenntnis-, sondern auch seiner Moralkritik, Mit den begrifflichen Wahrheiten seien moralische verbunden. „Der Irrthum vom Geist als Ursache mit der Realität verwechselt! Und zum Maass der Realität gemacht! Und *Gott* genannt –", lesen wir in „Die vier grossen Irrthümer." Die Moral habe die Wahrheit kanonisch höher bewertet als den Schein. Dementgegen doziert er im späten Nachlass, „wenn es überhaupt etwas anzubeten giebt, es der Schein ist, der angebetet werden muß, daß die Lüge – und *nicht* die Wahrheit – göttlich ist ...?"[39] Wie scheinhaft alles ist, kann man gut am Meer beobachten, zeigt sich das Scheinhafte doch in der ewigen Bewegung der Wellen. Ein mediterranes Denken, Philosophieren, hätte womöglich weder einen Gott inthronisieren noch eine Moral etablieren können – und in gar keinem Fall eine lebensfeindliche.

In *„Zarathustra's Heilige Gelächter"* vom Sommer 1883 stimmt Zarathustra diese heiligen Gelächter über die Dekadenz des Menschen, seine Schwäche poetisch an. „Ich rieche den Geruch eures Staubes, eure Seelen wurden lange nicht gelüftet." Der Erkennende habe mit „abgemagerten Tugenden und brüchig in der Seele" so lange im „Schatten" gesessen, dass er an seinen „Erwartungen" verhungern musste. Daraus folgt: „Euch, ihr Gegenwärtigen nehme ich nicht zu ernst: dünn und durchsichtig seid ihr mir: zerrissene Schleier [...] Nöthig fand ich euch nicht [...] wenig ist an euch zum Überfließen". Wenn ihre Schleier zerrissen sind, ist ihre Maskerade brüchig und löchrig, sie ist vergeblich, und es zeigt sich, dass sie – und hier sind wohl im Sommer 1883 alle Gegenwärtigen angesprochen, nicht überfließen können, womit wohl eine Transformation, letztlich eine zum Übermenschlichen gemeint ist. Gelingt diese freilich nicht, haben die Gegenwärtigen ihre Aufgabe und ihren Auftrag nicht erfüllt, und darum kann er sie nicht ernst nehmen.

„Alles redet, Niemand will zuhören. Alle Wasser rauschen zum Meere, jeder Bach hört nur sein eignes Rauschen. Alles redet, Niemand will verstehen. Alles fällt ins Wasser, Nichts aber fällt in tiefe Brunnen. Alles redet, alles richtet zu recht." Niemand will verstehen, niemand kann verstehen, weil alles rauscht

39 GD, KSA 6, 91; NL 1886/87, 6[25]; KSA 12, 243.

und fließt, aber nichts in tiefe Brunnen fällt, was es aber sollte, um das Seichte zu verlassen. Das Meer ist das Sammelbecken für die zu ihm strömenden Wasser; es bewahrt sie. „– Bei tiefen Menschen wie bei tiefen Brunnen dauert es lange bis Etwas, das in sie fällt, ihren Grund erreicht",[40] weiß „Der Wanderer und sein Schatten."

Im tiefen Brunnenspeicher des Wassers wird die Herrschaft der Oberfläche und der Oberflächlichen in einer Sozialität ohne authentische Kommunikation metaphorisch transparent. Die Atomisierung sondert die einzelnen Bäche voneinander ab, nur ihre Fließgeräusche sind zu hören, die ins Meer strömen, wo sie sich dann vollends auflösen, unkenntlich werden. Dementgegen steht die Metaphorik des tiefen Brunnens. In diesem tiefen Wasserspeicher wäre etwas zu bergen, zu bewahren, was das Meer wohl nivelliert, weil dort jede Individualisierung aufgehoben ist. Im tiefen Brunnen, also im Feuchten, im Flüssigen, könnte das starke, bejahende, das leibvernünftige, das schaffende Individuum anzutreffen sein. Etwa der Einsiedler und damit der Einsame, sie seien wie ein „tiefer Brunnen", und in der *Fröhlichen Wissenschaft* werden die freien Geister als „offne[n] Brunnen" angesprochen, das werden auch tiefe sein.[41]

Im Nachlass von 1883 verknüpft Nietzsche die Seele mit einem springenden Brunnen und mit der Liebe – in einer nächtlichen Szenerie. „Nacht ist es – nun reden lauter alle springenden Brunnen – und auch du, meine Seele bist ein springender Brunnen. Nacht ist es – nun erst erwachen alle Lieder der Liebenden. Und auch du, meine Seele, bist das Lied eines Liebenden."[42] Es scheint als seien es die springenden Brunnen, die die Lieder der Liebenden in der Nacht singen. Das wäre ihre Zeit und nicht der Mittag.

Das Existieren der freien Geister wird von ihm nicht allein über die tiefen Brunnen symbolisiert, sondern auch mit einer ungewissen Fahrt übers offene Meer, was bedeutet, sich seinen Tiefen und Untiefen bewusst auszusetzen und zu überlassen. Über diese Erfahrungen, eingebettet und getragen von der Metaphorik der Naturgewalt Meer, wäre womöglich mit Nietzsche die neue,

40 NL 1883, 13[1]; KSA 10, 423; 421; 416; NL 1883, 18[34]; KSA 10, 575; WS, KSA 2, 696.

41 „Kalt strömt tiefe Erkenntniß, eiskalt sind ihre tiefsten Brunnen: so ist es Labsal heißen Händen und Handelnden." NL 1883, 10[32]; KSA 10, 374. – In *Morgenröthe* werden die Brunnen Cisternen genannt. „Desshalb gehe ich in die Einsamkeit, – um nicht aus den Cisternen für Jedermann zu trinken. Unter Vielen lebe ich wie Viele und denke nicht wie ich; nach einiger Zeit ist es mir dann immer, als wolle man mich aus mir verbannen und mir die Seele rauben – und ich werde böse auf Jedermann und fürchte Jedermann." M, KSA 3, 290. Wenn man aus den „Cisternen für Jedermann" trinkt, erlebt man einen Ichverlust.

42 NL 1883, 9[53]; KSA 10, 363.

leiborientierte Philosophie zu beschreiben – und die mit ihr heraufziehende Gefahr, eine die freie Geister bewältigen sollten.

Nietzsches maritime Metaphorik thematisiert das grenzenlose und vor allem das offene Meer als Symbol der Überschreitung für ein irdisches Jenseits, das die abendländisch-christlich geprägte Moral verschluckt habe. Dieses Meer sei neu zu entdecken. Es ist die Allegorie für ein grundstürzend neu justiertes Existieren.

Unter den „Lieder[n] des Prinzen Vogelfrei" findet man an prominenter Stelle zwischen „*Mein Glück*!" und „*Sils-Maria* […] Ganz See, ganz Mittag, ganz Zeit ohne Ziel", wo „Eins zu Zwei" wird – und sich somit die Ichidentität entzweit: „*Nach neuen Meeren* // Dorthin – *will* ich; und ich traue // Mir fortan und meinem Griff. // Offen liegt das Meer, in's Blaue // Treibt mein Genueser Schiff. // Alles glänzt mir neu und neuer // Mittag schläft auf Raum und Zeit –: // Nur *dein* Auge – ungeheuer // Blickt mich's an, Unendlichkeit!"[43] Das „Genueser Schiff" ist das von Columbus, der einen neuen Kontinent entdeckte und damit nicht weniger als eine neue Welt, damit wurde er gleichsam mit Neuem vom offenen Meer beschenkt. Auch wir sollten dorthin, unsere gedankliche Reise zu einem neuen Kontinent führen, ihn uns eröffnen.

Mit dem Liederzyklus endet die *Fröhliche Wissenschaft*. In gewisser Weise bündelt er Epilog gleich poetisch die Botschaften dieses Buchs – und damit seine Fröhlichkeit und Heiterkeit, seine Aufbruchstimmung, seinen Wagemut und seine Verheißungen, in die jedoch, und das sollte nicht vergessen werden, stets Tragisches eingewoben ist.[44]

---

43 FW, KSA 3, 649. – „Heute bin ich ganz in meiner Genueser Kühnheit und weiß kaum, wohinaus ich noch alles fahren soll –: es ist als ob das Dasein mir zu eng wäre und als ob ich ein neues entdecken oder schaffen müßte. *Ich brauche Raum*, eine sehr große weite unbekannte unentdeckte Welt, es ekelt mich sonst." NL 1881, 14[5]; KSA 9, 624.

44 „Die Heiterkeit nämlich oder, um es in meiner Sprache zu sagen, *die fröhliche Wissenschaft* – ist ein Lohn: ein Lohn für einen langen, tapferen, arbeitsamen und unterirdischen Ernst, der freilich nicht Jedermanns Sache ist. An dem Tage aber, wo wir aus vollem Herzen sagen: ‚vorwärts! auch unsre alte Moral gehört *in die Komödie*!'" GM, KSA 5, 255. – „la gaya scienza; die leichten Füsse; Witz, Feuer, Anmuth; die grosse Logik; den Tanz der Sterne; die übermüthige Geistigkeit; die Lichtschauder des Südens; das *glatte* Meer – Vollkommenheit …" WA, KSA 6, 37. – In seiner Rede zur Verleihung des Nobelpreises entbirgt Camus: „Ich habe nie vermocht, auf das Licht zu verzichten, das Glück des Seins, das freie Leben, in dem ich aufgewachsen bin. Aber obwohl manche unter meinen Irrtümern und Fehlern sich aus diesem Sehnen erklären, hat es mir doch unzweifelhaft geholfen, meinen Beruf besser zu erfassen, und hilft mir noch heute, blindlings bei all den schweigenden, über die Welt verstreuten Menschen zu stehen, die das ihnen bereitete Leben nur in der Erinnerung oder der Wiederkehr flüchtiger, freier Augenblicke des Glücks ertragen." Camus 1960-1977.

Das Ziel der Meerfahrt führt in ein gewolltes, „will" ist gesperrt gedruckt – „Dorthin" und somit ins Blaue, damit ins Heitere, aber auch ins Ungewisse, womöglich ins Unendliche. In ihm spiegelt sich etwas Ungeheuerliches. Dieses Dorthin symbolisiert das neue experimentelle Denken und Existieren, für das seine Philosophie stehen soll, für das sie eintritt, die sie anstrebt. In der *Fröhlichen Wissenschaft* wird ein *„neues Unendliches"* bejubelt: „Die Welt ist uns vielmehr noch einmal ‚unendlich' geworden", weil sie *„unendliche Interpretationen in sich schliesst.* Noch einmal fasst uns der Schauder – aber wer hätte wohl Lust, *dieses* Ungeheuer von unbekannter Welt nach alter Weise sofort wieder zu vergöttlichen?"[45] Diejenigen, die nach offenen und neuen Meeren suchen und bereit sind, sich ihnen zu überlassen, jedenfalls nicht.

In See gestochen ist das Schiff in Genua und treibt oder besser zielt *„Nach neuen Meeren"*, man beachte den Plural. Er indiziert Unbestimmtheit und Grenzenlosigkeit. Zarathustra skandiert in *„Auf den glückseligen Inseln"*: „Seht, welche Fülle ist um uns! Und aus dem Überflusse heraus ist es schön hinaus zu blicken auf ferne Meere."[46] Diese Meere stehen metaphorisch für die Vielfalt des Aufbruchs, den wir – einer gefährlichen Meerfahrt gleich – vollziehen müssen, wobei die neuen Meere jedoch die Gefährdungen einschließen, die Untiefen, das Unbekannte und Unkalkulierbare. So in *„Der Gedanke über den Tod"* aus der *Fröhlichen Wissenschaft*. Beim Auslaufen eines Schiffes wünsche man stets, etwas Wichtiges zu sagen, ohne noch Zeit dafür zu finden, denn „der Ozean und sein ödes Schweigen wartet ungeduldig hinter all dem Lärme – so begierig, so sicher seiner Beute". Er wartet auf die Leichen, das Meer kann der Tod sein.

Ebenfalls in der *Fröhlichen Wissenschaft* spricht Nietzsche über die zukunftsweisende Aufgabe der „Argonauten des Ideals".

> Und nun, nachdem wir lange dergestalt unterwegs waren, wir Argonauten des Ideals, muthiger vielleicht, als klug ist, und oft genug schiffbrüchig und zu Schaden gekommen, aber, wie gesagt, gesünder als man es uns erlauben möchte, gefährlich-gesund, immer wieder gesund, – will es uns scheinen, als ob wir, zum Lohn dafür, ein noch unentdecktes Land vor uns haben, dessen Grenzen noch Niemand abgesehn hat, ein Jenseits aller bisherigen Länder und Winkel des Ideals, eine Welt so überreich an Schönem, Fremdem, Fragwürdigem, Furchtbarem und Göttlichem, dass unsre Neugierde ebensowohl wie unser Besitzdurst ausser sich gerathen sind – ach, dass wir nunmehr durch Nichts mehr zu ersättigen sind!

45 FW, KSA 3, 626f.
46 Za, KSA 4, 109.

Dieses unentdeckte Land – ein zwiespältiges zumal und kein Paradies – könnte nach einer Fahrt übers Meer durch die bisherigen Ideale, die dabei kritisiert und entmachtet werden müssen, erreicht werden. Das sei möglich, selbst wenn man schiffbrüchig werde. Denn: „Flüchtlinge und Schiffbrüchige waren es, die neue Länder entdeckten".[47] Nietzsches „Argonauten" – und es werden freie und gesunde Geister sein, denn eine starke physische Gesundheit ist eine essenzielle Voraussetzung dieser Fahrt – sind zu einem Jenseits der Moral und des Glaubens, einem Jenseits der alten Ideale, aufgebrochen. Die Fahrt zu diesem bisher Unentdeckten ist gefährlich und führt übers offene Meer, was den Untergang der „Argonauten" bedeuten kann. Zweifelhaft ist zudem, was sie in diesem unentdecktem Land, ein überaus schillerndes Ziel, erwartet. Von daher ist wiederum eine „grosse Gesundheit" unverzichtbar. Mit ihr könnten sie Schrecken und Schiffbrüche überstehen und womöglich reüssieren.

Die Argonautensage aus der griechischen Mythologie berichtet von Iasons Fahrt über das Meer, um in Kolchis nach dem Goldenen Vlies zu suchen und es zu rauben. Das älteste Epos hierzu sind die vier Bücher der *Argonautika* von Apollonios von Rhodos, 3. Jahrhundert v. Chr. Er berichtet von einer langen Meerreise, ohne große Abenteuer, mit einem unbekannten Ziel, das mit einer glücklichen Landung endet. Homer erzählt demgegenüber in der *Ilias* über Ereignisse, die nach der Seefahrt nach Troja stattfanden und in der *Odyssee* über die Rückkehr des Odysseus. Dort erzählt Kirke Odysseus, dass die Argo, dank Heras Unterstützung, erfolgreich durch die Plankten, zwei im Meer überhängende Felsen, gesegelt sei. Das Schiff Argo, von Athena geleitet und Namensgeber der Argonauten in der *Argonautika*, wird als ein sicheres und schnelles, sich schnell bewegendes, eingeführt, was eine gefahrlose Überfahrt über das Meer garantieren soll. Mit beiden Expeditionen sind Nietzsches Argonauten nicht zu identifizieren, weil sie auf einer Fahrt zu einem Ideal sind.

In „*Wohin man reisen muss*" aus „Vermischte Meinungen und Sprüche" schreibt er: „Wer nach langer Uebung in dieser Kunst des Reisens, zum hundertäugigen Argos geworden ist, der wird *seine Io* – ich meine sein *ego* – endlich überall hinbegleiten […] So wird Selbst-Erkenntnis zur All-Erkenntnis […] und weitest blickenden Geistern [könnten, J.G.] einmal zur All-Bestimmung, in Hinsicht auf alles zukünftige Menschenthum werden". Jetzt wird das Schiff gleichsam zu einem Wesen mit hundert Augen, das auf der Reise alles und man damit selbst in die Zukunft, unsere, zu sehen vermag.

Mit dem Meer verbindet Nietzsche mitunter sein eigenes Schicksal, so im Nachlass von 1883. „So liegt mein Schicksal vor mir dem Meere gleich, in

---

47 FW, KSA 3, 636; NL 1883, 17[87]; KSA 10, 566. – „das Meer fletscht die Zähne gegen dich." NL 1888, 20[16]; KSA 13, 551.

dunkler Traurigkeit, verdrossen, vergreist, noch schlaftrunken, mit offenem Munde, träumend."[48] Es scheint sich um ein von Trauer verstelltes Schicksal zu handeln, das zum einen träumend, also nicht erkennend, wahrgenommen wird und zum anderen – womöglich deshalb – zu Missstimmung und Vergreisung führt; womit hier das Meer für etwas durchaus Negatives zum Symbol wird.

Über ein solches Schicksal soll nach Nietzsche aber keine Klage erhoben werden, wie sein Amor fati es fordert. Zarathustra beherrscht ihn, wenn er über dem Meer stehend, trotz seiner Trauer, unterstreicht: „Ich erkenne mein Loos, sagte er endlich mit Trauer. Wohlan! Ich bin bereit. [...] Ach, diese schwarze traurige See unter mir! [...] – tiefer hinab in den Schmerz als ich jemals stieg, bis hinein in seine schwärzeste Fluth! So will es mein Schicksal: Wohlan! Ich bin bereit." Selbst die abgründige See, in die niemals ein Lichtstrahl eingedrungen ist, muss noch bejaht werden, wenn es das Schicksal so will. Das gießt Nietzsche in ein ehernes Gesetz.

Auf seinen Wanderungen gelangt Zarathustra häufig ans Meer, fast scheint es, als suche er es auf, und so trifft er auf die „weiseste Seele". Sie wird von ihm über die Bewegung der Gezeiten, maritime Metaphern, allegorisiert: „die weiseste Seele, welcher die Narrheit am süssesten zuredet: – – die sich selber liebendste, in der alle Dinge ihr Strömen und Wiederströmen und Ebbe und Fluth haben".[49] Nehmen wir an, die weiseste ist die unschuldige Seele, aber auch sie wird von den Gezeiten nicht verschont. Daran vermag auch ihre unschuldig-naive Selbstliebe nicht zu rütteln.

Karl Jaspers und Friedrich Nietzsche sehen im Meer das Unendliche. Das offene Meer, so dieser, reizt nicht zum Vergöttlichen, nicht bei denen, die das Unendliche begrüßen, die sich nicht vor ihm ängstigen. Ihnen ist dieser Schauder, wieviel Erschauern er auch auszulösen vermag, vielmehr weitaus anziehender.

Jaspers betont: „Im Umgang mit dem Meer liegt von vornherein die Stimmung des Philosophierens. [...] Das Meer ist das Gleichnis von Freiheit und Transzendenz. [...] Die Philosophie wird ergriffen von der Forderung, es aushalten zu können, dass nirgends fester Boden ist, aber dadurch der Grund der Dinge spricht."[50] Eine Einsicht, die Nietzsche durchaus geteilt haben dürfte.

---

48 VM, KSA 2, 477f.; NL 1883, 17[14]; KSA 10, 541.

49 Za, KSA 4, 195; 261.

50 „*Unser neues* ‚Unendliches'. – Wie weit der perspektivische Charakter des Daseins reicht oder gar ob es irgend einen andren Charakter noch hat, ob nicht ein Dasein ohne Auslegung, ohne ‚Sinn' eben zum ‚Unsinn' wird, ob, andrerseits, nicht alles Dasein essentiell ein *auslegendes* Dasein ist – das kann, wie billig, auch durch die fleissigste und peinlich-gewissenhafteste Analysis und Selbstprüfung des Intellekts nicht ausgemacht werden: da der menschliche Intellekt bei dieser Analysis nicht umhin kann, sich selbst unter seinen

Wiewohl uns das Meer ins Bodenlose versinken lässt und uns damit das stets ungewisse Existieren spiegelt, offenbart es exakt darüber den Grund der Dinge; womit diese Bewegung und Bewegtheit mit dem Auftrag des Philosophierens kongruent werden soll. Nietzsche knüpft die exklusive Bedeutung des Meeres eng an dessen endlose Bewegung – dem Gegenteil des Starren und Verharrenden, des Gefesselten, mit der so vieles verstellt sei. Diesbezüglich ist seine Verehrung von Heraklits *panta rhei* zu verstehen, womit alles im Fluss ist, sich alles bewegt, es nichts Festes geben kann und das Werden zu einer grundlegenden Kategorie wurde. Heraklit weitet seine Semantik des Werdens – anders als Thales und Anaximander – auf die wogende Dynamik der Vorstellungen aus. Über ihn notiert Nietzsche in *Ecce homo*:

> Ein Zweifel blieb mir zurück bei *Heraklit*, in dessen Nähe überhaupt mir wärmer, mir wohler zu Muthe wird als irgendwo sonst. Die Bejahung des Vergehens *und Vernichtens*, das Entscheidende in einer dionysischen Philosophie, das Jasagen zu Gegensatz und Krieg, das *Werden*, mit radikaler Ablehnung auch selbst des Begriffs ‚Sein' – darin muss ich unter allen Umständen das mir Verwandteste anerkennen, was bisher gedacht worden ist.[51]

Heraklit ist einer seiner engen geistigen Verwandten, ein anderer ist Montaigne. Sie sind Freunde im Geiste, und er bewundert sie. Sein Zeitgenosse Jacob Burckhardt gehört auch dazu.

Das Werden sei das einzige Bleibende, als Wandel und perennierende Veränderung, worüber Nietzsche seine Auszeichnung von Schein und Täuschung bei gleichzeitiger Abwertung der Wahrheit und des Wahren gewinnt. Für diese endlos-bewegte Veränderung steht das Meer, und es evoziert Schein und Täuschung in den Sinnen. Das Werden ist das authentische Antidot gegen das „*unablösliche*[] *Bedürfniß der Erhaltung*, beständig die eine gröbere Welt von Bleibend[em], von ‚Dingen' usw. zu setzen". Es steht für nicht hierarchische Ereignisse, Pluralität, die er dekonstruierend gegen das Eine, Absolute, Universelle und Wahre positioniert. All das kann mit dem Meer verbunden werden. Das Werden, bei ihm auch mit dem Dionysischen alliiert, ist Dynamik als endlose Bewegung und ständige Veränderung: Transformation.

Für ihn sei die Welt:

---

perspektivischen Formen zu sehn und *nur* in ihnen zu sehn." FW, KSA 3, 626. – „Das Meer stellt diese Forderung. Dort ist keinerlei Fesselung. Das ist das unheimlich Einzige des Meeres." Jaspers 1967, 15f.

51 EH, KSA 6, 312f. – „Das verborgene Ja in euch ist stärker als alle Neins und Vielleichts, an denen ihr mit eurer Zeit krank und süchtig seid; und wenn ihr aufs Meer müßt, ihr Auswanderer, so zwingt euch ein *Glaube* dazu …" NL 1885/86, 2[207]; KSA 12, 168.

> Ein Ungeheuer von Kraft, ohne Anfang, ohne Ende [...] als Spiel von Kräften ubnd Kraftwellen zugleich Eins und Vieles, hier sich häufend und zugleich dort sich mindernd, ein Meer in sich selber stürmender und fluthender Kräfte, ewig sich wandelnd, ewig zurücklaufend mit ungeheuren Jahren der Wiederkehr, mit einer Ebbe und Fluth seiner Gestalten, aus den einfachsten in die vielfältigsten hinaustreibend, aus dem Stillsten, Starrsten, Kältesten hinaus in das Glühenste, Wildeste, Sich-selber-widersprechenste, und dann wieder aus der Fülle heimkehrend zum Einfachen, aus dem Spiel der Widersprüche zurück bis zur Lust des Einklangs, sich selber bejahend [...] dieß mein Jenseits von Gut und Böse, ohne Ziel, wenn nicht im Glück des Kreises ein Ziel liegt, ohne Willen, wenn nicht ein Ring zu sich selber einen guten Willen hat.[52]

Diese Welt, und für ihn gibt es nur diese Welt in einer harten Dialektik vielfältiger Widersprüche, die sich hier gleichsam als ein Filmbild, ein bewegtes, das Sichtbares und Sagbares vereint, formiert – und man könnte sie eine dionysische Welt nennen, die weder Gut noch Böse kennt, kann er uns über maritime Metaphern präsentieren: sie ist ein bewegtes Meer. Das und nur das ist die Welt und ihre endlose Wiederkehr. Können wir uns in ihr zuhause fühlen? Wir müssen es, sagt er.

Nietzsche fordert von uns eine bejahende Haltung zur Wiederkehr des Immergleichen, von der er überzeugt ist. Er erblickt in dieser Bejahung gar eine Erlösung von einer Entwertung des Lebens. Nur durch diese Bejahung, die schwerste und das damit erfolgte Umwerten, kann deren Imperativ eingelöst werden. Darüber hinaus macht dieses umfassende Ja die Wiederkehr des Gleichen zu einem guten Prinzip, weil die Bejahung dann auf alle Zeitebenen abstrahlt uns sie damit auch von allen Verneinungen erlöst. Exakt deswegen ist die Bejahung schlichtweg unverzichtbar.

Ich komme zurück auf Nietzsches Filmbilder und zu Merleau-Ponty, der in seinem Essay: „Das Kino und die neue Psychologie" den Film als „diese besondere Weise des Zur-Welt-seins"[53] beschrieben hatte. Diese Repräsentationsform, das Filmbild als ein Bewegungsbild, trifft auch auf die Filmbilder zu, die mitunter durch Nietzsches maritime Metaphorik, wie im obigen Zitat generiert werden.

Der zuweilen hermetische Charakter seiner Botschaften, die nur von verwandten Ohren vernommen werden könnten, braucht einen anderen

52 NL 1887/88, 11[73]; KSA 13, 36; NL 1885, 38[12]; KSA 11, 610f.

53 Merleau-Ponty, 2003, 44. – „Die Ebene der Bewegungs-Bilder ist ein beweglicher Schnitt durch das eine veränderliche Ganze, das heißt die eine Dauer oder das eine ‚universelle Werden'. Die Ebene der Bewegungs-Bilder ist ein Raum-Zeit-Block, eine zeitliche Perspektive [...] Allerdings überwiegt in einem Film – wenigstens in seiner einfachsten Charakterisierung – stets ein Bildtypus: man könnte, je nach dem vorherrschenden Typus von einer aktiven, perspektiven oder affektiven Montage sprechen." Deleuze 1989, 100ff.

Repräsentationsmodus; eine Sprache bewegter Bilder. *„Zur Frage der Verständlichkeit“* belehrt, man wolle gleichermaßen verstanden wie nicht verstanden werden: „Jeder vornehmere Geist und Geschmack“ und damit Nietzsche wähle seine „Zuhörer“ infolge der „feineren Gesetze eines Stils [...] sie schaffen Distanz, sie verbieten ‚den Eingang‘, das Verständniss [...] während sie Denen die Ohren aufmachen, die uns mit den Ohren verwandt sind“.[54] Das betrifft dann zweifelsfrei seine Metaphorik, die ihre spezifische Rhythmik und Stilistik auch wie in einer visuellen Bewegung präsentiert; eine Filmbildern verwandte, ja zuweilen analoge Textualität. Verstanden werden sie über Mimesis und Experimentelles und durch eine vom Visuellen initiierte Kunst des Auslegens.

Nietzsches Texte haben ein eigenes Tempo und einen spezifischen Rhythmus, eine eigene Bildsprache, in der Motive eingeführt, von anderen überlagert werden, die sich zu bewegten Bildern formen und simultanitätslogisch sprechen und verstanden werden können. Textstellen in Nietzsches Schriften erscheinen gleichsam wie ein komponiertes Filmbild, verwendet er doch häufiger eine bewegte Bildsprache und führt uns damit gleichsam in eine Filmeinstellung, die zwischen Realem und Imaginärem oszilliert.

Wie schon erwähnt, wird das Element Wasser in den uns bekannten Mythen und Lehren (Naturphilosophie) über die Entstehung der Welt als das erste und gründende angesehen. Jahrhunderte später behält es in Hollywood seinen Geheimnis umwobenen Status in einigen Filmen. Überaus naheliegend ist es, beim Meer an den Film zu denken, an die Mythen gleiche Verkörperung des Meeres in diesem Medium, der das nicht Repräsentierbare umfasst, die Unendlichkeit der Raum-Zeitdimension. Der Film präsentiert die Zeit als eine nicht zur Verfügung stehende. Die Allegorie des Meeres verkörpert sichtbar über und ahnbar unter der Oberfläche die Absenz einer bilderlosen Realität, die auch der Unverfügbarkeit der Zeit geschuldet ist. Versucht der Film über seine Bilder und Einstellungen das Unermessliche einzufangen, dann könnte man das mit einem Schwimmen über und unter der Meeresoberfläche vergleichen.

In *Niagara*, 1953 von Henry Hathaway gedreht, wird die übermächtige Dynamik des Meeres schicksalhaft und löst eine Dramatik aus, die sein zerstörerisches, alles verschlingendes Fallen, sein unaufhaltsames Herunterstürzen, das der Protagonisten zu diktieren scheint. Das Wasser ist ein Urelement der menschlichen Fantasie; der Film will das umsetzen.

Stromboli von Roberto Rossellini (1950) zeigt mit seinem offenen Ende, wie die Grenzenlosigkeit des Films mit der des Meeres korrespondiert. Es gibt nichts als Endlosigkeit, so auch im Schicksal der Protagonisten.

54 FW, KSA 3, 634.

Avventura von Antonioni ist ein Film, der am, im und über dem Meer spielt, wobei das Meer zu einem Panorama aus Erinnerung und Vergessen wird. Darin entbirgt sich die gleichsam vereinfacht-verknappte Natur des Meeres. Seine Grenzenlosigkeit wird im Breitformat gezeigt, die Menschen werden gleichsam zu Inseln, als würden sie unter der Meeresoberfläche angesiedelt sein.

Auch der Gedanke einer ewigen Wiederkehr des Gleichen wird gleich einer filmischen Szenerie eingeführt. Er habe ihn überrollt, notiert er im Nachlass von 1881. „6000 Fuss über dem Meere und viel höher über allen menschlichen Dingen! –"[55] So hoch oben über dem Meer soll es gewesen sein. Interessant, dass Nietzsches Referenz hier das Meer und nicht die Erde ist. Er fordert die uneingeschränkte Bejahung der ewigen Wiederkehr des Gleichen, wiewohl er einräumt, das sei der schwerste Gedanke, und er bedürfe einer reifen Menschheit. Für ihn, so in *Jenseits von Gut und Böse*, müsse man: „sich die Augen [öffnen, J.G.] für das Ideal des übermüthigsten lebendigsten und weltbejahendsten Menschen", der alles: *„so wie es war und ist,* wieder haben will, in alle Ewigkeit hinaus, unersättlich da capo rufend".[56] Das „da capo" gilt der ungeheuren, ewigen, steigernden Intensität, die sich im Jenseits von Gut und Böse vollziehe. Es gilt dieser Welt, einer ohne Ideale, die als ein Meer symbolisiert werden kann. Darf man unterstellen, dass dieser weltbejahende Mensch am Meer leben und eine mediterrane Existenz haben könnte?

In „Der Genesende" wird das Wiederkehrende über ein endlos rollendes Rad bebildert. Das rollende Spiel der Wellen kennen wir aus der endlosen Bewegung des Meeres:

> Alles geht, Alles, kommt zurück; ewig rollt das Rad des Seins. Alles stirbt, Alles blüht wieder auf, ewig läuft das Jahr des Seins. Alles bricht, Alles wir neu gefügt: ewig baut sich das gleiche Haus des Seins. Alles scheidet, Alles grüsst sich wieder; ewig bleibt sich treu der Ring des Seins. In jedem Nu beginnt das Sein; um jedes Hier rollt sich die Kugel Dort. Die Mitte ist überall. Krumm ist der Pfad der Ewigkeit'. –

Hier zeigen sich gleichermaßen Belastungen und Erlösendes; was abgestorben ist, wird wieder blühen, und man grüßt sich, man versöhnt sich wieder. Nichts kann je verloren gehen, wie auch die Wellen alles mitnehmen,

55 NL 1881, 11[141]; KSA 9, 494.

56 JGB, KSA 5, 75. – „Meine Lehre sagt: *so* leben, daß du *wünschen* mußt wieder zu leben ist die Aufgabe – du wirst es *jedenfalls*! Wenn das Streben das höchste Gefühl giebt, der strebe: wem Ruhe das höchste Gefühl giebt, der ruhe: wem Einordnung Folgen Gehorsam das höchste Gefühl giebt, der gehorche. Nur **möge** *er bewußt darüber werden*, **was** ihm das höchste Gefühl giebt und *kein Mittel* scheuen! Es gilt *die Ewigkeit*!" NL 1881, 11[163]; KSA 9, 505.

wegschwemmen und es dabei dennoch bergen. Eine poetisch berührende Allegorie von Versöhnung – für den Genesenden. Er kann am Wiederkunftsgedanken genesen, weil Zarathustra lehrt, dass er wiederkommen wird mit „dieser Sonne, mit dieser Erde [...] *nicht* zu einem neuen oder besseren Leben oder ähnlichen Leben; ich komme wieder zu diesem gleichen und selbigen Leben [...] dass ich wieder aller Dinge ewige Wiederkunft lehre".[57] Daran kann man nur dann genesen, wenn man die Bestrebungen nach einem anderen Leben überwunden hat, denn das gibt es nicht, und das kann es auch nicht geben. Das ist Zarathustras Input als Lehrer der Wiederkehr; sie verkündet exakt damit Genesung.

In *Morgenröte* begreift Nietzsche das Werden als einen Ozean. Betont wird so einmal mehr, wie unverzichtbar ihm das Meer allegorisch für Verständnis und Entschlüsselung der Existenz; für ihr Begreifen ist.

> – Inmitten des Ozeans des Werdens wachen wir auf einem Inselchen, das nicht grösser als ein Nachen ist, auf, wir Abenteuerer und Wandervögel, [...] wie schnell kann uns ein Wind verwehen oder eine Welle über das Inselchen hinwegspülen, sodass Nichts mehr von uns da ist! Aber hier, auf diesem kleinen Raume, finden wir andere Wandervögel und hören von früheren, – und so leben wir eine köstliche Minute der Erkenntniss und des Errathens, unter fröhlichem Flügelschlagen und Gezwitscher mit einander und abenteuern im Geiste hinaus auf den Ozean, nicht weniger stolz als er selber![58]

Die gefährdete Existenz, der Wind kann schnell drehen, und die Insel kann weggespült werden im stolzen Ozean beschreibt das Diminutiv „Inselchen" – und damit die Idylle eines köstlichen, fröhlichen Erkennens und Erratens im momenthaften Verharren der Insulaner, die in einem Panorama mit Wandervögeln, Gezwitscher und Flügelschlagen leben.

Wie schon erwähnt, zeigt Nietzsches Philosophie einen diversen Gebrauch des Topos Meer, sei es zur Bezeichnung seine Physiologie, viel häufiger jedoch metaphorisch – zur Bebilderung ganz anderer Sachverhalte; des Werdens, Existierens, Erkennens, neuer Horizonte und Perspektiven, der Gefahr, der Herausforderung, des Abenteuers, der Bewegung, der Tiefen und Untiefen, der Verführung, der Intensität, des Lebens, der Zukunft, der Transformation etc. Im Unterschied zu Heraklit verknüpft er das Werden auch mit seiner Metaphorik eines dynamischen Willens zur Macht, der alles überwinden müsse, was sich ihm entgegenstelle.

---

57 Za, KSA 4, 272f; 276. – „Eine andere Genesung, unter Umständen mir noch erwünschter, ist *Götzen aushorchen* [...] Hier einmal mit dem *Hammer* Fragen stellen und, vielleicht, als Antwort jenen berühmten hohlen Ton hören". GD, KSA 6, 57.

58 M, KSA 3, 227.

In *Jenseits von Gut und Böse* behauptet er, die Welt „von innen gesehen, die Welt auf ihren ‚intelligiblen Charakter' hin bestimmt und bezeichnet – sie wäre eben ‚Willen zur Macht' und nichts ausserdem". Unser „gesammtes Triebleben als die Ausgestaltung und Verzweigung Einer Grundform des Willens zur erklären – nämlich des Willens zur Macht".[59] Bei Nietzsche untersteht der Willen zur Macht einem Über-sich-Hinausmüssen; darin zeigt sich ein endlos-ewiges Werden als das einzig Bleibende. Auch hier kann man an ein Meer denken, eines aus Machtwillen. Das ist auch sein stärkster Einwand gegen eine metaphysische Deutung dieses Prinzips. Dem Willen gelinge es, dem Werden immer wieder den Charakter des Seins zu geben, damit werde es unvergängliche, endlose Bewegung mit Augenblicken des Stillstands als Materialisationen der Machtwillen. Wenn alles Willen zur Macht ist, ist alles Werden, ist Entstehen und Vergehen und ist nur als Entstehen und Vergehen. Veränderung ist für Nietzsche das einzig Beständige. Allein der Augenblick der Konfrontation der Machtwillen ist der ihrer Kreation und Evaluierung im konfrontativen Geschehen. Gleichsam ein Realitätsort, weil das Spiel der Kräfte hier augenblickhaft stillgestellt ist. Solange bis sich zeigt, welche Macht unterliegt und welche siegt.

Das hat selbstverständlich auch Auswirkungen auf die Erkenntnis, auch sie untersteht diversen Machtwillen. Der Nachlass von 1880 behauptet: „Der Irrthum ist also die Basis der Erkenntniß, der Schein. Nur durch die *Vergleichung vieler Scheine* entsteht Wahrscheinlichkeit, also Grade des Scheins". Das ist eng mit seiner These eines ewigen Wandels und stetiger Veränderung verbunden. Wer verkörpert das authentischer als das Meer und damit zugleich die diversen Scheinbarkeiten, die zu einer anderen, gefährlichen Erkenntnis führen müssen? „Ich will keine Erkenntniß mehr ohne Gefahr: immer sei das tückische Meer" anwesend. Die maritime Tücke macht die Erkenntnis per se zum gefährlichen Experiment, eines mit offenem Ausgang. Nichts ist dann mehr verbrieft oder gewiss.

Insbesondere in Platons Ideenlehre werden die Phänomene der sinnlichen Wahrnehmung als scheinhafte angesehen, Wahrheit liegt nicht im Bereich sinnlich erfahrbarer Dinge. Auch unsere Begriffe taugen nicht zu einer exakten Erfassung der Welt. Vielmehr beziehen sie sich auf übersinnliche und damit reine Ideen, Urbilder unserer begrifflichen Abbilder. Auch die Sinnenwelt ist von ihnen abgeleitet. Die Ideen sind das Zugrundeliegende.

Ganz anders Nietzsche für den gerade das „Ding an sich" und damit das scheinbar Wesenhafte, eine Täuschung ist. Auf Goethes: „Alles Vergängliche ist nur ein Gleichnis" (Faust, 2. Teil, Schlussverse) anspielend, behauptet er

---

59 JGB, KSA 5, 55.

gegenläufig im *Zarathustra*: „Alles Unvergängliche – das ist nur ein Gleichnis! Und die Dichter lügen zuviel. –"[60] Das weiß Zarathustra „Auf den glückseligen Inseln."

Auf dem Meer zu fahren, sich ins Unbekannte wagen, bedeutet hart und aufrichtig zu sein. Das offene Meer verkörpert den neuen Horizont, in dem die Erosion moralischer Werte vollendet sein müsste. Sein direkter Gegenspieler – die größte Zumutung für die „lebendigen Geschöpfe[]" – ist die „Entstehung des Festlandes"; seien wir doch für „das Leben im Meere" geboren. Das ist zwar eine Provokation, soll aber das Bild für ein gefahrenreiches und gerade deshalb fruchtbares Dasein sein. Es ist die Lust am Unentdeckten, die Nietzsche mit dem Meer verbindet; nur da sei man vom Grenzenlosen umgeben.

Zudem wird das Liebesverlangen in „Das Kind mit dem Spiegel" mit einem Strom zum Meer verknüpft. „Meine ungeduldige Liebe fliesst über in Strömen [...] Und mag mein Strom der Liebe in Unwegsames stürzen! Wie sollte ein Strom nicht endlich den Weg zum Meere finden! Wohl ist ein See in mir, ein einsiedlerischer, selbstgenugsamer; aber mein Strom der Liebe reisst ihn mit sich hinab – zum Meere!"[61] Der sich selbst genügende Einsiedler vermag ins Meer einzutauchen, dort gelangt er zu der Umgebung, mit der er sich verbinden kann, in ihr kann er aufgehen, sich mit dem Meer vermählen. Auch wenn es die Liebe ist, die ihn unaufhaltsam dorthin schwemmt. Dagegen vermag der Einsiedler nichts auszurichten. Offen bleibt, ob seine Liebe dort verschlungen oder gestärkt wird.

Die Metaphorik des offenen Meeres steht in Nietzsches Denken zudem für den gewünschten Abschied vom Land und die Hinwendung zu etwas sehr Gefahrenreichem, aber unabweisbar Notwendigen. Daneben sei, wie es *Die fröhliche Wissenschaft* unterstreicht, das „Glück eines Auges, vor dem das Meer des Daseins stille geworden ist",[62] das bezieht er auf Epikur. Ruhe und Unbewegtheit, Stille verschmelzen zum Glück in einem Meer-Dasein, in unserem. Ist es jedoch ein offenes Meer wie unsere Existenz, dann wird es in aller Regel einen Abschied von der Heimat, dem Vertrauten und Stabilen, der Familie, ja der Sozialität bedeuten. Insbesondere das „offene Meer" bebildert das nachdrücklich. Als Meer der Zukunft symbolisiert es ein glaubens- und moralbereinigtes Leben. Exakt dieses Meer sollen die Philosophen und die

60 NL 1880, 6[441]; KSA 9, 312; NL 1880, 7[165]; KSA 9, 351; Za, KSA 4, 110.

61 NL 1885, 36[2]; KSA 11, 549; Za, KSA 4, 106. – „Da ist die schwarze traurige See, gleich meinem Schicksale liegt sie vor mir. – ein offenes Auge, aber noch schlafsüchtig noch kein Blick nach mir darin." NL 1883, 17[15]; KSA 10, 541.

62 „und das nun ob seiner Oberfläche und an dieser bunten, zarten Meeres-Haut sich nicht mehr satt sehen kann: es gab nie zuvor eine solche Bescheidenheit der Wollust". FW, KSA 3, 411.

Erkennenden befahren und zwar gerade wegen seiner extremen Untiefen; dieses Meer wird zu ihrer Bewährung.

Das offene Meer bedeutet radikale Umwertungen und Entgrenzungen, grundstürzende Veränderungen, die sich exakt in seiner Orientierungslosigkeit vollziehen müssen, und damit steht es für Nietzsches Philosophie der Befreiung vom alten Denken. „Aber dergleichen Vorurtheile sitzen an der Schwelle zu aller bisherigen Philosophie: und sonderlich die, daß Gewißheit besser sei als Ungewißheit und offene Meere, und daß der Schein es sei, den ein Philosoph als seinen eigentlichen Feind zu bekämpfen habe."[63] Die „Gewißheit" über die „Ungewißheit" zu stellen, ist der Fehler der Philosophie, und für Nietzsche steht der Schein am höchsten und entspricht der Realität. Die wie das Meer scheinhafte, trügerisch und bewegt ist.

Die herkömmliche Philosophie kann sich nicht dem offenen Meer, das ein tückisches, verschlingendes sein kann, überantworten. Sie kann keine neuen Perspektiven einnehmen, keine neuen Erkenntnisse gewinnen. Dieses Meer aber könnte ein Symbol der neuen Existenz sein, die als eine tragische mit seiner unendlichen Bewegung, die eine Herausforderung ist, einhergeht. Dann sind wir *„Im Horizont des Unendlichen"*; in einem grenzenlosen, tiefen Meer. In diesem Horizont manifestieren sich die Ferne und das Ferne, das Fremde, Tiefe und die Untiefen, eine untergründige Welt sowie die Weite, das Weite und damit die Öffnung, eine endlose. All das erfasst das Gefühl. Seine Unnahbarkeit steht für das Geheimnis ein; für die Geheimnisse des Meeres.

> – Wir haben das Land verlassen und sind zu Schiff gegangen! Wir haben die Brücke hinter uns, – mehr noch, wir haben das Land hinter uns abgebrochen! Nun, Schifflein! sieh' dich vor! Neben dir liegt der Ocean, es ist wahr, er brüllt nicht immer, und mitunter liegt er da, wie Seide und Gold und Träumerei der Güte. Aber es kommen Stunden, wo du erkennen wirst, dass er unendlich ist und dass es nichts Furchtbareres giebt, als Unendlichkeit. [...] Wehe, wenn das Land-Heimweh dich befällt, als ob dort mehr *Freiheit* gewesen wäre, – und es gibt kein ‚Land' mehr!

Land und Meer können metaphorisch den Gegensatz zwischen der metaphysischen Philosophie und der neuen, einer des Werdens, in der alles „im Fluss" ist, bebildern. Jedoch, wenn es kein Land mehr gibt und geben kann, keines, dann steigt Angst auf. Dennoch formiert sich das Befreiende und anders ist es schlechterdings nicht vorstellbar, wenn man jeden Bezug zum Festland definitiv abgebrochen hat. Zu betonen ist jedoch, dass hier ein Schifflein gegen einen Ozean steht, gegen ihn ankämpft, gegen dessen Drang, es zu

63 NL 1885, 40[57]; KSA 11, 656.

verschlingen. Dann kann die Unendlichkeit zur Katastrophe werden, allzumal, weil es kein Land mehr gibt und das Heimweh groß ist. Zu begreifen ist jedenfalls, dass es kein Land mehr geben kann, und dass es nie ein stabiles gab, das war eine Fiktion. Panta rhei!

Es sind die „freien Geister", die sich diesem unendlichen Horizont auszusetzen vermögen, wiewohl er für sie lebensbedrohlich ist oder zumindest sein kann. Die Meerfahrt auf dem offenen Meer vermittelt allegorisch den Selbstverlust in der Unendlichkeit des Meeres; im Horizont des Unendlichen. Mit ihm kommt eine Entkoppelung von Gesellschaft und Sozialität, denn in diesem Horizont gibt es keine sozialen Bindungen mehr. Das lässt selbst die freien Geister erschrecken, denn sie erkennen, wie furchtbar die Unendlichkeit ist. Das verlassene Land ist ein von Gott, vom christlichen Glauben und metaphysischen Scheinstabilitäten beherrschtes. Im unendlichen Horizont gibt es jedoch kein Land mehr, kann es nichts Festes mehr geben. Hier ist selbst der Anschein davon verloren gegangen, die Wellen haben ihn allzu gerne mitgenommen. Das muss in Kauf genommen werden, will man im Horizont des Unendlichen navigieren.

Nietzsche verschweigt nicht die Dramatik, das Apokalyptische, in denen man sich in diesem Horizont befindet, und dennoch müssen wir genau zu diesem Horizont, der mit dem Meer verbunden ist, dem offenen, unendlichen Meerhorizont. Die Stabilität, die das Land suggerierte und auch dessen Freiheit sind trügerisch; Schimären. Davon muss man sich verabschieden. Die Alternative ist jedoch nichts als Gefahr, und dennoch soll und muss so unser Existieren sein; ein gefahrenreiches und gleichermaßen ein bejahtes. Wie furchtbar der Horizont des Unendlichen auch sein mag, es gilt der Amor fati: „das Nothwendige an den Dingen als das Schöne zu sehen".[64] Dieser neue Horizont ist notwendig für uns, weil nur er befreien kann, und er muss bejaht werden, denn ein Leben an Land weist keine neuen keine Entwicklungen mehr auf. Der Landtraum ist ausgeträumt, der neue, der auch die Wiederkehr umschließt, verbindet sich mit dem Meer; den müsse man leben, sich ihm überlassen.

> Wenn ich dem Meere hold bin und Allem, was Meeres-Art ist, und am holdesten noch, wenn es mir zornig widerspricht [...] – das Grenzenlose braust um mich,

64 FW, KSA 3, 480; 521. – „ein grosses Segelschiff, schweigsam wie ein Gespenst dahergleitend. Oh diese gespenstische Schönheit! Mit welchem Zauber fasst sie mich an! Wie? Hat alle Ruhe und Schweigsamkeit der Welt sich hier eingeschifft?" Ebd., 424. – In „*An den den Mistral.* Ein Tanzlied." „Der du ohne Schiff und Ruder// Als der Freiheit freister Bruder // Ueber wilde Meere springst. [...] Tanzen nun in tausend Rücken // Wellen-Rücken, Wellen-Tücken – [...] *Braust* mein Glück dem Sturme gleich. – " Ebd., 649ff.

> weit hinaus glänzt mir Raum und Zeit, wohlan! wohlauf! altes Herz!‘ Oh, wie sollte ich nicht nach der Ewigkeit brünstig sein und nach dem hochzeitlichen Ring der Ringe, – dem Ring der Wiederkunft? […] *Denn ich liebe dich, oh Ewigkeit!*‘

Diese Seefahrer-Lust ist durch nichts zu befriedigen oder aufzuhalten, sie will und sie muss immer weiter. Eine Suche, die kein Ziel finden, in keinen Hafen einlaufen kann. Das hat erneut gravierende Auswirkungen auf die Erkenntnis und auf das Existieren, wie in „*Vorbereitende Menschen*“ zu lesen ist. „Baut eure Städte an den Vesuv! Schickt eure Schiffe in unerforschte Meere! Lebt im Kriege mit Euresgleichen und mit euch selber! Seid Räuber und Eroberer […] ihr Erkennenden!“ Das wäre der Meertraum Nietzsches, ein überaus gefährlicher zumal, der Grundstürzendes anvisiert und die unerforschten, offenen Meere, unsere Zielmarke des Existierens, mit einem Leben am Vulkan, am Punkt maximaler Eruptionen, alles verschlingender Lava metaphorisch verbindet. Das kann schwerlich unser Traum sein. Zudem fragt sich, wie sinnvoll es ist, Befreiendes so eng an ein lebensgefährliches Szenario zu binden; es gleichsam damit zu verklammern? Abgesehen davon, dass man mit diesem Traum, der ein Albtraum ist, kaum auf Follower hoffen kann.

Wir wollen jedoch nicht vergessen, dass es sich um ein symbolträchtiges Bild, der Vesuv, handelt, wenn es uns auch mit schwer nachvollziehbaren Aufforderungen befrachten. Bilder, Symbole, Allegorien und Filmbilder sollen uns helfen, unserer Entschlossenheit und Kraft zu erproben. Selbst wenn wir nicht dort leben wollen, sollen wir lernen, wie groß die Gefahr und die Befreiung sein können. Sie sind nahtlos ineinander verschlungen. Das Leben vollzieht sich am Vesuv, bis zur nächsten Eruption folgen noch weitere Pompejis.

Nietzsches Meertraum ist nicht der Camus’ – und schon gar nicht mit dessen allegorisch-poetischer Semantik des Mediterranen alliiert. Bei Nietzsche leuchtet, duftet und wärmt das Südlich-Mediterrane mitunter zwar auch, aber er kann es nicht dabei belassen. Vielmehr extrahiert er daraus Aufgaben und Anforderungen, die sich bei Camus nicht finden. In diese ist der unabweisliche Auftrag einer Überwindung seiner Gefahren eingeschlossen.

Blumenberg betont, das Meer sei das dem Menschen „am wenigsten geheuere“.[65] Für Nietzsche sind aber gerade damit befreiende Perspektiven und Potenzen verknüpft, die einen anderen, demütigen, achtsamen Umgang

---

65 Za, KSA 4, 290; FW, KSA 3, 526f.; Blumenberg 2014, 9. – Zur Übersendung von *Morgenröte* an seinen Verleger jubelt Nietzsche 1883 in einem Brief an Köselitz „Was habe ich inzwischen alles um dieses Buches willen in mir durchgemacht! […] Genug, ich fühle mich jetzt wieder auf offnem Meere und die alte mir so bekannte *bittre Entschlossenheit* hat mich wieder. – “ KSB 6, 68.

mit der Natur fördern und sich der aneignenden Hybris des erkennenden Subjekts entgegenstellen sollen.

Welcher Umgang mit der Natur dem Übermenschen zuzusprechen ist, wird von Nietzsche nicht wirklich ausgeleuchtet. Ich werfe jetzt einen Blick auf seine vielfältige Übermenschsemantik, in der die Aspekte gleichwohl zusammenzustehen scheinen. Da trifft man auf Prophetie, physiologische Thesen und ein philosophisches Statement, zudem hat sie ästhetische und pädagogische Implikationen. Sie alle müssen als eine Kritik am Vorfindbaren verstanden werden. Für den Übermenschen gibt es in Nietzsches Werk Vorstufen; der freie Geist und der dionysische Künstler, der Krieger, der Starke etc., aber auch der Freund, den er als ein „Vorgefühl des Übermenschen" klassifiziert:

> Nicht den Nächsten lehre ich euch, sondern den Freund. [...] Ich lehre euch den Freund und sein übervolles Herz. Ich lehre euch den Freund, in dem die Welt fertig dasteht, eine Schale des Guten, – den schaffenden Freund, der immer eine fertige Welt zu verschenken hat. Und wie ihm die Welt auseinander rollte, so rollt sie ihm wieder in Ringen zusammen, als das Werden des Guten durch das Böse, als das Werden der Zwecke aus dem Zufalle. Die Zukunft und das Fernste sei dir die Ursache deines Heute: in deinem Freunde sollst du den Übermenschen als deine Ursache lieben.[66]

Der Übermensch, eine utopische Figur, wird hier als die Ursache von diesen starken, höheren Gefühlen ausgewiesen. „Wir müssen die Erde für den Übermenschen bereit machen und Thier und Pflanzen ich impfe euch mit dem Wahnsinn."[67] Hinzu tritt der Wahnsinn, der mit dem Übermenschen verbunden wird, einem, dem wir zu folgen hätten, wenn wir den Übermenschen schaffen wollen. Denn dazu müssen wir uns überwinden und letztlich wohl opfern, weil der Übermensch in den tradierten Existenzstrukturen nicht leben können wird. Wenn er uns den Wahnsinn einimpft, will er uns damit zu diesen wahnwitzigen Opfern ermächtigen? Es muss freilich ein grundstürzendes Zerbrechen der Bilder vom Menschen, womit der Übermensch zum Bilderstürmer wird, erfolgen. Insbesondere geht es hier um den Humanismus und seine Ideale.

Selbst in der eigenwilligen Semantik des Übermenschen – er steht für die größtmögliche Transformation – ist das Meer ihm zugeordnet; in ihm könne der „schmutzige[] Strom" Mensch untergehen. Dieses ultimativ reinigende Meer ist der Übermensch, „in ihm kann eure grosse Verachtung untergehn".

---

66 Za, KSA 4, 78.

67 NL 1882/83, 4[78]; KSA 10, 136. Kurze Zeit später notiert er: „Den *Übermenschen* schaffen, nachdem wir die ganze Natur auf uns hin gedacht, denkbar *gemacht* haben." NL 1882/83, 4[80]; KSA 10, 137.

Zudem löse er, wenn er gekommen ist, die alten moralischen Bindungen und die an den Glauben und metaphysischer Dogmen in [s]einem Meer auf. In diesem Meer würde die moralisch bedingte Selbstverachtung des Menschen erodieren müssen, so Nietzsche. Als dieses reinigende Meer – es reinigt den Menschen von allen Spielarten der Selbstverachtung –, womit die fadenscheinigen Tugenden weggewischt werden, ist es wiederum eines des Untergangs für die alten Werte. Mit der Ankunft des Übermenschen wären die Umwertungen vollzogen. Der sich selbst Verachtende werde dereinst im Meer des Übermenschen begraben sowie seine masochistische Bereitschaft, sich zum Sünder degradieren zu lassen. Das alles unterstellt Nietzsche, und das alles verbindet er mit dem reinigenden Meer Übermensch.

In Zarathustras Rede vom Übermenschen treffen wir auf die maritimen Metaphern Ebbe, Flut und Meer.

> *Ich lehre euch den Übermenschen.* Der Mensch ist Etwas, das überwunden werden muss. Was habt ihr gethan, ihn zu überwinden? Alle Wesen bisher schufen Etwas über sich hinaus: und ihr wollt die Ebbe dieser grossen Fluth sein und lieber noch zum Thiere zurückgehen, als den Menschen überwinden? [...] Wahrlich ein schmutziger Strom ist der Mensch. Man muss schon ein Meer sein, um einen schmutzigen Strom aufnehmen zu können, ohne unrein zu werden. Seht, ich lehre euch den Übermenschen: der ist diess Meer, in ihm kann eure grosse Verachtung untergehen.

Wenn Nietzsche ein Vermächtnis seines Philosophierens, den Übermenschen – als Symbol einer finalen Transformation des herkömmlichen Menschen – als ein Meer bezeichnet, dann sagt das sehr viel über dessen Bedeutung für sein Denken. Diese Vision, wiewohl er betont, der Übermensch müsse kommen, wird bilderreich mit Attributen versehen, die aus dem Maritimen stammen: Endlosigkeit, Bewegtheit, Tiefe, Unermesslichkeit, Reinigung, Grenzenlosigkeit., Ebbe und Flut etc. Der bisherige Mensch wird metaphorisch dem Wasser zugeordnet, dem schmutzigen Strom, der ins Meer des Übermenschen zur Reinigung fließen muss. Dieses Meer soll das können; bei Nietzsche ist es endlos reinigend. Die Metaphern Meer, Wasser, See, Fluss sind in Nietzsches Philosophie besonders häufig anzutreffen, was nicht zuletzt das Flüssige von Denken und Erkennen spiegelt.

Das Meer steht zudem für eine unendliche Ausbreitung und Perspektivität des Sinnhaften und damit für die Ablehnung *des* Sinns. Abgesehen von den maritimen Metaphern, die hier zur Bezeichnung von Mensch und Übermensch im *Zarathustra* verwendet werden, sollen sie unser Angewiesensein auf diesen neuen, leibpotenten, reinigenden Typus aufzeigen. Schmutzig geworden sind wir und haben eine Beschmutzung durch den Glauben und die Moral zugelassen; durch falsche Ideale und jenseitige Versprechungen. All das muss gereinigt werden, und Nietzsche zufolge, wird es der Übermensch für uns erledigen, und wenn es nötig ist, uns dabei wegwaschen. Man darf sich über den Charakter dieser Reinigung keine Illusionen machen.

„Von alten und neuen Tafeln" betont, man müsse ein „Seefahrer" sein; die „Seemanns-Herzen" müssen aufs Meer, auch wenn es „stürmt", um die „Menschen-Zukunft" zu entdecken. „*Dorthin* will unser Steuer, wo unser *Kinder-Land* ist: Dorthinaus, stürmischer als das Meer, stürmt unsre grosse Sehnsucht! – "[68] Wenn das Meer ein „*Kinder-Land*" ist, dann ist es unschuldig, und die Sehnsucht nach ihm scheint grenzenlos. Dem hätte Freud zustimmen können, wiewohl er davon überzeugt war, dass wir es nie erreichen können, denn realistisch betrachtet, können wir dahin nicht zurück. Dieses unschuldige Land wäre nicht nur eines der Sehnsucht, sondern für Nietzsche auch eines der Versöhnung und damit der Erlösung. Es ist eines der Freisetzung und der Befreiung. Um dahin zu gelangen, dort anzukommen, ist viel Gefährliches zu bewältigen. Wiewohl das nur wenige vermögen, bleibt es seine Forderung an uns. Damit appelliert er an unsere Neugierde und unseren Wagemut, unsere Lust am Abenteuer und an der Selbsttransformation – an unseren Meertraum.

Das Meer ist das Symbol und die Allegorie für die neue Existenzweise eines bewegten und bejahenden Lebens im Ungewissen. Real erreichbar ist das jedoch erst nach Gottes Tod. Es ist die Naturmetapher einer unverstellten Zukunft und als Botschaft insbesondere an die „freien Geister" adressiert, weil sie die damit verbundenen Chancen und Möglichkeiten zu nutzen wüssten. Dann „endlich dürfen unsre Schiffe wieder auslaufen, auf jede Gefahr hin auslaufen", zu etwas Unbekanntem. Für diese auslaufenden Schiffe, navigiert von freien Geistern, soll jede Gefahr per se gerechtfertigt sein. Womöglich sind die freien Geister dazu bereit. Es ist insbesondere die Offenheit des Meeres und sein offener Horizont mit einer Unzahl neuer Perspektiven, die Nietzsche in „*Was es mit unserer Heiterkeit auf sich hat* – " mit Gottes Tod verbindet. Selbst das Denken soll in Meeresnähe besser gelingen; „dicht am Meere".[69]

---

68 Za, KSA 4, 14f.; 267f. – „So liebe ich allein noch meiner *Kinder Land*, das unentdeckte, im fernsten Meere: nach ihm heisse ich meine Segel suchen und suchen. An meinen Kindern will ich es gut machen, dass ich meiner Väter Kind bin: und an aller Zukunft – *diese* Gegenwart!" Ebd., 155.

69 FW, KSA 3, 574; 614. „Einst sagte man Gott, wenn man auf ferne Meere blickte; nun aber lehrte ich euch sagen: Übermensch. Gott ist eine Muthmaassung; aber ich will, dass euer Muthmaassen nicht weiter reiche, als euer schaffender Wille." Za, KSA 4, 109. – „Ach, ich warf wohl mein Netz in ihre Meere und wollte gute Fische fangen; aber immer zog ich eines alten Gottes Kopf herauf. So gab dem Hungrigen das Meer einen Stein. Und sie selber mögen wohl aus dem Meere stammen." Ebd., 165. – „Für meinen Kopf bietet die Nähe des Meeres eine Erleichterung – das ist nicht zu unterschätzen". KSB 6, 313.

Mit Nietzsches Meermetaphorik gelangen wir erneut zu Zarathustra, den das Meer zu einem Liebesbekenntnis inspiriert: „Wohlauf! Hier ist mein Vorgebirg und da das Meer: *das* wälzt sich zu mir heran, zottelig, schmeichlerisch, das getreue alte hundertköpfige Hunds-Ungethüm, das ich liebe. [...] Wohlauf! Hier will ich die Waage halten über gewälztem Meere". Zarathustras Stärke erlaubt ihm, das Meer als ein Ungeheuer zu sehen und es trotzdem, womöglich dennoch zu lieben.

In „Das Meer *Bordtagebuch*" votiert Camus hinsichtlich der Liebe für eine fließende: „So müßte man lieben, treu und flüchtig. Ich vermähle mich mit dem Meer", womit er die Intensität seiner begehrenden Liebe zum Meer eindringlich transparent werden lässt.[70] Aus der Liebe Camus' zum Meer entsteht der Wunsch nach einer Vermählung mit ihm. Inniger kann ein Wunsch kaum sein. Ausgelöst wird er vom Meer, dem sich Camus liebend hingibt.

Anders als Nietzsche artikuliert Camus die mit dem Meer verbundenen Gefahren und Ängste nicht, wiewohl sie real sind. Ob er sie sieht, wissen wir nicht, zumindest schreibt er nicht darüber, vielleicht waren sie ihm nicht so wichtig. Delumeau zählt die Angst vor dem Meer zu einer von allen gefühlten und bindet sie in einen Kanon kulturell vermittelter Ängste vor den Naturgewalten, dem Chaos und dem Blick unter den Meeresspiegel ein. „Heimliche oder offene Angst ist in Europa zu Beginn der Neuzeit allgegenwärtig. [...] Es gibt aber in der Welt von einst einen Raum, in dem der Historiker gewiß ist, der Angst unverhüllt zu begegnen. Dieser Raum ist das Meer."

Insbesondere der Blick in die Tiefen des Meeres, seine Unterwelt, für menschliche Erkenntnisse unzugänglich, wurde als eine tödliche gesehen – und das Meer als ein feindliches Element, umgeben von bedrohlichen Riffen, bestehend aus unermesslichen Tiefen und Untiefen, wo ein gewaltsamer, verschlingender Sturm tobt. Selbst ein stilles Meer löse Angst aus; es kann für die Seefahrer den Tod bedeuten, weil den Segeln der Wind fehlt. Das alles zeigt uns unerbittlich unsere Kleinheit, Bedeutungslosigkeit, Schwäche etc. Das Meer wird zum Inbegriff für Herausforderung. „Allgemeiner ausgedrückt wurde das Meer über Jahrtausende hinweg in seiner plumpen Größe, Macht, Unberechenbarkeit, Tiefe, Finsternis als Anti-Element angesehen, als negative Dimension

70 Za, KSA 4, 236; Camus 2000, Heimkehr, 107. – *„Ich wuchs am Meer auf, und die Anmut schien mir kostbar; dann verlor ich das Meer, und aller Luxus erschien mir fortan grau und das Elend unerträglich. Seither warte ich. Ich warte auf die Schiffe der Rückkehr, auf das Haus der Gewässer, auf den hellen Tag."* Ebd., 104. – „Diese großen schönen Schiffe, unmerklich schwankend auf dem ruhigen Wasser, diese starken Fahrzeuge, mit müssiger und von Heimweh redender Miene, sagen sie uns nicht in einer stummen Sprache: ‚wann reisen wir ab pour le bonheur?'" NL 1887/88, 11[181]; KSA 13, 79.

und Ort der Verdammnis schlechthin."[71] So betrachtet, wurde es auch mit der Sünde zusammengedacht und als Raum des Teufels gesehen; behaust von Dämonen und Ungeheuern. An das Meer knüpften sich die Phantome der Verzweiflung und des Todes, der Nacht, des Abgründigen. Ich würde sagen, auch das gehört zu Nietzsches offenem Meer.

Er reflektiert auf diese Angst der Menschen vor dem Meer, fürchteten sie doch seine „Schlangenhaut" und „Raubtier-Schönheit", wie er in *„Im Spiegel der Natur"* aus *Menschliches, Allzumenschliches* ausführt, womit sie dessen andere Potenzen ignorieren. Im Meer, dem „schlimmen Lehrmeister", so in *„Im grossem Schweigen"*, könne man die Stadt vergessen.

> Jetzt schweigt Alles! Das Meer liegt bleich und glänzend da, es kann nicht reden. Der Himmel spielt sein ewiges stummes Abendspiel mit rothen, gelben, grünen Farben, er kann nicht reden [...] Oh Meer! Oh Abend! Ihr seid schlimme Lehrmeister! Ihr lehrt den Menschen *aufhören*, Mensch zu sein! [...] Soll er werden, wie ihr es jetzt seid, bleich, glänzend, stumm, ungeheuer, über sich selber ruhend? Über sich selber erhaben?[72]

Wir erhalten keine Antwort auf diese rhetorische Frage, bei der ein etwa zu fehlen scheint, und nicht deshalb, weil wir ja wissen, dass Nietzsche eine erhabene Selbsterhebung des Menschen wünscht, wiewohl sie ungewiss ist. Über diese Angleichung des Menschen an das erhabene Meer wird es zu einem schlimmen Lehrmeister und damit zu einem Aufklärer über die Aufklärung. Seine Fremdheit wird gerade dadurch unterstrichen, wiewohl wir uns von ihr nicht abgestoßen fühlen dürfen, vielmehr sollen wir sie respektieren und uns von ihr unterrichten lassen. Wir sollen von ihr lernen, bedeutet, uns vergessen, aufhören Mensch zu sein. Wir sollen aus unserem Festland-Gefängnis ausbrechen. Das ist die schlimme Botschaft der maritimen Lehrmeisterin.

In „Von der Seligkeit wider Willens" depotenziert das Meer die tradierten Erkenntnisse.

---

71 Delumeau 1985, 49; 55. – „Die Bewohner der Küsten, zum Beispiel die Bretonen, verglichen das tobende Meer mit einem reiterlosen oder einem ausbrechenden Pferd oder auch mit einer tollwütigen Stute. Der Sturm galt also nicht als natürliche Erscheinung, vielmehr machte man Dämonen und Hexen für sein Wüten verantwortlich." Ebd., 58. – Sein „Brüllen, die tosenden Ausbrüche seines Zorns können immer auf neue als Erinnerung an die Sündhaftigkeit der ersten Menschen verstanden werden, die in den Fluten untergehen mußten, und sein Rauschen als eine ewige Einladung zur Reue, eine ununterbrochene Aufforderung, dem rechten Weg zu folgen." Corbin 1994, 15.

72 VM, KSA 2, 401; M, KSA 3, 259f. – „Hier ist das Meer, hier können wir der Stadt vergessen." Ebd., 259.

> Dort, wo die Stürme hinab in's Meer stürzen, und des Gebirgs Rüssel Wasser trinkt, da soll ein Jeder einmal seine Tag- und Nachtwachen haben, zu *seiner* Prüfung der Erkenntniss. [...] Wahrlich, mit tückischer Schönheit schaut mich rings Meer und Leben an! Oh Nachmittag meines Lebens! Oh Glück vor Abend! Oh Hafen auf hoher See! Oh Friede im Ungewissen! Wie misstraue ich euch Allen![73]

Das Meer ist nicht weniger als das Symbol für eine glückliche, nachmittägliche Existenz des Lebens; schön und verführerisch, lockend, abgründig und gefährlich, wenn auch ein „Friede im Ungewissen",;einen anderen scheint das Meer nicht zu gewähren. Deshalb bleibt Zarathustras Misstrauen bestehen. Darin erblickt Nietzsche jedoch die besondere Aufklärung, die wir mit dem Meer gewinnen können. Wir verbleiben im Ungewissen, das ist alles, selbst und gerade und insbesondere am „Nachmittag meines Lebens". Weil es nichts anders geben kann, darf man auch nichts anderes erwarten.

Goethes Dichtkunst findet in *Meeres Stille* andere Bilder: „Tiefe Stille herrscht im Wasser, // Ohne Regung ruht das Meer, // Und bekümmert sieht der Schiffer // Glatte Fläche ringsumher. // Keine Luft von keiner Seite!// Todesstille fürchterlich! // In der ungeheuern Weite // Reget keine Welle sich."[74] Ist auf der einen Seite die Bewegtheit des Meeres voller Gefahren, so kann seine Stille dem Schiffer die Wahrnehmung von Todesstille durch seine unendliche Weite geben. Die Seelenruhe, das ruhende Meer stehen dafür; sie sind trügerisch.

Auch Nietzsche verbindet das Meer mit einem Tod, dem ihm wichtigsten; mit dem Tod Gottes. In der *Fröhlichen Wissenschaft* wird die Periode danach als ein offenes Meer metaphorisiert: „jedes Wagniss des Erkennenden ist wieder erlaubt, das Meer, *unser* Meer liegt wieder offen da, vielleicht gab es noch niemals ein so ‚offnes Meer' –". Das offene wird dann und nur dann zu unserem Meer und damit zu einer ungeheuren Zahl von neuen Perspektiven der Befreiung. Der Tod Gottes ist hierfür die conditio sine qua non. Wenn wir das realisieren und dann neue Wagnisse eingehen, furchtlos, souverän

---

73 Za, KSA 4, 204ff. – „der Abend kommt übers Meer: auf schweren grünen Wogen heranreitend wiegt er sich, der Sehnsüchtige, in seinen purpurnen Sätteln – – an die Erde gelehnt, wie ein Schiff, das müde in seine stille Bucht einlief". NL 1884/85, 31[33]; KSA 11, 371.

74 Goethe 1999, Band 1, 242. – „um das Ungeheure eines solchen Charakters zu messen, nehme man zum Beispiel das große Gegenbild Goethes, der wie ein vielverzweigtes Stromnetz erscheint, welches aber seine ganze Kraft nicht zum Meere trägt, sondern mindestens eben so viel auf seinen Wegen und Krümmungen verliert und verstreut als es am Ausgange mit sich führt. Es ist wahr, ein solches Wesen hat und macht mehr Behagen, es liegt etwas Mildes und Edel-Verschwenderisches um ihn herum: während Wagner's Kunst und Stromgewalt vielleicht erschrecken und abschrecken kann." NL 1875, 11[45]; KSA 8, 237f.

werden, werden wir gewiss unseres Ertrags. Wir müssen aktiv sein, diesen Tod zu unserer Wiedergeburt und ihn damit zu unserem Gewinn machen. Dabei hilft uns die Wahrnehmung des Meeres, für unsere Träume, Erwartungen, Aufbruch, für zukünftige Perspektiven. All das ist jedoch von unserem aktiven Engagement gegenüber dem Meer abhängig. Für sich betrachtet, hat es keinerlei Interesse an uns, wiewohl es uns so überreich beschenkt.

Die angestrebte, wiewohl offene Zukunft, eine überaus gefahrenreiche, und das muss erneut betont werden, weil die Meermetaphorik Nietzsches uns zu einem Aufbruch dorthin bringen will, ist mit einem „offenen Meer" am nachdrücklichsten zu versinnbildlichen. Zweifellos ist es äußerst ungewiss, ob wir sie je erreichen werden, selbst wenn wir das wollen. Es könnte also durchaus so sein, dass unser Aufbruch, der eine radikale Transformation voraussetzt, „grosse Loslösung", sich nicht wirklich lohnt, dass er geradezu vergeblich sein könnte, unbesehen der Verführungen durch das offene Meer. Vielleicht erreichen wir die Zukunft nicht, vielleicht müssen wir verharren, gar umkehren, weil unsere Kräfte nicht ausreichen, unser Wille zu schwach ist, der Mut uns verlässt, das Vertrauen schwindet. All das zählt für Nietzsche nicht, denn unser Aufbruch ist für ihn zwingend, weil wir nur so und nur dann aus der Verneinung, die auch eine Selbstverneinung ist, auszubrechen vermögen. Nur dann könnten wir aus Nihilismus und Dekadenz heraustreten, neue Werte schaffen, uns umschaffen und damit der Natur und uns gerecht, ihnen treu werden als freie Geister: „*Zur Natur werden*!"[75] So lautet seine Forderung aus dem Nachlass von 1877.

In „Der Mensch mit sich allein" notiert er: „*Im Strome.* – Starke Wasser reissen viel Gestein und Gestrüpp mit sich fort, starke Geister viel dumme und verworrene Köpfe."[76] Hier benutzt er das starke Wasser des Stroms als Metapher für die starken (freien) Geister und ihre Kraft, die Dummheit wegzuspülen,

75 FW, KSA 3, 574; NL 1877, 22[101]; KSA 8, 398. – „Und so klingen mir, bei der Betrachtung eines solchen Menschen, auch heute noch, wie ehedem, diese Sätze an's Ohr: ‚dass Leidenschaft besser ist, als Stoicismus und Heuchelei, dass Ehrlich-sein, selbst im Bösen, besser ist, als sich selber an die Sittlichkeit des Herkommens verlieren, dass der freie Mensch sowohl gut als böse sein kann, dass aber der unfreie Mensch eine Schande der Natur ist, und an keinem himmlischen noch irdischen Troste Antheil hat; endlich dass *Jeder, der frei werden will, es durch sich selber werden muss*, und dass Niemandem die Freiheit als ein Wundergeschenk in den Schooss fällt'." FW, KSA 3, 457. – „meine Aufgabe ist, die scheinbar emancipirten und *naturlos* gewordenen Moralwerthe in ihre Natur zurückzuübersetzen – d.h. in ihre natürliche ‚Immoralität'". NL 1887, 9[86]; KSA 12, 380.

76 MA I, KSA 2, 328. – „Als wir den Gipfel der letzten Anhöhe von Travemünde erreicht hatten, lag plötzlich das ungeheure Ganze vor unseren Augen und überraschte uns so fürchterlich, daß wir alle in unserem Innersten erschraken. Unermeßlich erstreckten sich die grausigen Fluten in unabsehbare Fernen." V. Eichendorff 1908, 129.

wozu sehr viel Kraft erforderlich ist. Ob diese Wasser und ihre Kräfte auch uns zu Diensten stehen können?

Das Meer ist das Symbol des Lebens, des Werdens, der Bewegung des Lebendigen. Damit wird es zu unserer Lehrmeisterin. Wir haben dementsprechend ein Vorbild, etwas, woran wir lernen können. Auch eines für Fruchtbarkeit. Bei diesem Vorbild handelt es sich nicht um ein abstraktes Ideal, sondern um eines, dass die Natur uns gibt. Damit wird sie zu unserer Lehrmeisterin, eine bessere sei nicht zu finden.

Das offene Meer Nietzsches ist nicht nur das Natursymbol des Bejahenden und Ungläubigen, sondern auch des Begehrenden, aber nur den Gesunden steht es wirklich zur Verfügung. „Wessen Seele darnach dürstet, den ganzen Umfang der bisherigen Werthe und Wünschbarkeiten erlebt und alle Küsten dieses idealischen ‚Mittelmeers' umschifft zu haben, [...] der hat dazu zu allererst Eins nöthig, die *grosse Gesundheit*".[77] Mit ihr wäre, nachdem man dieses ideale Mittelmeer hinter sich gelassen hat, sogar das offene Meer zu befahren – stets ein Experiment, um Neues zu leben.

Zur „*reifen* Freiheit des Geistes" gehöre „ebensosehr Selbstbeherrschung und Zucht des Herzens [...] und die Wege zu vielen und entgegengesetzten Denkweisen [...] *auf den Versuch* hin leben und sich dem Abenteuer anbieten zu dürfen", so in der Vorrede zum ersten Band von *Menschliches, Allzumenschliches*, dem „Buch für freie Geister." Das wäre zu einer Meerexistenz zu zählen.[78] Mit ihr im offenen Meer zeigen sich nicht nur vielfältige Formen der Befreiung, sondern exakt die, die Nietzsche wünscht, die er einfordert, und die er erst nach Gottes Tod einfordern kann. Das offene Meer ist ihr Symbol – in einer Vielfalt neuer Horizonte und Daseinsmöglichkeiten, die wir nutzen müssen. „Wenn wir nicht aus dem *Tode Gottes* eine großartige *Entsagung* und einen fortwährenden *Sieg über uns* machen, so haben wir den *Verlust zu tragen*."[79] Der Tod Gottes wird nur dann zum größten Ereignis – und wir mit einem offenen Meer beschenkt, wenn wir uns das sich damit eröffnende, offene Potenzial aktiv aneignen. Nichts vollzieht sich von selbst, aus sich heraus, stets

77 FW, KSA 3, 636. – Den Menschen der Zukunft sei „die Eroberung, das Abenteuer, die Gefahr, der Schmerz sogar zum Bedürfniss geworden [...] es bedürfe dazu der Gewöhnung an scharfe hohe Luft, an winterliche Wanderungen, an Eis und Gebirge [...] es bedürfte, kurz und schlimm genug, eben dieser *grossen Gesundheit*!..." GM, KSA 5, 336.

78 MA I, KSA 2, 17f.

79 NL 1881, 12[9]; KSA 9, 577. – „Gott ist todt, dies ist die *Ursache* der größten Gefahr: wie? könnte es auch die Ursache des größten Muths sein!" NL 1885/86, 2[129]; KSA 12, 128. – Foucault schreibt in „Vorrede zur Überschreitung": „Der Tod Gottes gibt uns nicht einer begrenzten und tatsächlichen Welt zurück, sondern einer Welt, die sich in der Erfahrung der Grenze auflöst, die in dem Exzess entsteht und vergeht, sie übersteigt." Foucault 2001, 323.

geht es Nietzsche um den *schaffenden* Menschen. Auch die Gefahren, die sich hierbei auftun, verschweigt er uns nicht, vielmehr weist er unermüdlich auf sie hin. „Aber *unser* eigenes Verhalten zur Welt, unser tausendfältig schaffendes Verhalten in jedem Augenblick zeigt richtiger, daß Schaffen zu den unveräußerlichen und beständigen Eigenschaften der Welt selber gehört".[80]

Das Meer kann nur dann ein für uns offenes sein, wenn wir unseren vielfältigen Glaubensbedürfnissen aktiv entsagen: dem Christentum, der Metaphysik, der Moral etc. Die von ihnen verbreiteten Scheinstabilitäten müssen wir nicht allein durchschauen, sondern aktiv auflösen. Das bedeutet die geforderte „Entsagung", und das wäre dann unser *„Sieg über uns"*, wenn wir reüssieren und uns den neuen maritimen Perspektiven gegenüber öffnen, sie bejahend leben. Dieser Sieg kann nur über enorme Einsätze errungen werden.

> Wie vermochten wir das Meer auszutrinken? Wer gab uns den Schwamm, um den ganzen Horizont wegzuwischen? Was taten wir, als wir diese Erde von ihrer Sonne losketteten? Wohin bewegt sie sich nun? Wohin bewegen wir uns? [...] Stürzen wir nicht fortwährend? [...] Giebt es noch ein Oben und ein Unten? Irren wir nicht wie durch ein unendliches Nichts? Haucht uns nicht der leere Raum an? Ist es nicht kälter geworden? Kommt nicht immerfort Nacht und mehr Nacht? [...] Das Heiligste und Mächtigste, was die Welt bisher besaß, es ist unter unseren Messern verblutet, – wer wischt diess Blut von uns ab? Mit welchem Wasser könnten wir uns reinigen?[81]

Dieses Meer, das hier in dem Zitat aus der *Fröhlichen Wissenschaft* ausgetrunken werden muss, wird Gott zugeordnet. Nach Gottes Tod hat das mit ihm alliierte Unendliche ausgedient, wenn dieses Meer ausgetrunken worden ist. Zweifelhaft, dass es gelingen kann, geradezu irreal, aber dennoch: beginnt damit, vertraut auf euren ungeheuren Durst.

In einer mediterranen Existenz sollte das schlechte Unendliche des Glaubens, und es ist eines des Christentums, mit allen Befrachtungen, die das

80 NL 1884, 26[209]; KSA 11, 205. „Wahrsager Vernichter Schaffender Verbinder Entdecker (Meer) Tänzer – Lacher Fliegender – Siegender" NL 1883, 20[16]; KSA 10, 596. – „Als Schaffender läufst du von dir selber weg – du hörst auf, dein Zeitgenosse zu sein." NL 1882/83, 4[37]; KSA 10, 118.

81 FW, KSA 3, 481. – „Allein auch mit dem Horizont. Die Wellen kommen geduldig aus dem unsichtbaren Osten, eine nach der andern; sie kommen bis zu uns, und geduldig eilen sie weiter, zum unbekannten Westen, eine nach der andern. Ein langer weiter Weg, niemals begonnen, niemals beendet ... Flüsse und Ströme fließen vorbei, das Meer fließt vorbei und dauert." Camus 2000, Heimkehr, 106f.

für uns bedeutet, nicht mehr existent sein. Vielmehr sollte ein mit dem offenen Meer vermähltes Unendliches uns beschenken. Ist der alte Gott aber tot – und damit die durch den Glauben vermittelte falsche und fälschliche Existenzfundierung und -gestaltung invalide geworden, dann haben wir jeden metaphysischen Halt, für den er stand und der über die Gottesvorstellung verbrieft wurde, verloren. Das muss uns freilich erst noch bewusst werden, und darin besteht unsere eigentliche Aufgabe, die eine Herausforderung ist und an der wir uns zu bewähren haben oder scheitern. Es ist eine Bewährung, die unsere nostalgischen Träume und unsere Romantik zerstören wird. Das beinhaltet die Frage: „Stürzen wir nicht fortwährend?" Das tun wir, weil mit dem Tod Gottes und der Einbuße jeden metaphysischen Halts, unsere Werte, die metaphysisch fundiert sind, erodieren und uns zunächst keine neuen zur Verfügung stehen, womit wir orientierungslos geworden sind. Wäre all das aber bewältigt, dann hätten wir „diese Erde von ihrer Sonne" losgekettet und damit von ihrem göttlichen, falschen Ideal. Auch das scheint ungewiss. Dennoch!

In *„Der tolle Mensch"* aus der *Fröhlichen Wissenschaft* wird die Nachricht vom Tod Gottes, der ein Mord war, verkündet. „Wohin ist Gott? Rief er, ich will es euch sagen! *Wir haben ihn getödtet,* – ihr und ich! [...] Gott ist todt! Gott bleibt todt! [...] Ist nicht die Grösse dieser That zu gross für uns? Müssen wir nicht selber zu Göttern werden, um nur ihrer würdig zu erscheinen?" Diese Tat ist zur Unzeit gekommen, und wie hätte das auch anders sein können? So lebt man vorerst weiter im Schein, als bestünde der alte metaphysische Halt noch.

Gott muss unbedingt emotional, er muss in unseren Herzen abgestorben sein; dort muss er getötet werden. Dann erst können die Umwertungen tatsächlich vollzogen werden – und das steht noch aus. Erst danach ist Gott tatsächlich tot. Das drückt Nietzsche unmissverständlich aus und befrachtet uns damit, aus Gottes Tod die notwendigen Konsequenzen aktiv zu vollziehen, wenn er fragt: „Wann werden uns alle diese Schatten Gottes nicht mehr verdunkeln? Wann werden wir die Natur ganz entgöttlicht haben! Wann werden wir anfangen dürfen, uns Menschen mit der reinen, neu gefundenen, neu erlösten Natur zu *vernatürlichen*!"[82] Die gewünschte Vernatürlichung wäre einer Erlösung gleich, und genau damit würde Erlösung nicht mehr an Gott

82 FW, KSA 3, 480f; ebd., 468f. – „Diess ungeheure Ereignis ist noch unterwegs und wandert, – es ist noch nicht bis zu den Ohren der Menschen gedrungen [...] Thaten brauchen Zeit, auch nachdem sie gethan sind, um gesehen und gehört zu werden. Diese That ist ihnen immer noch ferner, als die fernsten Gestirne – *und doch haben sie dieselbe gethan*!" Ebd., 481f. – „Mit welchem Wasser könnten wir uns reinigen? Welche Sühnfeiern, welche heiligen Spiele werden wir erfinden müssen? Ist nicht die Grösse dieser That zu gross für uns? Müssen wir nicht selber zu Göttern werden, um nur ihrer würdig zu erscheinen?" Ebd., 481.

zu binden sein. Vernatürlichung sollte auch eine Hinwendung zum Meer und zum Mediterranen implizieren, wenn sich die Schatten, die über unserem Naturzugang liegen, aufgelöst haben. Will sagen, wenn wir sie aufgelöst haben. Sie kann sich zweifelsfrei erst in einem Danach einstellen. In diesem freilich wäre mit den großen Irrtümern, von denen *Götzen-Dämmerung* berichtet, aufgeräumt worden. Zu ihnen gehört vor allem der „Begriff ‚Gott' [...] der bisher grösste *Einwand* gegen das Dasein". Erst das sei *„die grosse Befreiung*, – damit erst ist die *Unschuld* des Werdens wieder hergestellt ... [...] Wir leugnen Gott, wir leugnen die Verantwortlichkeit in Gott: *damit* erst erlösen wir die Welt. –"[83] Wenn der „tolle Mensch" den Tod Gottes als einen Mord verkündet, so wird in *Götzen-Dämmerung* von einer Verleugnung gesprochen. Interessant ist das insoweit, weil sie nach der *Fröhlichen Wissenschaft* publiziert wurde.

Mit der von Nietzsche geforderten Vernatürlichung ist ein mediterranes Existieren – ein bewusst gottloses, das den Glauben an ihn über harte und gefahrenreiche Prozeduren überwunden hat, sofort anschlussfähig. Ein postmoralisches, gleichsam vernatürlichtes Leben muss wieder erobert werden, wie schwer das auch sein mag. Ohne jeden Zweifel ist das so, weil die alten Werte, wie lebens- und leibfeindlich sie auch sind, dann zwar nicht mehr valide sind, aber dennoch weiter agieren. In einem Danach jedoch fällt die Begründung für die „eigentliche große Angst [...] *die Welt hat keinen Sinn mehr* In wiefern mit ‚Gott' auch die bisherige Moral weggefallen ist: sie hielten sich gegenseitig".[84] Nach diesen Erosionen wäre ein heiteres – und es könnte ein mediterranes Dasein sein, möglich; ein angstfreies vielleicht. Ein solches könnte mit der von Nietzsche favorisierten Morgenröte am grossen Mittag eine Allianz schmieden.

Anders als Camus, der die mediterrane Existenz als eine gesellige beschreibt, muss der freie Geist Nietzsches, der sie leben könnte, in die Einsamkeit; sie ist die Bedingung seiner Freiheit. In „der freie Geist" fordert er: „wählt die *gute* Einsamkeit, die freie muthwillige leichte Einsamkeit, welche euch auch ein Recht giebt, selbst in irgend einem Sinne noch gut zu bleiben!"[85] Im Nachlassfragment *„Wir Heimatlosen – ja!"* von 1885/86 steht: „Aber wir wollen die *Vortheile* unserer Lage ausnützen und, geschweige an ihr zu Grunde gehen, uns die freie Luft und mächtige Lichtfülle zu Gute kommen lassen."[86] Das Ja unterstreicht

83 GD, KSA 6, 97.

84 NL 1885, 39[15]; KSA 11, 626. – „In Gott dem Leben, der Natur, dem Willen zum Leben die Feindschaft angesagt! [...] In Gott das Nichts vergöttlicht, der Wille zum Nichts heilig gesprochen ..." AC, KSA 6, 185.

85 JGB, KSA 5, 42f.

86 NL 1885/86, 2[196]; KSA 12, 163. – *„Vermuthung über den Ursprung der Freigeisterei*. – Ebenso wie die Gletscher zunehmen, wenn in den Aequatorialgegenden die Sonne mit

den unbedingten Willen zum Aufbruch, vermittelt über Naturmetaphern, die das Fluidum des Mittelmeeres versinnbildlichen und damit das Mediterrane. Bei Nietzsche – wiederum anders als bei Camus, der die Heimat verklärt, gehört gerade die Heimatlosigkeit zu den Vorteilen einer solchen Existenz. Die Lichtfülle und das Licht finden sich bei beiden, und sie gehören zum Mediterranen. Falsch sei jedoch:

> Dieses Ausdeuten aller Bewegungen und Linien *auf Absichten* hat der Mensch sogar auf die Natur der unbeseelten Dinge angewendet – im Wahne, dass es nichts Unbeseeltes gebe: ich glaube, Alles, was wir *Naturgefühl* nennen, beim Anblick von Himmel, Flur, Fels, Wald, Gewitter, Sternen, Meer, Landschaft, Frühling, hat hier seine Herkunft.[87]

Der Mensch hat der Natur fälschlicherweise Absichten unterstellt, wiewohl sie keine haben kann. Unser Naturzugang ist anthropomorphisiert und instrumentell, das ist die These.

„Aber willst du nicht weinen, nicht ausweinen deine purpurne Schwermuth, so wirst du *singen* müssen, oh meine Seele! – " Die „purpurne Schwermuth" der Seele soll singend ausgeweint werden, um wieder lebendig werden zu können, schreibt Nietzsche in „Von der grossen Sehnsucht." So lange soll diese von der Schwermut belastete Seele „singen, mit brausendem Gesange, bis alle Meere still werden, dass sie deiner Sehnsucht zuhorchen, – – bis über stille sehnsüchtige Meere der Nachen schwebt, das güldene Wunder, um dessen Gold alle guten schlimmen wunderlichen Dinge hüpfen". Die stillen, sehnsüchtigen Meere, die niemals still werden können, sind die der Seele, für deren „Gesänge erst Namen" gefunden werden müssen. „Und wahrlich, schon duftet dein Athem nach zukünftigen Gesängen [...] schon trinkst du durstig an allen tief klingenden Trost-Brunnen, schon ruht deine Schwermuth in der Seligkeit zukünftiger Gesänge!"[88] Befreit von der Schwermut, könnte ihr Gesang dem

---

grösserer Gluth als früher auf die Meere niederbrennt, so mag auch wohl eine sehr starke, um sich greifende Freigeisterei Zeugniss dafür sein, dass irgendwo die Gluth der Empfindung ausserordentlich gewachsen ist." MA I, KSA 2, 194.

87 „ohne die uralte Übung der Furcht, diess Alles auf einen zweiten dahinterliegenden Sinn hin zu sehen, hätten wir jetzt keine Freude an der Natur, wie wir keine Freude an Mensch und Thier haben würden, ohne jene Lehrmeisterin des Verstehens, die Furcht". M, KSA 3, 134.

88 Za, KSA 4, 280. – „Wandle zurück, in die Fussstapfen tretend, in welchen die Menschheit ihren leidvollen grossen Gang durch die Wüste der Vergangenheit machte: so bist du am gewissesten belehrt, wohin alle spätere Menschheit nicht wieder gehen kann oder darf. [...] Wenn dein Blick stark genug geworden ist, den Grund in dem dunklen Brunnen deines Wesens und deiner Erkenntnisse zu sehen, so werden dir vielleicht auch in seinem Spiegel die fernen Sternbilder zukünftiger Culturen sichtbar werden." MA I, KSA 2,

Meer und seinen Melodien, dem „tief klingenden Trost-Brunnen" – und damit dem Mediterranen – angehören.

Auf „Von der grossen Sehnsucht" folgt im *Zarathustra* das „Das andere Tanzlied" – und ohne jeden Zweifel gehört das Tanzen zum Mediterranen, seiner Kultur und seinem Lebensgefühl; zu seiner Leichtigkeit und Heiterkeit. Dort freilich könnte es so sein: „‚Doch alle Lust will Ewigkeit –, // , – will tiefe, tiefe Ewigkeit!"[89] Das will sie, gerade angesichts des Leids, dazu sagt sie Ja. Zu diesem lebensbejahenden Jasagen sollte das Mediterrane hilfreich sein.

Zarathustra jedenfalls, so als sei er noch nicht vollkommen von den Menschen desillusioniert, will im „Menschen-Reich" noch ein Mal fischen. „Und was in allen Meeren *mir* zugehört, mein An-und-für-mich in allen Dingen – *Das* fische ich heraus. [...] Oh welche vielen Meere rings um mich, welche dämmernde Menschen-Zukünfte!"[90] Mit dieser Enttäuschung beginnt Zarathustras Untergang.

„– Ist nicht das Meer der Pfau der Pfauen? Noch vor dem häßlichsten aller Büffel rollt es seinen Schweif hin, nimmer wird es seines Spitzenfächers von Silber und Seide müde. Trutzig blickt der Büffel dazu, dem Sande nahe in seiner Seele, näher noch dem Dickicht, am nächsten aber dem Sumpfe: was ist ihm Schönheit und Meer und Pfauen-Zierath!"[91]

3.4 „Tipasa" und „Ithaka" – Camus' Metaphern einer mediterranen Existenz

Es ist erstaunlicherweise der radikale Skeptiker Cioran, der betont: „Weit entfernt vom Mittelmeer zu leben, wäre ein Irrtum." Nietzsche, Camus und Michelet hätten das bestätigen können, dieser schreibt: „So schließt das Meer das Herz auf. Das Härteste noch unterliegt seinem Bann. Wie auch immer, man

236f. – „Schon gab uns jener alte Zauberer von seinem Schlimmsten zum Besten, und siehe doch, der gute fromme Papst da hat Thränen in den Augen und sich ganz wieder aufs Meer der Schwermuth eingeschifft. Diese Könige da mögen wohl vor uns noch gute Miene machen: hätten sie aber keine Zeugen, ich wette, auch bei ihnen fienge das böse Spiel wieder an, – das böse Spiel der ziehenden Wolken, der feuchten Schwermuth, der verhängten Himmel, der gestohlenen Sonnen, der heulenden Herbstwinde". DD, KSA 6, 381.

89 Za, KSA 4, 286. – „Oh meine Seele, ich verstehe das Lächeln deiner Schwermuth: dein Über-Reichthum selber streckt nun sehnende Hände aus! Deine Fülle blickt über brausende Meere hin und sucht und wartet; die Sehnsucht der Über-Fülle blickt aus deinem lächelnden Augen-Himmel!" Za, KSA 4, 279.

90 Ebd., 298f.

91 NL 1883, 13[16]; KSA 10, 464.

wird wieder zum Menschen."[92] Dieses gleichsam weiche Menschsein lässt sich mit Camus' Vision einer mediterranen Existenz verbinden.

Bekannt und vertraut ist die mythologische Verkörperung Europas durch Eurṓpē, einer schönen phönizischen Königstochter, in die sich Zeus, als er sie spielend am Strand erblickt, verliebt. Als Stier verkleidet, entführt er sie schwimmend nach Kreta, um sie dort zu verführen. Europas mythisch-mythologische Anfangsgründe umkreisen die Legende einer schönen Prinzessin, die das Begehren des höchsten Gottes hervorruft, als sie am Strand des Mittelmeeres spielt. Die Anwesenheit des Meeres durchzieht die Legende; sie spielt am Meer.

Bei Hegel kann ein europäischer Staat nur in Verbindung mit dem Meer entstehen und gedeihen, weil es das Medium ist, das Menschen verbindet. Womöglich durch das Lebensgefühl des Mediterranen – im maritimen Licht und Duft dieser Zone und des Klimas.

Im Unterschied zu Nietzsches Meermetaphorik ist die Camus' grosso modo nicht ambivalent. Das Meer ist nicht gefahrenreich, stürmisch, ja tödlich. Es ist zärtlich und evoziert die Liebe. Eine zu ihm und eine zu den Menschen. Auch Erotik und Begehren, Lust verbindet er mit ihm. Das Meer ermöglicht all das oder katalysiert es zumindest. Camus' Liebe zum Meer ist der von Michelet verwandt, wenn es jenem doch um das Mittelmeer und das Mediterrane zu tun ist.

In „Das mittelmeerische Denken" aus *Der Mensch in der Revolte* avanciert „Ithaka" zum Symbol eines dem (Mittel)Meer verpflichteten, revoltierenden Lebens und wird über dieses Denken mit einem mediterranen Existieren verbunden.

> Auf der Mittagshöhe des Denkens lehnt der Revoltierende so die Göttlichkeit ab, um die gemeinsamen Kämpfe und das gemeinsame Schicksal zu teilen. Wir entscheiden uns für Ithaka, die treue Erde, das kühne und nüchterne Denken, die klare Tat, die Großzügigkeit des wissenden Menschen. Im Lichte bleibt die Welt unsere erste und letzte Liebe. Unsere Brüder atmen unter dem gleichen Himmel wie wir; die Gerechtigkeit lebt. Dann erwacht die sonderbare Freude, die zu leben und zu sterben hilft und die auf später zu verschieben wir uns fortan weigern. Auf der schmerzensreichen Erde ist die bittere Nahrung, der raue Meerwind, das alte und das neue Morgenrot. Mit ihrer Hilfe werden wir während langer Kämpfe die Seele dieser Zeit erneuern [...] da geht die Romantik zu Ende.[93]

---

92 Cioran 2008, 47; Michelet 2006, 289.

93 Camus 2016, Revolte, 399f. – „Ithakas sonnige Höhn sind meine Heimat; // in dieser Türmet sich Neritons Haupt mit rauschenden Wipfeln [...] Ithaka liegt in der See am höchsten hinauf an die Feste, // Gegen den Nord; die andern sind östlich und südlich entfernet." Homer: Odyssee, 9. Gesang, 20-25. – „Homer hat sein ganzes Epos aus dem

Diese „Mittagshöhe" und das „neue Morgenrot" können mit Nietzsches Topos „grosser Mittag", einer der Entscheidungen, gelesen werden. Eine Forderung, sich zu entscheiden, findet man bei Camus jedoch nicht. Wohlverstanden – und wenn wir den Anflug von Pathos und Euphorie in diesen Zeilen hintanstellen –, könnte Camus' Ithaka: treue Erde – sie kann womöglich nur so authentisch erfasst werden, wenn wir ihr, wie Nietzsche fordert, treu bleiben – , klares Denken, Licht des Südens, was hier ein aufklärendes ist, das keine Abstraktionen beleuchtet –, die klare Tat des wissenden Menschen – und das wird kein Wissenschaftler oder Philosoph sein, aber vielleicht ein Verwandter von Nietzsches freiem Geist, womöglich gar ein Weiser, vielleicht ein antiker – als eine Allegorie in den Kanon philosophischer Reflexionen des Mediterranen aufgenommen werden. Bleibt man der Erde treu, dann damit auch der menschlichen Natur.

Auch in Nietzsches metaphysikkritischer Botschaft, die mit der Beschwörung, der Erde treu zu bleiben, auftritt, allem Jenseitigen abzuschwören, geht es um ein irdisches Wissen, womöglich sogar um Weisheit. Unterstellt, sie käme Camus wissendem Menschen, der sie aus diesseitigen Erfahrungen bezieht, zu, dann könnte der Sinn der Erde zum Sinnstifter menschlichen Daseins werden, was bei Camus ein Meer affines sein müsste.

In der „Wanderer und sein Schatten" schreibt Nietzsche: „Endlich, endlich *kehrt* man *um* – und jetzt weht der Wind *in* unser Segel und treibt uns in *unser* Fahrwasser. Welches Glück! Wie *siegesgewiss* fühlen wir uns! Jetzt erst wissen wir, was wir sind und was wir wollen, jetzt geloben wir uns Treue und *dürfen* es – als Wissende."[94] Der Wissende ist treu, und wenn er sich vom Alten abwendet, wird das von einem kräftigen Meerwind unterstützt und damit von der Natur. Sie hilft ihm. Dann treibt das Schiff gar in „unser[em] Fahrwasser".

Heimweh dessen hervorgesponnen, der Ithaka noch einmal sehen will." GS 10.1, 0. – Nietzsche habe erkannt, dass die Tugenden des Weisen, die „Todfeinde des Geistes der Schwere". Bei Camus ist er der Wissende, mehr denn je notwendig sind; „jeder wähle die, die ihm entspricht". Am wichtigsten sei die „Charakterstärke [...] Ich spreche von jener, die allen Meerwinden trotzt, durch die Kraft der Reinheit und ihrer Lebenssäfte. Sie ist es, die in der winterlichen Welt die neue Frucht bereiten wird." Camus 2000, Heimkehr, 73. Das könnte man mit Nietzsches Forderung nach einer Tugend der „Redlichkeit" vergleichen, sie sei unsere letzte Tugend. „Neu: die **Redlichkeit** leugnet *den* Menschen, sie will keine moralische *allgemeine* Praxis, sie leugnet *gemeinsame* Ziele." NL 1881, 11[63]; KSA 9, 465.

94 WS, KSA 2, 697. – „Euch treibt noch kein starker Wind und Wille Zu steif seid ihr mir noch und zu gerade im Rücken Ach, daß ihr erst gebläht und rund wie ein Segel über die See gienget, zitternd im Ungestüm eures Willens! Dann sollt ihr mir schön heißen und recht gerüstet!" NL 1883, 10[30]; KSA 10, 373.

Treue gehört sowohl bei Camus als auch bei Nietzsche zu einem aufrichtig-authentischen Existieren. Kann das mediterrane Existieren als ein treues, im Einklang mit der Natur, der des Meeres, das zu ihr gehört, Orientierungen für ein lebensbejahendes Dasein vermitteln und dabei womöglich zudem als eine kritische Theorie der Moderne fungieren? Das wäre zu bejahen, und ich möchte anfügen, dass Nietzsches „Pessimismus der Stärke" dazugehören sollte. Camus' mittelmeerisches Denken – es würde ein mediterranes Existieren unterfüttern – steht für eine Katharsis gegenüber ideologischen und theologischen Dogmen und damit für Erdentreue. Das mediterrane Existieren müsste sich um diese Treue formieren.

Zu fragen ist, ob sich hier Anklänge an Camus' zahlreiche Bezüge zu den antiken Mythen ergeben. Da ist nicht nur Ithaka, auch „Helenas Exil" aus *Heimkehr nach Tipasa* muss genannt werden. Wären sie mit seiner Kritik an der Moderne zu verbinden, und tritt das in „Helenas Exil" zutage? „Wir haben die Schönheit verbannt, die Griechen griffen für sie zu den Waffen. [...] Für das griechische Denken war stets die Begrenzungsidee vorherrschend. Es hat nichts auf die Spitze getrieben, weder das Heilige noch die Vernunft". Dennoch bleibe uns die Natur und ihr „Sinn" – könnte sie Schönheit entbergen?[95] Könnte das insbesondere die mediterrane Natur leisten? Mit Camus darf man das wohl bejahen.

Er klagt das moderne Europa für seinen Mangel an Schönheitssinn und dessen ästhetischen Niedergang an. Sein dem Mythischen zugewandter Pessimismus weist zudem, wie schon erwähnt, Analogien zu Nietzsches „Pessimismus der Stärke" aus der Tragödienschrift auf, „woher müsste dann das entgegengesetzte Verlangen, das der Zeit nach früher hervortrat, stammen das

95 „Im Morgengrauen des griechischen Denkens verkündete schon Heraklit, daß die Gerechtigkeit selbst dem physischen Universum Grenzen setzt." Camus 2000, Heimkehr, 82f. – Camus Apotheose der Erde, die eine des Lebens ist, findet sich in „Die Wüste" aus *Hochzeit des Lichts*. „Vor ihm traten die Wolken über den Hügeln auseinander wie ein sich öffnender Vorhang. Im gleichen Augenblick schien es, als wüchsen die Zypressen auf den Gipfeln plötzlich höher hinein ins befreite Blau. Die ganze Hügelwelt mit ihren Steinen und Ölbäumen hob sich langsam ihnen nach. Andere Wolken kamen. Der Vorhang schloss sich, und die Hügel mit ihren Zypressen und Häusern senkten sich aufs neue. Dann zog der gleiche Wind, der hier die dichten Wolkenfalten öffnete, sie über den anderen, sich in der Ferne verlierenden Hügeln wieder zusammen. Dies mächtige Ein- und Ausatmen der Erde vollzog sich im Rhythmus weniger Sekunden und wiederholte in immer weiteren Fernen das strenge, aus Stein und Luft gefügte Thema einer weltgewaltigen Fuge. Jedesmal sank das Thema einen Ton; und je ferner ich es verfolgte, um so ruhiger wurde ich. Und als mein Herz am Ende dieser Fernsicht angelangt war, umfasste es mit einem Blick die sämtlichen, ins Weite fliehenden Hügelketten und erhob sich aufatmend mit ihnen in einem einzigen Lobgesang der ganzen Erde." Camus 2000, Hochzeit, 43.

Verlangen nach dem Hässlichen, der gute strenge Wille des älteren Hellenen zum Pessimismus, zum tragischen Mythus, zum Bilde alles Furchtbaren, Bösen, Räthselhaften, Vernichtenden, Verhängnissvollen auf dem Grunde des Daseins".[96] Camus hätte das mit Nietzsche womöglich teilen können, war ihm das antike Griechentum gleichsam doch eine positive Folie. Anders als Nietzsche hat er damit jedoch keine Forderungen an uns gestellt.

Ist das Licht die Metapher der Aufklärung, dann findet sich bei Camus vielfältig ein Bezug und eine Indienstnahme des vom Mittelmeer gestifteten Lichts, des Sonnenlichts, ein natürliches und kein geistiges. Entsprechend ist das Licht des Meeres ein ganz anderes, fern von jeder Romantik, jedem Idealismus, wiewohl mit seinem spezifischen Zauber aus Verführung, Suggestion und Erhellung Transparenz verbunden ist. Camus spricht von „Offenbarung" als erstrahltem Zauber; das Meer als Zauberin. Diese lichtdurchflutete mittelmeerische Offenbarung ist für ihn mit einer glänzenden Seele vergleichbar, die zu genießen ist.[97]

Wenn wir nach den Relationen zwischen einer mediterranen Existenz und Camus' zentralem Topos des Absurden fragen, dann danach, inwieweit jene ein Antidot gegen dieses sein könnte? Wenn überhaupt, dann nur in engen Grenzen, denn das Absurde sei die dominierende Struktur des Existierens – und nur partiell und temporär – in der „Revolte" außer Kraft zu setzen. Zentral für Camus' Semantik des Absurden ist der Hiatus zwischen sinnlosem Leiden, Schmerz und dem Sinnbedürfnis des Menschen. Das macht jedes Existieren zu einem absurden – in einer sinnentleerten, zerrissenen Welt. „Das Absurde ist im Wesentlichen eine Entzweiung. [...] Es entsteht durch deren Gegenüberstellung. [...] Das Absurde hat nur insoweit einen Sinn, als man sich nicht mit ihm abfindet." Das vollzieht *Der Mensch in der Revolte*, wenn er gegen die Macht des Absurden ankämpft. Sein Kampf wird damit zu einem sinnhaften.

96 GT, KSA 1, S. 15f. – „Giebt es einen Pessimismus der *Stärke*? Eine intellektuelle Vorneigung für das Harte, Schauerliche, Böse, Problematische des Daseins aus Wohlsein, aus überströmender Gesundheit, aus *Fülle* des Daseins? Giebt es vielleicht ein Leiden an der Ueberfülle selbst?" Ebd., S. 12.

97 Heine schreibt 1825 auf Norderney: „Ich liebe das Meer wie meine Seele. Oft wird mir sogar zu Mute als sei das Meer eigentlich meine Seele selbst und wie es im Meer verborgene Wasserpflanzen gibt, die nur im Augenblick des Aufblühens an dessen Oberfläche heraufschwimmen und im Augenblick des Verblühens wieder hinabtauchen: so kommen zuweilen auch wunderbare Blumenbilder heraufgeschwommen aus der Tiefe meiner Seele und duften und leuchten und verschwinden wieder [...] Man sagt, unfern, dieser Insel, wo jetzt nichts als Wasser ist, hätten einst die schönsten Dörfer und Städte gestanden, das Meer habe sie plötzlich alle überschwemmt, und bei klarem Wetter sehen die Schiffer noch die leuchtenden Spitzen der versunkenen Kirchtürme [...] Die Geschichte ist wahr, denn das Meer ist meine Seele." Heine 1976, Band II, 224.

Während mit dem Absurden die Menschen von der Freiheit als Voraussetzung ihrer Selbstbestimmung ausgeschlossen würden, schaffe die Revolte hierfür die Voraussetzungen im Einklang mit der menschlichen Natur und in Einheit, mit der sie umgebenden – und gerade nicht über egoistische Freiheitsansprüche, sondern solidarisch revoltierend. „Die Natur jedoch bleibt. Sie setzt dem Irrsinn der Menschen ihren ruhigen Himmel und ihren Sinn entgegen. Bis auch das Atom Feuer fängt und die Geschichte im Triumph der Vernunft und im Untergang der Menschheit endet."

Wenn die Natur bleibt, dann bleibt auch das Meer, beide verkörpern einen Widerstand. Beide sind nicht vom Absurden affiziert. Die Revolte zeige, wie man die „Erhaltung jener hoffnungslosen Kluft zwischen der Frage des Menschen und dem Schweigen der Welt", die das Absurde zu verantworten hat, bejahen könne. Das bedeutet, so intensiv wie nur irgend möglich zu leben und dem Existieren dabei möglichst viel Gutes abzuringen.

Das erinnert an Nietzsches tragische Bejahung und den Amor fati – und sie wären auf eine mediterrane Existenz zu applizieren. Habe man die Kraft, das Absurde im Bewusstsein auszuhalten, dann verstehe man den nicht verhandelbaren Wert des Lebens, klärt Camus uns auf. Dieser Wert ist für ihn niemals verhandelbar, selbst nicht für den Menschen, der in der Revolte steht. „Um sagen zu können, dass das Leben absurd ist, muss das Bewusstsein Leben haben"[98] Das Absurde verunmögliche eine Partizipation an der Freiheit, während die Revolte dafür die Bedingungen erkämpft, denn sie vollziehe sich im Einklang mit der menschlichen Natur, dem Inbegriff von Einheit und Freiheit für Camus.

Camus und Nietzsche sind keine Philosophen im klassischen Sinne, das adelt sie. Onfray schreibt: „Nietzsche und Camus begegnen einander im Sonnenlicht, unter dem klaren Himmel des Mittelmeerraumes, und wenden sich gegen die germanische, die europäische Schwere."[99]

Sie und ihr Denken begegnen sich virtuell am Mittelmeer, unter einem klaren Himmel, der in Nietzsches Schriften und Briefen auch ein reiner und heller genannt wird. Unter diesem Himmel könnte der Horizont wieder offen sein.

Als Lou von Salomé im Sommer 1882 zusagt, mit ihm gemeinsam den Sommer in Tautenburg zu verbringen, jubiliert Nietzsche: „Nun ist der Himmel

98 Camus 2016, Sisyphos, 43f.; Camus 2000, Heimkehr, 85; Camus 2016, Revolte, 17. – „Das Gefühl der Absurdität kann an jeder beliebigen Straßenecke jeden beliebigen Menschen anspringen. Es ist in seiner trostlosen Nacktheit, in seinem glanzlosen Licht nicht zu fassen". Camus 2016, Sisyphos, 23.

99 Onfray 2015, 167.

über mir hell!" Fortan steht dieser helle, reine, klare Himmel – und er lässt sich sehr gut mit dem über dem Meer verbinden – für ein gehobenes Lebensgefühl. Nach ihrer Trennung fordert er sie auf: „Und nun, Lou, liebes Herz, schaffen Sie reinen Himmel! Ich will nichts mehr, in allen Stücken als reinen, hellen Himmel: sonst will ich mich schon durchschlagen, so hart es auch geht." Das ist seine Aufforderung, sie möge Klarheit und Transparenz herstellen, Durchsichtigkeit. Auch hinsichtlich der *Fröhlichen Wissenschaft* spricht Nietzsche von einem reinen Himmel: „Im Grunde ist die ‚fröhliche Wissenschaft' nur eine überschwängliche Art sich zu freuen, dass man einen Monat *reinen Himmel über sich* gehabt hat", wie er Overbeck im Januar 1883 aus Rapallo schreibt.

In „Von der Seligkeit wider Willen" würdigt Zarathustra den reinen Himmel. „Allein bin ich wieder und will es sein, allein mit reinem Himmel und freiem Meere; und wieder ist Nachmittag um mich. Des Nachmittags fand ich zum ersten Male einst meine Freunde, des Nachmittags auch zum anderen Male: – zur Stunde, da alles Licht stiller wird."[100] Dieses Licht schafft die Reinheit des Himmels, es ermöglicht damit Ruhe und freie Meere, sprich einen offenen Horizont – Freiheit in der Einsamkeit.

Zurück zu Camus, der uns ein reiches Prosawerk hinterlassen hat. Die Prosa scheint ihm besonders geeignet, um die Absurdität der Existenz zu bebildern; sie gleichsam fühlbar werden zu lassen. Das absurde Gefühl der Existenz und des Denkens – ihr Paradox – könne sich in der Narration am stärksten entbergen. Dazu gehört seine Überzeugung, dass die Belichtungen in der Prosa intensiver sind und mehr Transparenz gewähren als die theoretischer Abhandlungen.

Nachvollziehbar wird das in *Der Fremde*, wo Camus das Schicksal des Protagonisten Meursault, eingebettet in und evoziert durch seine absurde Existenz, aufblättert. Dieser Gottlose steht jenseits des Religiösen und des Kanons von Vorstellungen, Werten und Normen der Moral der bürgerlichen Gesellschaft, wiewohl das erst durch seine sinnlose Tat, den Mord an dem namenlosen Araber, tatsächlich beglaubigt wird. Nietzsche dementiert die Gültigkeit moralischer Normen. In seiner *Genealogie der Moral* findet sich eine radikale Kritik an deren Anspruch auf Unbedingtheit.

Anders als Nietzsche leugnet Camus Gott nicht, noch geht er von dessen Tod aus. Zur Legitimation kann Gott jedoch, sollte er existieren, nicht herangezogen werden. Wie wäre das in einer Welt aus Leiden und Leidenden möglich? Camus zeigt Wege auf, den Menschen, wiewohl er im Absurden zerrissen

100 KSB 6, 216; 281; 318; Za, KSA 4, 203. – „Ich brauche einen *reinen* Himmel, sonst gehe ich an meinem gräßlichen Temperament zu Grunde (In *allen* Lebensaltern war der Überschuß des Leidens ungeheuer bei mir)." KSB 6, 355.

leben muss, menschlich existieren zu lassen. Einem Gott kommt dabei keine Aufgabe zu.

Sind die Bewohner Orans in der *Pest* von den moralischen Konventionen geblendet, so ist Meursault so unmoralisch und asozial wie das Meer, an dessen Ufern der Mord geschieht. Die Absurdität dieses Gewaltakts wird insbesondere durch seine Aussagen vor Gericht überdeutlich, denn er hat keine Erklärung für ihn, bis auf den Hinweis einer blendenden Sonne als Spiegelung des Mittelmeeres, in dessen Licht und Blendung er stattfand, stattfinden musste. Meursault macht während der gesamten Erzählung keinerlei Entwicklung durch. Trotz der einschneidend-tragischen Erlebnisse eines Tages, der mit dem Begräbnis seiner Mutter beginnt und mit dem Mord an dem namenlosen Araber endet, persistiert er im Medium vollkommener Gleichgültigkeit, die das Absurde unterstreicht. Nur das Meer, sein Himmel und das Licht sind seine Zeugen. „Ich fühlte nur noch die Beckenschläge der Sonne auf meiner Stirn, und undeutlich, das aus dem Meer hervorgeschossene glänzende Schwert [...] Das Meer hat seinen zähen, glühenden Boden verbreitet."

In *Der Mythos des Sisyphos* lesen wir:

> Von wem und wovon kann ich tatsächlich behaupten: ‚Das kenne ich!' Das Herz in mir kann ich fühlen, und ich schließe daraus, dass es existiert. Die Welt kann ich berühren, und auch daraus schließe ich, dass sie existiert. Damit aber hört mein ganzes Wissen auf; alles andere ist Konstruktion. Wenn ich dieses Ich, dessen ich so sicher bin, zu fassen, wenn ich es zu definieren und zusammenzuhalten versuche, dann entrinnt es mir wie Wasser zwischen den Fingern.[101]

Das Ich zerrinnt wie Wasser, sein Existieren ist ungewiss, es verflüssigt sich in einem Meer. Seine Festigkeit und Stabilität sind scheinbar. Selbstwahrnehmung ist irreal, sie wird zur Wahrnehmung von Fremdheit.

Ganz anders ist die Situation am Mittelmeer. „Oft bin ich hierhergekommen, mit denen, die ich liebte, und habe auf ihren Gesichtern das leuchtende Lächeln der Liebe gelesen. Hier überlasse ich andern, an Maß und Ordnung

101 Camus 2011, 64; Camus 2016, Sisyphos, 31. – „Revolte. [...] Hier erkennen wir die Vorrangstellung, die der Wert Freiheit nach und nach einnimmt. Aber die Schwierigkeit besteht darin, nie aus den Augen zu verlieren, dass sie gleichzeitig [...] die Gerechtigkeit fordern muss." Camus 1995, 305. – Über das Absurde in Camus' Denken schreibt Sartre: „Man könnte sagen: *Der Mythos von Sisyphos* wolle uns diesen *Begriff* vermitteln und *Der Fremde* dieses Gefühl [...] der zuerst erschienene *Fremde* versetzt uns ohne weitere Erläuterungen in das ‚Klima' des Absurden; der nachfolgende Essay gibt uns dann die notwendige Erhellung. Das Absurde ist Spaltung, ist fehlende Übereinstimmung. Folglich ist *Der Fremde* ein Roman der fehlenden Übereinstimmung, des Getrenntseins und des Fremdseins." Sartre 1978, 82.

zu denken, und gehöre ganz der ausschweifenden Ungebundenheit der Natur und des Meeres."[102] Ungebundenheit, sprich Freiheit, die das Meer spiegele, befördern die Liebe. Der Liebende lebt nicht in der Fremde, vielmehr hat er sich wiedergefunden, er ist bei sich. In der Liebe kann er zudem sein Glück finden, nicht in der Vereinzelung oder der Einsamkeit, was eine Differenz zu Nietzsche aufweist.

Eine Apotheose des Mediterranen als Wahrnehmung eines Gefühls der Einheit mit dem Meer findet sich in *Hochzeit des Lichts*:

> Das unermüdliche Aufschäumen der Wellen am Strande kam jetzt von weither zu mir durch die von goldenem Blütenstaub erfüllte Luft. Meer, Land, Stille und Gerüche dieser Erde – ich trank ihren Duft und ihren Atem und biß in die goldenen Frucht der Welt und fühlte erschauernd ihren starken süßen Saft mir über die Lippen laufen. Nein, ich zählte nicht, noch die Welt; nur die schweigsame Eintracht unserer Liebe galt, [...] deren Größe in ihrer schlichten Einfalt wurzelt und die an den Ufern des Meeres das strahlende Lachen des Himmels aufrecht mit brüderlichen-dankbarem Lächeln erwidert.[103]

Dieses Lächeln könnten Nietzsches Mittagsbrüder haben. So im Einklang mit allem, was der mediterranen Natur zukommt und womit sie uns beschenkt – süßer Saft ihrer Früchte – selbst wenn das ein Erschauern auslöst, sollte das intensive Leben sein. Ein liebendes, das über der Trennung von Ich und der Welt steht und gerade nicht über der Natur, die hier zärtlich ist und der man

---

102 Camus 2000, Hochzeit, 10. – „Hier begreife ich den höchsten Ruhm der Erde: das Recht zu unermeßlicher Liebe. Es gibt nur diese eine, einzige Liebe in der Welt. Wer einen Frauenleib umarmt. preßt auch ein Stück jener unbegreiflichen Freude an sich, die vom Himmel aufs Meer niederströmt." Ebd., 12. – Hebbel in „Meeresleuchten": „Aus des Meeres dunklen Tiefen // Stieg die Venus still empor [...] Und zum Spiegel, voll Verlangen, // Glätteten die Wogen sich, // Um ihr Bild noch aufzufangen, // Da sie selbst auf ewig wich. // Lächelnd gönnte sie dem feuchten, // Element den letzten Blick, // Davon blieb dem Meer ein Leuchten // Bis auf diesen Tag zurück." Zitiert nach Wüstner 2005, 61.

103 Camus 2000, Hochzeit, 15. – „wie auch in diesem erbarmungslosen Sommerhimmel, dem man jede Wahrheit ins Gesichts sagen darf, und in den keine trügerische Gottheit die Zeichen der Hoffnung oder der Erlösung geschrieben hat. Zwischen diesem Himmel und den zu ihm aufblickenden Gesichtern ist kein Platz für eine Mythologie, eine Literatur, eine Ethik oder eine Religion, sondern nur für Steine, Leiber und Sterne und für Wahrheiten, die sich mit Händen greifen lassen." Camus 2000, Hochzeit, 31. – „Die Sonne gieng hinter das Meer, und die Felsen, auf denen sie tagsüber sich ausgeruht hatte, athmen einen warmen Hauch aus." NL 1881, 15[5]; KSA 9, 635. – „Die kleinen Klippen und Felsenbänder, welche in's Meer hineinlaufen, wie um den Ort zu finden, wo es am einsamsten ist, sie können alle nicht reden. Diese ungeheure Stummheit, die uns plötzlich überfällt, ist schön und grausenhaft, das Herz schwillt dabei. – Oh der Gleissnerei dieser stummen Schönheit!" M, KSA 3, 259.

ebenso begegnen müsse. Obzwar eine Utopie an den Meeresufern – dennoch ein Vorbild und ein Symbol für ein gelungenes Existieren.[104]

Camus verbindet die Liebe mit Erfüllung; „das heißt, die des Verzichts auf sich selbst und des Tods für die Welt. [...] In der Liebe aufgehen. Dann wird es die Kraft der Liebe sein, die schafft, und nicht mehr ich. [...] Sich in der Erfüllung und in der Leidenschaft der Wahrheit vernichten."[105] Womöglich gelingt es am Mittelmeer besonders eindringlich zu lieben und, wie es Camus macht, die Liebe zu preisen. Allein der liebende Mensch sei ein in seinem Anspruch auf Einheit erfüllter. Will er so werden, muss er sich jedoch aufgeben, indem er sich hingibt. In dieser Liebe zum anderen, und warum sie nicht mit dem Mediterranen verbinden, wird eine ‚Liebe zum Leben' transparent, um diese geht es ihm.

Zum Mediterranen Camus' finden sich weitere Orientierungen in: „Das mittelmeerische Denken", wo er ausführt, der Revoltierende – und er könnte bei ihm ein Vorbild für ein mediterranes Existieren sein, wenn es hier auch anders als bei Nietzsche mit politischen Implikationen verbunden ist – reklamiere für sich eine „gewisse Freiheit", die jedoch nicht die der anderen beschränken dürfe. Indem die Revolte „die Einheit des menschlichen Geschicks verlangt, ist sie eine Lebens-, keine Todeskraft. Ihre innere Logik ist nicht die der Zerstörung, sondern der Erschaffung." Der Revoltierende diene der „Gerechtigkeit". Seine Philosophie wäre eine der „Grenzen, der berechenbaren Unwissenheit und des Wagnisses" und müsse sich aktiv gegen den andauernden „geschichtliche[n] Absolutismus" wenden. In Europa seien wir der:

> Schönheit und Freundschaft beraubt, die stolzeste aller Rassen stirbt, [dennoch, J.G.] leben wir im Mediterranen immer im gleichen Licht. Inmitten der europäischen Nacht erwartet das Sonnendenken, die Kultur mit dem doppelten Gesicht, die Morgendämmerung. Aber sie beleuchtet schon die Wege einer echten Überlegenheit. [...] In dieser Stunde, da jeder seinen Bogen spannen muss, um seine Probe wieder abzulegen, mit und gegen die Geschichte zu erwerben, was er schon besitzt, die karge Ernte seiner Felder, die kurze Liebe dieser Erde, in dieser Stunde, da endliche der Mensch ins Leben tritt, muss man die Epoche und ihre unreifen Rasereien sich selbst überlassen. Der Bogen krümmt sich, das Holz stöhnt. Ist die höchste Spannung erreicht, wird ein durchdringender Pfeil abschnellen, das härteste und freieste Geschoss.[106]

---

104 „Durch ihr unermüdliches Sich-Tummeln in der kühlwindigen Strandluft werden sie [die Kinder, J.G.] motorisch erregt, die Erwachsenen hingegen schützen sich schon durch Lagern im Sande [...] und geben sich ruhend viel einseitiger der feuchttemperierten Maritimität hin." Hellpach 1950, 95.

105 Camus 1995, 292.

106 Camus 2016, Revolte, 371f.; 378; 391; 400.

Selbst in der europäischen Nacht vermögen das Mediterrane und die Hoffnung, die es mitführt, Glanz zu verbreiten, weil sie ungebrochen auf die Morgendämmerung vertrauen und um ihre Überlegenheit wissen. Ein Vertrauen in die Morgenröte Nietzsches klingt hier mit. Mit diesem poetischen Ausblick, der auf einem hoffenden Vertrauen beruht, endet das Buch. Es zeigt, dass sich das mittelmeerische Denken der Geschichte reflektierend verpflichten muss, ihrer Gesetzmäßigkeit. Es steht nicht außerhalb von ihr. Deshalb darf man mit Bogen und Pfeil in ihren Verlauf eingreifen, ihn dabei verändern, womöglich umkehren, um zurückzukehren zur Erde, der Ernte und der Liebe. Mit dem Mediterranen darf und soll man als „Mensch ins Leben" treten, um es zu verändern.

In *Der Mediterran* behauptet Matvejević, dass der „Mediterran und seine Legende" untrennbar verknüpft seien. Das zeige sich auch bei Camus. Der Diskurs über ihn habe unter seiner „eigenen Redseligkeit [gelitten, J.G.] Sonne und Meer, Duft und Farbe, Wind und Wellen, Sandstrände [...] schwer beherrschbare Leidenschaften [...] Seefahrten, Schiffbrüche und ihre Legenden [...] Schein und Wirklichkeit, Traum und Leben". Dies alles sei in der Literatur zu Klischees verkommen; daher kommt die Redseligkeit. Jedoch: das Mediterrane „übertrifft die Literatur, die ihm gewidmet ist". Matvejević erläutert, dass die „mediterrane Rhetorik [...] Demokratie und Demagogie, der Freiheit und der Tyrannei" gleichermaßen gedient habe.[107] Unterschreiben würde ich, dass das Mediterrane die ihm zugeeignete Literatur übertrifft.

In „Helenas Exil" spricht Camus von der „sonnenhafte[n] Tragik" des Mittelmeers, die nicht zu vergleichen sei mit dem „Nebel", aber dabei womöglich umso intensiver wirke. Nietzsches Tragisches ist dagegen nicht sonnenhaft, und das unterscheidet es von Camus. Das Sonnenhafte verdankt sich dem Mittelmeer und gehört damit zum Mediterranen. Insbesondere in Nietzsches Adelung des Hellenentums, das ihm zum Vorbild wurde, genießt das Tragische eine sehr hohe, wenn nicht die höchste Bedeutung und kulminiert in der Forderung, das Leben zu bejahen: Amor fati. Die antiken Griechen hätten – und sie lebten am Mittelmeer, mit ihrem tragischen Gedanken; so im frühen Nachlass, eine „Rettung vor der Wahrheit durch die Schönheit [...] in die Welt gebracht. Damit gewann der Wille wieder eine neue Möglichkeit zu sein: das *bewußte* Wollen des Lebens im Individuum, nach dem tragischen Gedanken natürlich nicht direkt, sondern durch die Kunst".[108] Die Akzentuierung dieses Wollens hätte Camus mittragen können, es wäre womöglich durch das Sonnenhafte des Meeres zu stärken.

107 Matvejević 1993, 21; 278.
108 NL 1869/70, 3[33]; KSA 7, 69.

Camus behauptet, Europa habe nicht verstanden, im Einklang mit der Natur zu leben. Es wolle nur erobern und sei die „Tochter der Unmäßigkeit […] In seinem Wahn versetzt es die ewigen Grenzen und in diesem Augenblick stürzen sich düstere Erinnyen darauf und zerreißen es. Nemesis wacht, die Göttin des Maßes und nicht der Rache." Mit diesem Bezug formuliert er einen Einspruch, eine Kritik an der Maßlosigkeit der Moderne, ihrem instrumentellen Umgang mit der Natur. „Alle, die die Grenzen überschreiten, werden von ihr unerbittlich gestraft."[109] Ein Erobern, durch ein Überschreiten der Grenzen, sollte dem Mediterranen fremd und untersagt sein, dann wird es zum exzellenten Vorbild, um unseren instrumentellen, ausbeuterischen Umgang mit der Natur zu beenden. Falls es dafür nicht schon zu spät ist. Vielmehr müsse man im Einklang mit der Natur leben und sich jede „Unmäßigkeit" verbieten. Wie weit sind wir Europäer und Europäerinnen davon entfernt. Die Kosten der Unmäßigkeit stürzen heute auf uns ein und könnten uns via Klimawandel gar überrollen. Der göttlichen Weisheit der Nemesis, Anwältin des Maßvollen, haben wir uns ganz sicher nicht angeschlossen.

Camus' Gegenmodell zu einem nationalistischen Europa ist ein dem Dionysischen (Mythos) – bei ihm wie bei Nietzsche das Antidot gegen den Nihilismus – verwandtes Nordafrika. Namentlich fokussiert er sich auf Algier. „Einige Städte aber, die das Glück haben, am Meer zu liegen – und unter ihnen Algier –, öffnen sich dem Himmel wie ein Mund oder eine Wunde. Was wir in Algier lieben, gehört allen: das Meer an jeder Straßenecke, die Lichtfülle, die Schönheit der Rasse." Algier sei die Stadt, wo sich ein „ganzes Volk am Meer versammelt". Das Meer steht für jene, „die die Zerrissenheit des Ja und des Nein kennen, des Mittags und der Mitternacht, des Aufruhrs und der Liebe, für jene endlich die die Scheiterhaufen vor dem Meer lieben, brennt dort ein Feuer, das sie erwartet".[110] Vielleicht könnte dann die mittelmeerische Nacht uns sogar das Sterben erleichtern, im Wissen, dass Land und Meer unseren Tod überdauern werden. Das sollte uns trösten.

> Großes Meer, ewig umgepflügt, ewig unberührt, meine Religion der Nacht? Es reinigt uns und erquickt uns und in seinen unfruchtbaren Furchen, es befreit uns und hält uns aufrecht. In jeder Welle ist ein Versprechen, ewig dasselbe […]

---

109 Camus 2000, Heimkehr, 82.

110 Camus 2000, Hochzeit, 22; Camus 2000, Heimkehr, 81. – „Er setzt die dionysische Intelligenz Nordafrikas der apollinischen Intelligenz der europäischen Hauptstädte entgegen." Onfray 2015, 124. – „Eine der wichtigsten Stellen in der Stadt, gerade in einer Hafenstadt, nehmen die Märkte ein. Am Mediterran haben Marktplätze Städte gegründet und Häfen eröffnet." Matvejević 1993, 75f.

> würde das Meer im letzten Augenblick meine Zelle füllen und mich emporheben über mich selber und würde mir helfen, ohne Haß zu sterben.[111]

Camus hat zahlreich über den Tod und dessen nackte Gegenständlichkeit reflektiert. Er ist die Quintessenz des absurden Existierens, das eben sowohl absurd wie endlich ist, für ihn ist das untrennbar. Der Tod ist die maximale Vergegenständlichung des Absurden und er verursacht die unbekleidete Gegenwärtigkeit des Daseins. Wir erfahren ihn beim Tod des Anderen sowie in der Wahrnehmung unseres körperlichen Verfalls.

Wir müssen erkennen, dass der Topos des Absurden bei Camus eine disparate Semantik zeigt. Es steht für die Nichtübereinstimmung zwischen der menschlichen Existenz und der sie umgebenden Welt, die ihm als etwas Hermetisches entgegentritt. Dies macht jedes menschliche Existieren zu einem antinomischen.

> Auch der Verstand sagt mir [...] dass diese Welt absurd ist. [...] Diese allgemeine, praktische oder moralische Vernunft, dieser Determinismus, diese alles erklärenden Kategorien haben für einen aufrichtigen Menschen etwas Lächerliches. [...] Absurd aber ist der Zusammenstoß des Irrationalen mit dem heftigen Verlangen nach Klarheit, das im tiefsten Innern des Menschen laut wird. Das Absurde hängt ebenso sehr vom Menschen ab wie von der Welt. Es ist zunächst das einzige Band zwischen ihnen. Es bindet sie so fest, wie nur der Hass die Geschöpfe aneinanderketten kann. Das ist alles, was ich in dieser maßlosen Welt, in der mein Abenteuer abläuft, klar erkennen kann.[112]

Bewusst und überwiegend unbewusst positioniert sich der Mensch zur Zeit, zu ihrem unaufhaltsamen Vergehen und damit zu seiner Endlichkeit, zu seinem Sterben. Die Zeit wird zum Feind der Lebenszeit und damit zum Feind jeden Lebens, was ein Grauen auslöse. Insbesondere stehe der Tod unserem Lebenswillen und unserem Glücksstreben feindlich gegenüber. Selbst hinsichtlich

---

111 „Jene Nächte, deren Süße andauert! Ja, es erleichtert uns das Sterben, wenn wir wissen, daß sie nach uns auch sein werden, über dem Land und über dem Meer." Camus 2000, Heimkehr, 112. – „Es ist furchtbar, im Meere vor Durst zu sterben: müßt ihr denn eure Weisheit so salzen, daß sie nicht wie gutes Wasser schmeckt?" NL 1882/83, 5[11]; KSA 10, 221. – Von Wilhelm Heinse kennen wir eine andere Apotheose einer Stadt am Meer, von Neapel. In „Mond in Neapel" liest sich das so: „Dunkel liegt das Meer unten und erwartet mit unendlich leisen plätschernden Schlägen seine Ankunft. Der Vesuv liegt still im Meer und die andern Gebürge stehen da voll Ehrfurcht. [...] Und die Menschen baden und singen und scherzen und fühlen bloß ihr Glück. Es ist eine wahre Vermählung Vulkans mit der Venus, des Feuergottes mit der süßesten Tochter des Meere." Heinse 2003, 495.

112 Camus 2016, Sisyphos, 33f. – Das Absurde ist „jene Entzweiung zwischen dem begehrenden Geist und der enttäuschenden Welt, es ist meine Sehnsucht nach der Einheit, dieses zersplitterten Universums und der Widerspruch, der beide verbindet". Ebd., 62f.

des Sterbens hat das Meer bei Camus eine Bedeutung, eine trostreiche, helfe es doch dabei, ohne Hass zu sterben, wie in seinem „Bordtagebuch“ zu lesen ist.[113]

In anderer Hinsicht wird der Tod zum Befreier von Regeln und Vorschriften, denn selbst ohne ein stabiles Morgen eröffnen sich zaghaft Freiheitspartikel, die zum Handeln, etwa in der Revolte, genutzt werden sollen. Ob der obwaltenden Absurdität muss der Mensch dagegen revoltieren, dass ihm ein sinnerfülltes Leben unmöglich ist. In *Der Mensch in der Revolte* kritisiert Camus Nietzsche und Dostojewski. Bei ihnen „richte sich die Revolte nur gegen eine grausame und launenhafte Gottheit [...] Dostojewski in der Vorstellung, Nietzsche in der Wirklichkeit dehnen das Feld des revoltierenden Denkens über alle Maßen aus und verlangen Rechenschaft vom Gott der Liebe selbst. Nietzsche hält Gott für tot in der Seele seiner Zeitgenossen.“[114] Zumindest der letzten These muss widersprochen werden, denn Nietzsche wusste, dass Gott noch lange nicht tot ist, unabhängig davon, dass der tolle Mensch seinen Tod verkündet.

Wenn für Camus die große Lehrmeisterin Meer bei unserem unausweichlichen Sterben hilfreich sein kann, wie oben gesehen, unterstreicht das einmal mehr seine Exklusivität. Hinsichtlich des Umstands, dass er zweifelsfrei den Menschen in einem existenziellen Werde-Verhältnis eingebunden sieht, er ein perennierend Werdender ist, kann auch und gerade das Meer lehrend wirken. Bei ihm sind mit diesem Werden nicht notwendig Dimensionen der Selbstüberwindung und Selbsttransformation angestimmt wie bei Nietzsche. Jedoch sollte beim Werden das Meer ein Vorbild sein können.

Das Meer könne uns weiter helfen, das Absurde und unsere Angst zu minimieren und damit die größten Bedrohungen, die auf jeder Existenz liegen, kleiner werden lassen. Angesichts des Meeres – am Meer würde sich eine bewusste Wahrnehmung des Absurden –geradezu aufdrängen und damit der Wunsch nach Einheit wachsen können. Ob wir diese Lehren einmal werden annehmen können, ist damit nicht gesagt, wiewohl sie uns nützlich sind. Das Meer als große Lehrmeisterin ermögliche eine Überwindung von Hass, Schmerz, richte unser Verhältnis zur Natur und helfe uns sogar beim Sterben. Wie weit wir uns von all dem entfernt haben, wird schmerzhaft deutlich, wenn wir diese Sätze lesen.

Als Lehrmeisterin könnte das Meer womöglich zudem die Solidarität, die eine verbrüderte, durch die Revolte generierte menschliche Gemeinschaft ist

---

113 „Bewußt sterben, bedeutet: die Kluft zwischen uns und der Welt verringern und freudlos und im Bewußtsein, daß die Herrlichkeit der Welt für immer vorbei ist, das Ende auf sich zu nehmen.“ Camus 2000, Hochzeit, 21.

114 Camus 2016, Revolte 56.

und einen Gegenpol des Absurden erstrebt, fördern. Camus ist die Solidarität wichtig, Nietzsche ist sie fremd, denn sie führe zur Schwächung.

In *L'Exil d'Hélène* hatte Camus 1948 geschrieben. Nemesis wird nur an einer einzigen Stelle genannt, aber dennoch ist die griechisch-mythologische göttliche Figur auffallend präsent, weil es hier um die Wahrung von „Grenzen" geht, die der Vernunft, der Gerechtigkeit, für Camus, um die natürlichen „Grenzen der Welt und des Menschen". Bei der Grenzwahrung ist auch die Sonne im Spiel. Camus zitiert Heraklit: „‚Die Sonne wird ihre Grenzen nicht überschreiten, denn die Erinnyen, Bewahrerinnen der Gerechtigkeit, würden es entdecken.'" Nemesis, die nicht für die Rache, sondern für das Maßvolle steht, würde jede Grenzverletzung bestrafen. Ein Überschreiten des Maßvollen könnte zu dem führen, was Horkheimer und Adorno als „Selbstzerstörung der Aufklärung" bezeichnen, während das Mediterrane Camus' in diesem Medium verbleiben will, damit und dabei trägt er zur Arbeit am Mythos bei. „Das Erkennen der Unwissenheit, das Verneinen des Fanatismus, die Grenzen der Welt und des Menschen, das geliebte Antlitz, die Schönheit endlich, dies ist der Ort, wo wir die Griechen wieder erreichen werden." Mit ihnen, so ließe sich ergänzen, würden wir dem Mediterranen wieder nahe sein können. „Wieder einmal wird sich die Philosophie des Dunkels verflüchtigen über dem strahlend hellen Meer. O Gedanke des Mittags".[115] Die gedankliche Nähe zu Nietzsche ist hier überdeutlich.

Nach diesen Befunden drängt sich erneut die Frage auf, ob und inwieweit das mittelmeerische Denken als eine kritische Theorie der Moderne fungieren könnte. Hierzu eine Vergewisserung, was die „Frankfurter Schule" unter einer Kritischen Theorie versteht. In *Negative Dialektik* führt Adorno aus, Horkheimers Formulierung „‚kritische Theorie' wolle nicht den „Materialismus" legitimieren,

> sondern an ihm zum theoretischen Selbstbewußtsein bringen, wodurch er von dilettantischen Welterklärungen nicht minder sich abhebt als von der ‚traditionellen Theorie' der Wissenschaft. Als dialektische muß Theorie – wie weithin die Marxische – immanent sein, auch wenn sie schließlich die gesamte Sphäre negiert, in der sie sich bewegt.

115 Camus 2000, Heimkehr, 83; 86. – „In unserm äußersten Wahn träumen wir von einem Gleichgewicht, das wir hinter uns gelassen haben und das wir argloserweise am Ende unserer Irrtümer wiederzufinden glauben. Naive Vermutung, die auch rechtfertigt, daß unsere Nachkommen, Erben unseres Wahnsinns, unsere heutige Geschichte weiterführen." Ebd., 83.

Die „ohnmächtige Wissenssoziologie“ versage wie „die Philosophie, deren gesellschaftliche Funktion und deren Interessenbedingtheit sie für den Wahrheitsgehalt substituiert, während sie in dessen eigene Kritik nicht eintritt, ihm gegenüber gleichgültig sich verhält“. Der Begriff der Kritik wird hier umfassend angewandt, sei es auf den Materialismus, die Wissenssoziologie oder die Interesselosigkeit der traditionellen Philosophie. Dem hätte Camus zustimmen können, auch ihrem rationalitäts- und ideologiekritischen Fokus.

Was aber fehlt, ist der gegenläufige Bezug zur Natur, zum Meer, der Camus‘ mittelmeerischen Denken essenziell ist. Überraschen kann das nicht, das werden wir in der Weise dort nicht finden, allzumal Adorno und Horkheimer davon überzeugt waren, dass Natur immer nur als „zweite“ erscheine.[116] Will sagen, sie ist durch anthropomorphe Rasterungen verstellt und in jedem Fall einer intentio recta, um die es Camus geht, unzugänglich. Für die „Frankfurter Schule“ wäre Camus’ Bezug zur (ersten) Natur einem mythischen Denken vergleichbar, das für sie selbstverständlich nicht zu einer Kritischen Theorie zu zählen ist. Ich würde dennoch sagen, das mittelmeerische Denken sollte in den Reflexionen des Mediterranen hinsichtlich einer Kritik an der Moderne eingeschlossen sein.

Camus hat Mythisches bewusst in sein Denken einbezogen, das zeigt sich nicht allein im *Sisyphos*, auch die Metapher Revolte ist davon nicht ganz frei. Ich sehe darin kein Vergehen und schon gar keine Einbuße am Gehalt und der Dignität seines Denkens. Auch das Meer ist in seiner Semantik nicht mythenfrei, genauso wie bei Nietzsche, Michelet, Melville, bei den Griechen, Römern und in der Bibel etc. Das Rätselhafte und Geheimnisvolle dieses uns so unendlich überlegenen Naturkosmos, ihr Archaisch-Elementares, macht eine Einbeziehung des Mythischen geradezu plausibel, im reflektierten Wissen, und das ist entscheidend, dass es sich um Mythisches handelt. So gesehen, wäre das eine Perspektivenerweiterung.

---

116 GS 6, 197. – „kritische Theorie orientiert sich trotz aller Erfahrung von der Verdinglichung, und gerade indem sie diese Erfahrung ausspricht, an der Idee der Gesellschaft als Subjekt, während die Soziologie die Verdinglichung akzeptiert, in ihren Methoden sie wiederholt und dadurch die Perspektive verliert, in der Gesellschaft und ihr Gesetz erst sich enthüllte.“ GS 8, 317. – „‚Traditionelle und kritische Theorie‘ bietet den höchst konkreten Entwurf einer Philosophie, die aufs Wesentliche, die Veränderung der Welt, abzielt, ohne die Schwere des gesellschaftlichen Prozesses, in dem das Leben stöhnend sich perpetuiert, im Wahn von der Allmacht des Gedankens zu verflüchtigen.“ GS 20.1, 151. – „Nicht minder trugvoll ist bereits die Frage nach Natur als absolut Erstem, gegenüber seinen Vermittlungen schlechthin Unmittelbarem. Sie stellt das, dem sie nachjagt, in der hierarchischen Form des analytischen Urteils vor, dessen Prämissen über alles gebieten, was folgt, und wiederholt dadurch die Verblendung, aus der sie heraus möchte.“ GS 6, 352.

Hier lohnt sich weitergehend der Bezug auf die griechische Mythologie und ihren prä-dogmatischen und prä-ideologischen Charakter. Auf diese Hinsicht treffen wir auch bei Camus, dessen Denkweg von *Sisyphos* – mit einer skeptischen Diagnose der conditio humana – zur Revolte – als einem Akt des Prometheus verläuft, um letztlich im mittelmeerischen Denken – im Schattenreich der Nemesis anzukommen, hier das rechte Maß suchend und es womöglich auch zu finden …

3.5 Heuristik einer Philosophie des Mediterranen

„‚Klima, Helligkeit des Himmels, Trockenheit, Luft' hat sich dies Jahr mir wieder mit ihrer *kardinalen* Wichtigkeit ins Gedächtnis geschrieben", schreibt Nietzsche im September 1887 an Franz Overbeck.[117] Dieses Jahr ist wieder all das wichtig, wie auch in den Jahren zuvor und wohl in der kurzen Zeit, die ihm nach dieser Mitteilung noch bis zu seinem Zusammenbruch geblieben war. Dabei ist das Klima für seine Gesundheit essenziell, denn es muss eines sein, dass dieser zuträglich ist. Dann würde das mediterrane dazugehören.

Ich reflektiere zunächst erneut auf Camus' mittelmeerisches Denken und komme dann zu Nietzsche. Im Kapitel „Das mittelmeerische Denken" behauptet er, wie angeführt, der „geschichtliche Absolutismus [habe J.G.] nie aufgehört, mit den unbezwinglichen Forderungen der menschlichen Natur zusammenzuprallen, deren Geheimnis das Mittelmeer mit seiner Verschwisterung von Geist und hartem Licht bewahrt". Wir brauchen dieses Licht des Mittelmeeres, auch und womöglich gerade, weil es hart ist, jedoch für unser Existieren und nach Camus auch für das Denken – in allen Bereichen, auch für die Wissenschaft und für die Kunst. Wir brauchen das blendend-decouvrierende Licht des Meeres, denn es könnte Illusionen, Utopien, Visionen beflügeln, ohne die wir viel ärmer wären.

Im mediterranen Sonnenlicht, vom Meer reflektierend gesteigert, werde alles transparent, Entstehen und Vergehen, Welt, Mensch und Dinge. Die Philosophie des Dunklen – und sie wird die metaphysisch-moralische sein – eine des dunklen Nordens, gegen die auch Nietzsche ankämpft, könne vom Licht des Mediterranen verbrannt werden. Sie werde damit aufgelöst. Am Meer scheint ihr niemand einen Glauben entgegenbringen zu können, weil sie dem Lebensgefühl des Mediterranen zu sehr entgegensteht. Wir brauchen lichterzeugte Imaginationen, die eine Sehnsucht nach einem Ideal einschließen, das bei Camus und auch bei Nietzsche an das antike Griechenland

117 KSB 8, 157.

angeschmiegt ist. Der moderne Mensch hat es verloren, aufgegeben, für eine Vergewisserung seiner Existenz durch abstrakte Ideale. Camus will, dass wir uns die hellenischen Erkenntnisse, die Schönheit und den Einklang mit der Natur sowie eine Vermählung mit dem Meer wieder aneignen – und mit ihnen dem Fanatismus entsagen.

Mit seinem mittelmeerischen Denken verbindet er eine politische Haltung, ein politisches Engagement, und das lässt zumindest aufhorchen, um das Mindeste zu sagen. Man darf einräumen, dass dies einer Konstruktion gleichkommt, und dennoch wollen wir sie uns ansehen. Es geht um den Revoltierenden, der gegen die Maßlosigkeit kämpft, für das Maß eintritt und damit dem Gebot der Nemesis folgt. Die Revolte sei die „Bewegung des Lebens selbst [...] ohne auf das Leben zu verzichten [...] Sie ist somit Liebe und Fruchtbarkeit, oder sie ist nichts." Wenn sie das ist, dann wird die Analogie zum Mittelmeer deutlich, und womöglich lässt sich das hier und vielleicht nur hier, durch das Spiel der Wellen, an der Bewegung des Meeres, die einer des Lebens gleichkommt, ablesen. In diesem bewegten Spiel sind Beginn und Ende gleichermaßen eingeschlossen. Die Bewegung des Meeres ist jedoch eine endlose, die des Lebens eine endliche.

Wiewohl der Revoltierende – und er ist keinesfalls ein Revolutionär, denn Camus spricht sich vehement gegen die Revolution aus, eine gewisse Freiheit für sein Handeln beanspruchen darf und das auch muss, ist er verpflichtet, die Freiheit jedes anderen uneingeschränkt zu respektieren. Eine Philosophie der Revolte wäre eine des Respekts vor den Grenzen, denen des anderen und denen der Natur. Würde auch nur eine verletzt, wäre das ganze Projekt diskreditiert. Der Revoltierende folgt einem nicht verhandelbaren ethischen Gebot, das mit dem nicht verhandelbaren Wert des Lebens ganz eng verknüpft ist. Aus ihm folgt Gesetzes gleich der Auftrag, die Freiheit des Anderen zu respektieren, zu wahren und zu schützen.

Camus grenzt die Revolte radikal von jeder Revolution ab, wenn er diese dem Nihilismus und dem Totalitären zuordnet. Sartre hat das kritisiert. Sie beziehe sich auf und legitimiere sich durch eine „Idee", wohingegen die Revolte eine „Bewegung" sei, „die von der Erfahrung des Einzelnen zur Idee führt",[118] – zu addieren ist, zur Idee der Einheit.

118 Camus 2016, Revolte, 397; 146. – „Jede Revolte ist eine Sehnsucht nach Unschuld und ein Ruf nach dem Sein." Ebd., 145. – Vor der Landschaft rund um Djemila habe er begriffen, so Camus, „daß ein Mensch, der wert ist, so genannt zu werden, am Ende seines Lebens diese Zwiesprache erneuert, die paar, ihm seit langem geläufigen Ideen verleugnet und jene Unschuld und Wahrhaftigkeit wiederfindet, die in dem Blick des frei seinem Schicksal gegenübertretenden antiken Menschen leuchtet". Camus 2000, Hochzeit, 19.

Dementsprechend sieht er in der Revolte nicht allein eine politische Bewegung, sondern gleichsam etwas Umfassendes, das alle Menschen betrifft und ihnen dabei Segmente von Freiheit zuwachsen lasse. Die Revolte verbünde sich mit dem Ja, das ein Nein gegenüber dem Nihilismus beinhalte, dem Krebsgeschwür der Moderne. Könne sie auch keinen Erfolg garantieren, so aber die „Stirne bieten. Von dem Augenblick an erglänzt das Mittagslicht auf die Bewegung der Geschichte selbst." Da sehen wir eine große Nähe zu Nietzsche, im Topos Mittagslicht, das seinen grossen Mittag erleuchten könnte und in der Verpflichtung auf das Ja, das einer tragischen Bejahung des Lebens, dem Antidot gegen Nihilismus und Dekadenz, entsprechen soll. Nietzsche verbindet damit freilich keineswegs eine Revolte oder eine Bewegung, gar eine politische, sondern einen strebensethischen Auftrag, gar eine Forderung an jede und jeden, alles zu bejahen, wie schwer es auch sein mag. Anders als Nietzsche, einem Kritiker der Gerechtigkeit, versieht Camus die Revolte mit diesem Auftrag.[119]

Albert Camus denkt das Mediterrane mit der Liebe zusammen, sowohl mit der körperlichen als auch mit einer, die Achtung und Respekt bedeutet. Wiederum gegenüber den anderen wie gegenüber der Natur. Eine Liebe, die das Maßvolle respektiert und anstrebt. So gesehen, könnte sie dem wissenden antiken Menschen, dem Bewohner Ithakas zugesprochen werden, der seinem Gefühl treu sein kann. In dieser treuen Liebe findet er die Kraft zu einem treuen Umgang mit allem, was ihn umgibt.

Ich nehme Camus' Topos „Mittagslicht" auf, weil ich ihn für sein mittelmeerisches Denken und für sein Verständnis des Mediterranen für sehr wichtig erachte. Selbstverständlich ist es ein südliches Licht, und es ist das Licht des Meeres, nicht das der Aufklärung. Als Licht des Mittags ist es besonders stark, es kann hart sein. Beides ist jedoch für das Transparentwerden dessen, was er beleuchtet wissen will, nötig und notwendig.

Wiewohl Camus sich wohl als einen Aufklärer versteht, der das Mittagslicht zu nutzen weiß, um so das Projekt der Aufklärung weiterzuführen, auch über seine Arbeit am Mythos, wird sein Denken durch drei Faktoren, die diesem

119 Camus 2016, Revolte, 398. – „– wir halten es schlechterdings nicht für wünschenswerth, dass das Reich der Gerechtigkeit und Eintracht auf Erden gegründet werde (weil es unter allen Umständen das Reich der tiefsten Vermittelmässigung und Chineserei sein würde), wir freuen uns an Allen, die gleich uns die Gefahr, den Krieg, das Abenteuer lieben, die sich nicht abfinden, einfangen, versöhnen und verschneiden lassen, wir rechnen uns selbst unter die Eroberer, wir denken über die Nothwendigkeit neuer Ordnungen nach, auch einer neuen Sklaverei – denn zu jeder Verstärkung und Erhöhung des Typus ‚Mensch' gehört auch eine neue Art Versklavung hinzu – nicht wahr?" FW, KSA 3, 629. Dem können wir selbstverständlich nicht zustimmen!

essenziell sind, über sie hinausgetrieben: Durch den Status des Absurden, durch die Revolte und durch das mittelmeerische Denken.

Wenn alles Existieren, auch das mediterrane, unter einer Prädominanz des Absurden steht, dann ist ein Heraustreten aus der Unmündigkeit nur sehr rudimentär vorstellbar. Selbst die Revolte vermag das nicht zu bewerkstelligen, und sie kann schwerlich als ein aufklärerisches Projekt im genuinen Sinn des Wortes verstanden werden, fordert sie doch einen permanenten Kampf. Das mittelmeerische Denken, das sich, wie das Wort anzeigt, diesem Meer verdankt, kann auch nicht einfach zur Aufklärung addiert, gar unter sie subsumiert werden. Im Nexus mit der Revolte ist es vielmehr ein Überschreiten, das ich nicht als ihre Weiterführung, Fortschreibung verstehe, weil es eine Einheit, gar eine Vermählung mit der Natur erstrebt, die von der Aufklärung – qua Adelung der Vernunftherrschaft – zur Instrumentalisierung freigegeben wurde.

Wenn wir Camus hinsichtlich einer Philosophie des Mediterranen befragen – und es kann sich im Folgenden für eine Heuristik nur um Hinweise handeln – dann sollten sie sich gegen den von ihm diagnostizierten „geschichtliche[n]Absolutismus“ wenden. Dieser verdankt sich nicht zuletzt einer Vernunftherrschaft, die Natur instrumentalisiere. Wiewohl bei ihm die Revolte dabei zum Einsatz kommen muss, lasse ich diesen Aspekt seines Denkens auf das Mediterrane bezogen beiseite. Nicht weil ich ihn unterschätze, aber weil er mir gleichwohl bezüglich einer Auflehnung, eines Kampfes gegen das Absurde triftiger und überzeugender erscheint. Im Übrigen habe ich hierzu weiter oben ausführlich geschrieben.

Worauf es mir jetzt ankommt, ist ein Verstehen und Begreifen von Camus' mediterran-poetischem Essentialismus, der Anleihen an den natürlichen Attributen des Mittelmeeres nimmt. Sein besonderes, zartes, klares, aber zuweilen auch hartes Licht, das Reflexionen und Utopien ermöglicht, sei für unser Existieren unerlässlich. Es lasse uns begreifen und dabei auch Einstellungen und Werte verändern. Das Lichtdurchflutete kann gegen eine Philosophie des Dunklen, die mit dem geschichtlichen Absolutismus verschwistert sein dürfte, gesetzt werden. Schön wäre es, wenn dieses Denken sie zum Schmelzen bringen würde.

Die Lichtmetapher ist uns aus der Aufklärung bekannt, sie ist dort mit der Vernunft verbunden, die begreifendes Licht verbreite. Bei Camus ist das Licht ein natürliches, vom Meer reflektiertes. In einer Vermählung mit dem Meer sollte uns der Glauben an es, damit an die Natur und ihre Ressourcen führen und leiten und so den christlichen ablösen. Am Meer glaube man nicht mehr an Übernatürliches, und schon gar, wenn es als eine bestrafende Instanz auftritt. Horkheimer und Adorno führen aus: „Als Gebieter über Natur gleichen sich der schaffende Gott und der ordnende Geist. Die Gottesebenbildlichkeit des Menschen besteht in der Souveränität übers Dasein, im Blick des Herrn, im Kommando."

Wie schon erwähnt, verortet Camus die Liebe im Mediterranen. Sie ist ihm die einzige Erfüllung, sie gewähre Einheit. Es muss eine maßvolle und treue sein. Als solche hätte sie einen umfassenden Vorbildcharakter fur das Selbst- und Fremdverhältnis sowie für das gegenüber der Natur. Anders als Horkheimer und Adorno würde Camus sicher nicht von einem „Naturzwang" ausgehen, weil er die Natur für vollkommen und schützenswert erachtet,[120] sie beschenke uns, insbesondere betrifft das die mediterrane, der wir so leicht treu sein können. Dieser Treue wäre nichts ferner, als die Natur zu instrumentalisieren, mit ihr trete sofort ein Maßhalten zutage. Entsprechend könnte hierüber eine Abwendung von unseren Vergehen, unserer Verachtung gegenüber der Natur erfolgen.

Schwieriger wird es, wenn Camus mit der Natur einen Sinn verbindet, der doch schwer zu fassen sein dürfte. Wenn überhaupt als ein Bild; eines von Versöhnung. Das erfordert den Hinweis, dass mit der Natur seit Menschengedenken jedoch auch Gefahr, Bedrohung und Zerstörung verbunden werden. Das blendet Camus freilich aus. Wir müssten ihm zugestehen, dass er sich mit seinem Naturbegriff, der das Meer selbstverständlich einschließt, auf Zärtlichkeit, Schönheit und Fruchtbarkeit bezieht und an den anderen Bezügen kein Interesse zeigt.

Das ist seiner Apotheose des Meeres geschuldet, das nicht vom Absurden affiziert ist. Sie ist zuweilen aber auch gebrochen, weiß Camus doch um die „sonnenhafte Tragik" des Mittelmeeres, die als eine sonnenhafte dennoch transparent ist. „Über dem Meer, am Fuß der Gebirge, sinkt an manchen Abenden die Nacht auf vollendeten Bogen in eine kleine Bucht, und alsdann entsteigt stillen Wassern eine bange Fülle." Dann verstehe man die Verzweiflung der Griechen, ausgelöst durch die „Schönheit und das Bedrückende in ihr. In diesem goldenen Unglück gipfelt die Tragödie. Unsere Zeit hingegen hat ihrer Hoffnungslosigkeit Nahrung gegeben in der Schändlichkeit und den Krisen."[121] Wir haben keine Hoffnung mehr, weil wir uns von all dem, was sie uns gewähren könnte – das Meer gehört dazu – entkoppelt haben. Wir wollten und wollen es uns unterordnen, es befahren, es ausbeuten. Seinen Reichtum,

---

120 „Es ist die Identität des Geistes und ihr Korrelat, die Einheit der Natur, der die Fülle der Qualitäten erliegt. Die disqualifizierte Natur wird zum chaotischen Stoff bloßer Einteilung und das allgewaltige Selbst zum bloßen Haben, zur abstrakten Identität." GS 3, 25f. – „Jeder Versuch, den Naturzwang zu brechen, indem Natur gebrochen wird, gerät nur um so tiefer in den Naturzwang hinein. So ist die Bahn der europäischen Zivilisation verlaufen." Ebd., 29.

121 Camus 2000, Heimkehr, 82f.

seine Fruchtbarkeit haben wir verschwendet, ganz anders als die antiken Griechen, die für die Schönheit zu den „Waffen" griffen.

Für Camus' Metaphorik des Mediterranen sind die „Mittagshöhe" und das „Mittagslicht", wie erklärt, bedeutsam. Mit jener ist ein hoch angesiedelter, ein hoher, überblickhafter Standort gemeint. Dann ist man auf der Mittagshöhe, höher kann es nicht hinaufgehen. Sie ist gleichsam ein Zielpunkt und sollte damit unserer sein. Exakt dieser Erkenntnisstandort, der vom Licht des Mittags aufklärend erhellt wird, ist anzustreben. Jeder andere verblasst vor ihm. Nur von hier aus ist die Verdunkelung zu erkennen und zu entmachten, weil der Horizont – und er könnte der des Meeres sein – weit und offen daliegt. Ich hatte schon darauf hingewiesen, dass es hier Bezüge zu Nietzsches großem Mittag gibt, der einer von Entscheidungen und das Zeitfenster der Ankunft des Übermenschen ist, mit dem Camus nichts anfangen könnte. Ohne jeden Zweifel würde er sich nicht mit der Gewalt des nietzscheanischen Übermenschen, Selektion und Züchtigung einverstanden erklären, die dem antiken Weisen vollkommen fremd sein müssten.

Mit den Topoi „Mittagshöhe" und „Mittagslicht" wird bei ihm vielmehr eine Entschlossenheit zur revoltierenden Tat gefasst, die von den Gaben des Meeres profitiert. Sie sollte mit der Großzügigkeit des antiken, wissenden Menschen verlinkt sein, der Treue und Schönheit verpflichtet ist, und im Einklang mit der Natur zu leben weiß. Nur der Wissende kann diese Treue geloben. Bei Camus geht mit ihm ein Rückbezug zu seinem Verständnis des antiken Griechenland einher, gleichsam eine Zielvorstellung des Menschen und nicht der Übermensch Nietzsches. Bei ihm könnte der Wissende ein freier Geist sein, mit dem er in *Morgenröthe* gar eine adelige Haltung, die die der Griechen übertreffe, verbindet. Damit könnten die freien Geister „Europa" vor einer „Verdunkelung" bewahrt werden.

Camus' Wille zum Engagement, das sich wie bei Nietzsche gegen die Romantik wendet, wird von einer „schmerzenreichen Erde" ausgelöst.

> Auch wir haben erobert, Grenzen versetzt, Himmel und Erde bezwungen. Unser Verstand hat die Leere erzeugt. Endlich allein, vollenden wir unsere Herrschaft in einer Wüste. Welche Vorstellung hätten wir denn noch von jenem erhabenen Gleichgewicht, wo die Natur der Ausgleich zur Geschichte, zur Schönheit, zum Guten war und die Musik der Zahlen bis in die Tragödie unseres Blutes trug? Wir kehren der Natur den Rücken, wir schämen uns der Schönheit. Unsere kläglichen Tragödien ziehen den Geruch von Büros nach sich, und das Blut, das in ihnen fließt, hat die Farbe fetter Tinte.[122]

122 Ebd., 83.

In diesen Zeilen der Verbitterung aus „Helenas Exil" wird sinnfällig, was wir der Natur zugefügt und damit gleichermaßen das, was wir dadurch verloren haben. Nicht nur sie, sondern auch uns, die wir blutleer in Büros sitzen und fette Tinte mit Blut verwechseln. Für ihre Schmerzen sind wir durch unseren hybriden Umgang mit der Natur verantwortlich zu machen. Von daher müsste auch dem wissenden Menschen Camus' und seiner „Großzügigkeit", die die Welt zu seiner „erste[n] und letzte[n] Liebe" macht, erlösende Hinsichten attestiert werden. Für diese Erlösung bedarf es bei Camus des mittelmeerischen Lichts, mit dem man die eigene Existenz der Gleichgültigkeit und einem dunklen und verdunkelnden Denkens entreißt; sie davor bewahrt. Dann könnte unser Leben glücken – am Meer. Indem Camus es als die große und als unsere Lehrmeisterin sieht, vertraut er darauf, dass wir von ihm lernen können, in all den Dimensionen, die sich mit ihm für uns eröffnen. Weitergehende Forderungen sind dann nicht mehr nötig.

Ich komme jetzt zu Nietzsche, der auf der Suche nach einem Klima war, auf einer Wanderschaft, die ihm Gesundheit gewähren könnten, war sie ihm doch – und das darf nicht vergessen werden – für sein Philosophieren unverzichtbar: Nur wenn er gesund ist, kann er denken. „Alle unsere Religionen und Philosophien sind *Symptome* unseres leiblichen Befindens",[123] notiert er im Frühjahr 1884. *Die Fröhliche Wissenschaft* weiß, dass ein wahrer Philosoph den „Gang durch viele Gesundheiten gemacht" haben muss und dabei sei er gleichermaßen durch „ebensoviele Philosophien hindurchgegangen [...] diese Kunst der Transfiguration ist eben Philosophie. Es steht uns Philosophen nicht frei, zwischen Seele und Leib zu trennen". Um diese Kunst zu erlernen, und sie anzuwenden, müsse man gesund sein, wobei jede Gesundheit eine andere Philosophie generiere; das mache den Philosophen aus und nicht etwa die Befähigung zum abstrakten oder logischen Denken, die ihm lebensfremd und lebensfeindlich erscheint. Es ist ein erstaunlicher Gedanke, eine überraschende These, dass Nietzsche mit jeder Gesundheit ein anderes philosophisches Denken assoziiert. Das zeigt, wie hoch, wie überaus hoch er die Gesundheit schätzt und wie essenziell er sie bewertet.

Ohne diese diversen „Gesundheiten", so der Umkehrschluss, gibt es weder Veränderung noch Entwicklung. Hier wird zudem die schlicht dominierende Dimension des Leibes und die Verpflichtung, auf ihn zu hören, ihm seine Botschaften abzulauschen, verständlich. „Wir Neuen, Namenlosen, Schlechtverständlichen, wir Frühgeburten einer noch unbewiesenen Zukunft – wir bedürfen zu einem neuen Zwecke [...] einer stärkeren gewitzteren zäheren

---

123 „daß das Christenthum zum Sieg kam, war die Folge eines allgemeinen Unlust-Gefühls". NL 1884, 25[407]; KSA 11, 118.

verwegneren lustigeren, als alle Gesundheiten bisher waren".[124] Immerhin findet sich der Hinweis auf eine unbewiesene Zukunft, womit das Unterfangen keinen gesicherten Ausgang haben dürfte; der bleibt offen. Das verändert jedoch in keiner Weise die Bedeutung der Botschaft. Es unterstreicht sie vielmehr, trotz der unbewiesenen Zukunft. Wäre sie schon da, wäre sie nicht länger schlecht verständlich. Der neue Zweck ist der Vollzug eines anderen Existierens; ein südliches mit einer südlichen Gesundheit. Am besten scheint das in einem mediterranen Klima zu gelingen. Hier ist es eines für Frühgeburten und (noch) Neue und Namenlose, die man (noch) nicht richtig verstehen kann. All das adelt sie jedoch, all das grenzt sie vom Herkömmlichen und von den Herkömmlichen ab. Sie müssen sich abgrenzen; das gehört zu ihrer raison d'etre.

Über die potenteste Gesundheit – und sie könnte eine südliche, für ihn wohl die südliche schlechthin sein, müssten in Nietzsches Denken der Übermensch und der antike Gott Dionysos verfügen. Als göttliche Gestalt verkörpere er die Notwendigkeit von Schaffen und Vernichten. Radikal positioniert er ihn gegen den „Gekreuzigten" und damit gegen Moral und Leibfeindschaft. „Ich würde nur an einen Gott glauben, der zu tanzen verstünde", lesen wir im *Zarathustra* – und dieser Gott ist Dionysos,[125] der zudem für Verschwendung und Fruchtbarkeit steht. Als Gott des Rausches und der Ekstase verkörpert er kraftvolle Verschwendung, Verausgabung und restlose Transformation. In ihm erklingt zudem eine der Leiblichkeit entströmende, mediterrane Musik, die niemals etwas von Moral, gar von Moralität wusste. Nietzsches „il faut méditeranniser la musique"[126] aus dem Nachlass von 1888, bezieht sich auf Wagner, dem genau das nicht gelungen sei, schließt hieran an. Wenn das für ihn Bedeutsamste, die Musik, mediterannisiert werden muss, sagt das überaus viel über den Status aus, den er dem Mediterranen einräumt.

124 FW, KSA 3, 635f. – „Wir sind keine denkenden Frösche, keine Objektivir- und Registrir-Apparate mit kalt gestellten Eingeweiden", vielmehr müssten wir unablässig jeden Gedanken aus „unsrem ‚Schmerz' gebären [...] was wir von Blut, Herz, Feuer, Lust, Leidenschaft, Qual, Gewissen, Schicksal, Verhängniss in uns haben [...] beständig in Licht und Flamme verwandeln, [...] wir *können* gar nicht anders". Ebd. 349. – „Es kommt auf dein Ziel, deinen Horizont, deine Kräfte, deine Antriebe, deine Irrthümer und namentlich auf die Ideale und Phantasmen deiner Seele an, um zu bestimmen, *was* selbst für deinen *Leib* Gesundheit zu bedeuten habe. Somit giebt es unzählige Gesundheiten des Leibes; und je mehr man dem Einzelnen und Unvergleichlichen wieder erlaubt, sein Haupt zu erheben, je mehr man das Dogma von der ‚Gleichheit der Menschen' verlernt, um so mehr muss auch der Begriff einer Normal-Gesundheit, nebst Normal-Diät, Normal-Verlauf der Erkrankung unsern Medicinern abhanden kommen." Ebd., 477.

125 Za, KSA 4, 49.

126 NL 1888, 19[1]; KSA 13, 541.

In der nachgelassenen Schrift *Ecce homo* sieht er eine essenzielle Verbindung zwischen dem Klima, der Ernährung und dem Stoffwechsel.

> Es steht Niemandem frei, überall zu leben; und wer grosse Aufgaben zu lösen hat, die seine ganze Kraft herausfordern, hat sogar eine sehr enge Wahl. Der klimatische Einfluss auf den *Stoffwechsel*, seine Hemmung, seine Beschleunigung, geht so weit, dass ein Fehlgriff, in Ort und Klima Jemanden nicht nur seiner Aufgabe entfremden, sondern ihm dieselbe überhaupt vorenthalten kann: er bekommt sie nie zu Gesicht.[127]

Treffe man jedoch die richtige Wahl – in jedem Fall muss das eine individuelle sein – werde man der, der man ist, und folgt damit und dadurch Nietzsches Weisung, kann man die Aufgaben bewältigen. Er selbst gehört wohl zu den Auserwählten, die eine große Aufgabe haben. Für diese – die Manifestation einer Philosophie der Befreiung, die er als eine der Erlösung von lebensfeindlichen Ideologien versteht, braucht insbesondere er einen beschleunigten Stoffwechsel. Deshalb dürfen ihm bei der Wahl des Klimas keine Missgriffe unterlaufen, will er sein Werk fortsetzen und es im besten Fall vollenden.

Wenn wir mit Nietzsche verstehen wollen, worauf das Klima steigernd oder schwächend wirkt, dann muss es als Basis für die erstrebte „grosse Gesundheit" des Leibes, die eine des Selbst ist, verstanden werden. Diese Gesundheit müsse – und das trifft exakt auf den Süden zu, fortlaufend von uns und für uns rekrutiert und damit neu erworben werden. Sie müsse neu geschaffen und erschaffen werden. Was mit Prüfungen der Tauglichkeit verbunden ist. Philosophische Reflexionen über das Mediterrane müssten, so meine These, den *Leib* fokussieren. Im *Zarathustra* lesen wir: „Wie im Meere lebtest du in der Einsamkeit, und das Meer trug dich. Wehe, du willst an's Land steigen? Wehe, du willst deinen Leib wieder selber schleppen?" Wenn man ein „Landthier" ist, muss man seinen Leib schleppen, und als ein moralisch verfemter ist er schwer und eine Belastung. Am Meer sollte man den Leib besser bejahen können, und er wird für uns von ihm metaphorisch ausgedrückt, getragen.

Also sprach Zarathustra hat Nietzsche überwiegend in Städten verfasst, die am Meer liegen. Man trifft hier auf Naturbeschreibungen einer Mittelmeerlandschaft, verwöhnt durch die Sonne und eine für das Mittelmeer typische Vegetation. Hierzu einige Beispiele aus dem Buch. „Eines Tages war Zarathustra unter einem Feigenbaum eingeschlafen, da es heiss war, und hatte seine Arme über das Gesicht gelegt." – „Gern liege ich hier, wo die Kinder spielen, an der

127 EH, KSA 6, 281f. – „das Genie ist *bedingt* durch trockene Luft, durch einen reinen Himmel, – das heisst durch einen rapiden Stoffwechsel, durch die Möglichkeit, grosse, selbst ungeheure Mengen Kraft sich immer wieder zuzuführen". Ebd., 282.

zerbrochenen Mauer, unter Disteln und rothen Mohnblumen." – „Es giebt eine Insel im Meere – unweit den glückseligen Inseln Zarathustra's – auf welcher beständig ein Feuerberg raucht". – „also dass Zarathustra endlich unter gelben und rothen Beeren, Trauben, Rosenäpfeln, wohlriechendem Krautwerke und Pinien-Zapfen lag". – „Eines Tages, als er auf einem Steine vor seiner Höhle sass und still hinausschaute, – man schaut aber dort auf das Meer hinaus, und hinweg über gewundene Abgründe". – „Um die Stunde des Mittags aber, als die Sonne gerade über Zarathustra's Haupte stand, kam er an einem alten krummen und knorrichten Baume vorbei, der von der reichen Liebe eines Weinstocks rings umarmt [...] war: von dem hiengen gelbe Trauben in Fülle dem Wandernden entgegen."[128]

Der schwer verständliche, zuweilen gar enigmatische *Zarathustra*, Nietzsches berühmtestes Buch, ist also auch am Mittelmeer entstanden und scheint an einigen Stellen Mediterranes zu atmen. In *Ecce homo* unterstellt er „Man darf vielleicht den ganzen Zarathustra unter die Musik rechnen". Die Verbindung zwischen dem *Zarathustra* und der Musik findet sich auch in einem Brief an Köselitz vom 2. April 1883 aus Genua; das Buch sei „unter die ‚Symphonien' [zu rubrizieren, J.G.]. Gewiss ist, daß ich damit in eine andere Welt hinübergetreten bin – der ‚Freigeist' ist erfüllt. Oder?"[129] Der Freigeist wäre also so betrachtet ein Komponist und könnte eine mittelmeerische Musik zaubern.

An Overbeck schreibt er am 1. Februar 1883 aus Rapallo „Inzwischen, im Grunde in ganz wenig Tagen, habe ich mein *bestes* Buch geschrieben, und, was mehr sagen will, jenen entscheidenden Schritt gethan, zu dem ich im vorigen Jahre noch nicht den Muth hatte." In Briefen von 1883 an Köselitz, Marie Baumgartner, Ida und Franz Overbeck bezeichnet er den *Zarathustra* als seinen „Sohn". Damit ist er sein Vermächtnis und sein Erbe und – wie ein Brief an Ida Overbeck unterstreicht, sein Lebensretter. „In so ferne heißt mein Lebensretter: Zarathustra, mein Sohn Zarathustra!"[130]

Kommen wir zurück zu Mediterranen. Im Nachlass von 1880 finden sich Hinweise, die zu einem mediterranen Existieren zu zählen sind:

> – Die ganze Küste mit Gebirge Meer und Oelbäumen und bezaubernden einsamen Pinien, alles müssen wir entdecken. Und so aus uns herausgehend können wir auch mit den Menschen umgehen, als ihre Bereiser und Entdecker, *Gutes und Böses ihnen erweisen, damit* sie die *ihnen eigene Schönheit* zeigen, sonnenhaft oder gewitterhaft.[131]

128 Za, KSA 4, 87; 160; 167; 271; 295; 342.

129 EH, KSA 6, 335; KSB 6, 353.

130 KSB 6, 324; 406.

131 NL 1880, 6[450]; KSA 9, 314f. – „Die Bühne des Mediterran mit all ihren Requisiten – der Widerschein von Himmel, Sonne, Wolken, die sich türmen, die Farbtöne, die die Steine am Meeresgrund annehmen, der Sand oder die Algen, düstere oder hellere Küstenstücke und

Das sind Poesien, die Camus geteilt haben dürfte. In *Morgenröthe* fasst Nietzsche das so: „Beständig in der Sonne und Milde der Anmuth liegen und doch die Aufstiege des Erhabenen in der Nähe wissen! – Das wäre ein Leben! Das wäre der Grund, lange zu leben!“ Das würde am Meer gelingen können, auch der Wunsch, lange zu leben, der sich wohl angesichts einer Wahrnehmung seiner Erhabenheit einstellt. Es sollte ein sonnenverwöhntes, mildes und anmutiges Leben sein. Wenn wir dann – aus uns herausgehend – all das entdecken, womöglich wieder entdecken, dann würde das gleichsam einen anderen Umgang mit den Menschen anleiten können, indem wir sie, basierend auf einen anderen Umgang mit der Natur, bereisen. Dieses Bereisen wäre nicht nur ein Entdecken, zumal ein sanftes, sondern auch die Veränderung unserer Wahrnehmung und unseres Umgangs mit ihnen – den Menschen. Nach der Perspektivenumkehr sollte er wohl ein milder und anmutiger sein. Dieser wiederum könnte uns sie und ihre Schönheit entdecken lassen. Ein ungewöhnliches, aber gleichwohl ein sehr eindringliches Wort, bereisen, ein sanftes in sie Eintauchen und damit das Gegenteil von einer Eroberung. Die hierüber transparente Schönheit freilich – und da ist Nietzsche illusionslos – wird auch gewitterhaft und nicht allein sonnenhaft sein. Selbst in diesem zärtlich intonierten, mediterranen Panorama ziehen Gewitter und Unwetter auf. Von der Natur sei jedoch zu lernen, allzumal über die Schönheit, die mediterrane, wie wiederum *Morgenröthe* weiß.

> – Wie wir in der Natur herumgehen, listig und froh, um die Allem eigene Schönheit zu entdecken und gleichsam auf der That zu ertappen, wie wir bald bei Sonnenschein, bald bei gewitterhaftem Himmel, bald in der bleichsten Dämmerung einen Versuch machen, jenes Stück Küste mit Felsen, Meerbuchten, Ölbäumen und Pinien so zu sehen, wie es zu seiner Vollkommenheit und Meisterschaft kommt: so sollten wir auch unter den Menschen umhergehen, als ihre Entdecker und Ausspäher, Gutes und Böses ihnen erweisend, damit die ihnen eigene Schönheit sich offenbare, welche bei Diesem sonnenhaft, bei Jenem gewitterhaft und bei einem Dritten erst in der halben Nacht und bei Regenhimmel sich entfaltet.[132]

Die Natur – und das Meer gehört selbstverständlich dazu – wird hier gleichsam zum quasi normativen Vorbild für unseren sozialen Umgang. Damit hat sie ein enormes Gewicht. Die vielfältigen Eindrücke des Meeres und damit selbstverständlich die des Mittelmeeres werden von unseren leiblich-sinnlichen

---

ihre Umgebung, ihre Übergänge und Variationen, das Meer am Morgen, am Abend, bei hellichtem Tag und in der Nacht, täglich neu und ewig […] jedermann glaubt, zumindest am Mediterran, daß er über das Meer und sein Panorama etwas wahrhaft Wichtiges zu sagen habe“. Matvejević 1993, 55.

132 M, KSA 3, 272; 280.

Rezeptoren aufgenommen und verarbeitet. Die Kräfte, die uns hierüber zuwachsen, reflektieren sich in unserem Existieren; sie steigern oder schwächen es. Bei Nietzsche geht es um eine maximale Steigerung leiblich-sinnlicher Energien und Potenzen – und uns sollte es auch darum zu tun sein. Insbesondere zielt das auf eine Steigerung unseres Leibes.

Der Leib sei „eine solche ungeheure Vereinigung von lebenden Wesen [...] aus eignem Willen handelnd, als Ganzes leben, wachsen [...] und dies geschieht ersichtlich *nicht* durch das Bewußtsein!" Er müsse als das Höhere begriffen werden, dann wird er zum „Leitfaden" an sich, zum Bewertungsmaßstab, auch auf den Menschen bezogen. Dieser Leib lügt nicht, vermag sich nicht zu verstellen; er folgt einer anderen Vernunft, einer leibvernünftigen. Camouflage ist ihm fremd. Im Nachlass von 1883/84 geht es um eine „**fühlbar** *werdende Geschichte* davon, daß ein *höherer Leib sich bildet.* Das Organische steigt noch auf höhere Stufen." Das lässt vermuten, es handelt sich hierbei um eine nicht abgeschlossene und nicht abschließbare Entwicklung; vielleicht sollte sie in Nietzsches Sinn zum Übermenschen führen. Er jedenfalls vertraut auf eine Höherbildung des Leibes, und wir sollten das auch tun.

Über den für Nietzsche höchsten Leib und damit über die potenteste Leibvernunft verfügt zweifelsfrei der Übermensch. „Hinweg über euch Menschen lockt mich die Schönheit: fort von allen Göttern lockt mich alle Schönheit: so warf ich Anker auf offenem Meere und sagt: ‚hier sei einst die Insel des Übermenschen!'" Er würde auf einer Insel im Meer beheimatet und damit ein Insel- und – wohl nicht zuletzt – ein Meerbewohner sein.

Gegen den Leib, das Kompendium der menschlichen Triebe/Triebwünsche und Begierden, habe sich das große Revirement in der Moralentwicklung gerichtet. Es zeige sich als ein Sieg der Leibfeindlichen, deren Forderung laute, die Triebe zu unterdrücken. Für Nietzsche sind sie die Schwachen, die Kranken. Sie besitzen keine südliche Gesundheit. Ihr Sieg ist einer der reaktiven über die aktiven, die schaffenden Kräften. Damit leitet er zu Dekadenz und Nihilismus; zum Niedergang. Der Leib, das Werden reflektierend, sei als Vielheit weitaus komplizierter als die Vernunft, ergo müssten ethische Optionen dem Leib angepasst werden. Im Nachlass fordert er entsprechend die „Rangordnung" zwischen Bewusstsein und Leib umzustellen – „das Geistige ist als Zeichensprache des Leibes festzuhalten", denn das Bewusstsein sei nur das *„Zweit-Wichtige"*.[133]

---

133 NL 1885, 37[4]; KSA 11, 576f.; NL 1883, 24[16]; KSA 10, 655; NL 1883, 13[1]; KSA 10, 429; NL 1883, 7[126]; KSA 10, 285. – „Ich betrachte die griechische Moralität als die höchste bisherige, was mir bewiesen damit ist, daß sie [es] mit ihrem *leiblichen* Ausdruck auf das Höchste bisher gebracht hat." NL 1883, 7[44]; KSA 10, 256. – In der Vorrede zur *Fröhlichen*

Geistige Zustände seien nur Symbole der leiblichen. In dieser These werden das Geistige und das Bewusstsein degradiert und vor der Folie ihres tradierten Anspruchs damit sogar delegitimiert. Zarathustra geht sogar noch weiter, indem er diesen Gestus auf die Seele erweitert; „Aber der Erwachte, der Wissende sagt: Leib bin ich ganz und gar, und Nichts ausserdem; und Seele ist nur ein Wort für ein Etwas am Leibe. Der Leib ist eine grosse Vernunft, eine Vielheit mit Einem Sinne".[134] Darum geht es Nietzsche, den Leib als eine grosse Vernunft auszuweisen. Rein Geistiges verstehe er nicht, behauptet er im Nachlass von 1880. „Ich habe meine Schriften jederzeit mit meinem ganzen Leib und Leben geschrieben: ich weiß nicht, was ‚rein geistige' Probleme sind." Will sagen, er hat alles gegeben, alles eingesetzt, das ihm Nächste, seinen Leib, sein Existenzielles verausgabt, um seine Philosophie zu erschaffen.

Den Leib identifiziert er mit unserem „Selbst", womit es keinerlei Zwischenstufen, Abstände, Distanzen zwischen beiden geben kann. Um das Selbst als Leib zu steigern, müsse man sich das Klima für sein Wachstum aussuchen. Für ihn ist es ein südliches; ein warmes und wärmendes – und damit ein leib- und lebensförderndes –, eines, das das Selbst steigert. Gelingt diese Steigerung, dann wird verständlich, was er unter einem *„Leitfaden des Leibes"* versteht, den er an der Kultur der Griechen orientiert zu haben scheint. Sie sei an einen Willen zur Gesundheit gebunden gewesen, und ihre Kultur basierte deshalb auf „einer neuen und besseren Physis […] als einer Einhelligkeit zwischen

---

Wissenschaft ist zu lesen: „Die unbewusste Verkleidung physiologischer Bedürfnisse unter die Mäntel des Objektiven, Ideellen, Rein-Geistigen geht bis zum Erschrecken weit, – und oft genug habe ich mich gefragt, ob nicht, im Grossen gerechnet, Philosophie bisher überhaupt nur eine Auslegung des Leibes und ein *Missverständniss des Leibes* gewesen ist. Hinter den höchsten Werthurtheilen, von denen bisher die Geschichte des Gedankens geleitet wurde, liegen Missverständnisse der leiblichen Beschaffenheit verborgen […] bei allem Philosophieren handelte es sich bisher gar nicht um ‚Wahrheit', sondern um etwas Anderes, sagen wir um Gesundheit, Zukunft, Wachsthum, Macht, Leben …" FW, KSA 3, 348f. – „Die ‚Vernunft des Leibes' liegt somit in der Schlüssigkeit ihrer Vollzüge. Der Leib, so können wir im Anschluß an eine bekannte Definition der Vernunft sagen, *ist* das an sich selbst hervortretende ‚Vermögen zu schließen'. Dieser ‚Schluß' kann je nach Perspektive, als ‚mittelbar' oder ‚unmittelbar' angesehen werden. ‚Mittelbar' ist er insofern, als er immer über die Vielfalt der beteiligten Organe ‚vermittelt' ist, ‚unmittelbar' insofern, als der Leib in der ‚Konsequenz', die er in jedem Akt seines Dasein ‚zieht', immer nur sich selbst einbringt." Gerhardt 2000, 145.

134 „Werkzeug deines Leibes ist auch deine kleine Vernunft, mein Bruder, die du ‚Geist' nennst, ein kleines Werk- und Spielzeug deiner grossen Vernunft. […] Hinter deinen Gedanken und Gefühlen[…] steht ein mächtiger Gebieter, ein unbekannter Weiser – der heisst Selbst. In deinem Leibe wohnt er, dein Leib ist er." Za, KSA 4, 39f. – „Es ist mehr Vernunft in deinem Leibe als in deiner Vernunft. Und auch das, was du Weisheit nennst, – wer weiß wozu dein Leib gerade diese Weisheit nöthig hat." NL 1882/83, 4[240]; KSA 10, 179.

Leben, Denken, Scheinen und Wollen". Entgegen dieser von ihm favorisierten Einheit sei für die Philosophen die „Seele' ein anziehender und geheimnisvoller Gedanke" gewesen. In Wahrheit aber ist der Leib „noch geheimnißvoller" und bedeutender als die Seele. Wobei nicht zu vergessen ist, dass der Leib real und die Seele eine Setzung ist. „Ihr Wahnwitz war zu glauben, man könnte eine ‚schöne Seele' in einer Mißgeburt von Cadaver herumtragen ..." Um mit dieser „den natürlichen Werth umzuwerthen, bis endlich ein bleiches, krankhaftes, idiotisch-schwärmerisches Wesen als Vollkommenheit [...] als Verklärung, als höherer Mensch empfunden wurde".[135]

Wenn Nietzsche hervorhebt, dass der Leib die große Vernunft ist, so steht ihm Bergson mit seiner Formulierung, der Leib sei unsere *Persönlichkeit* sehr nahe. Gleiches gilt für Nietzsches These vom Perspektivismus der Erkenntnis, die von Bergson mit, der Leib sei eine Projektionsfläche, geteilt wird.

> So viele Arten möglicher Tätigkeiten es für meinen Leib gibt, so viele verschiedene Systeme der Reflexion muß er für die anderen Körper geben, und jedes dieser Systeme muß einem meiner Sinne entsprechen. Mein Leib benimmt sich also wie ein Bild, das andere Bilder reflektiert, indem sie unter dem Gesichtspunkte der verschiedenen Wirkungen, die es auf sie ausüben kann, analysiert.[136]

Folgen wir Nietzsche darin, dass der Süden, das Mediterrane gehört dazu, wiewohl er bei ihm mehr umfasst, etwa die Provence – „Vielleicht war der Provençale schon ein solcher Höhepunkt in Europa – *sehr reiche*, vielartige, doch von sich beherrschte Menschen, die sich ihrer Triebe nicht schämten"[137] – die leiblichen Kräfte zu steigern vermag, dann fragt sich, wem

---

135 NL 1880, 4[285]; KSA 9, 170; NL 1888, 14[96]; KSA 13, 273. – „Der Begriff ‚Seele', ‚Geist', zuletzt gar noch ‚unsterbliche Seele' erfunden, um den Leib zu verachten, um ihn krank – ‚heilig' – zu machen". EH, KSA 6, 374.

136 „Folglich symbolisiert jede der von meinen verschiedenen Sinnen an ein und denselben Gegenstande wahrgenommenen Qualitäten eine gewisse Richtung meiner Aktivität, ein gewisses Bedürfnis." Bergson 1982, S. 34f. – „Die prachtvolle Zusammenbindung des vielfachsten Lebens, die Anordnung und Einordnung der höheren und niederen Thätigkeiten, der tausendfältige Gehorsam welcher kein blinder, noch weniger ein mechanischer sondern ein wählender, kluger, rücksichtsvoller, selbst widerstrebender Gehorsam ist – dieses ganze Phänomen ‚Leib' ist nach intellectuellem Maaße gemessen unserem Bewußtsein, unserem ‚Geist', unserem bewußten Denken, Fühlen, Wollen so überlegen, wie Algebra dem Einmaleins." NL 1885, 37[4]; KSA 11, 577. – „Am Leitfaden des Leibes erkennen wir den Menschen als eine Vielheit belebter Wesen, welche theils miteinander kämpfend, theils einander ein- und untergeordnet, in der Bejahung ihres Einzelwesens unwillkürlich auch das Ganze bejahen.[...] Die Gesammtheit des Menschen hat alle jene Eigenschaften, die des Organischen, die uns zum Theil unbewußt bleiben (zum Theil) in der Gestalt von *Trieben* bewußt werden." NL 1884, 27[27]; KSA 11, 282.

137 NL 1883, 7[44]; KSA 10, 257.

das zu Gute kommt; wer den größten Nutzen daraus zu ziehen vermag. Wir treffen hier auf seine Metaphorik des freien Geistes, der als Zukunftsphilosoph, als Experimentalphilosoph, als kraftvoll-schaffender Geist gerade in den befreienden Dimensionen seiner Philosophie einen exklusiven Status besitzt. „Eine solche Experimental-Philosophie, wie ich sie lebe, [will, J.G.] bis zu einem *dionysischen Jasagen* zur Welt, wie sie ist, ohne Abzug, Ausnahme und Auswahl – sie will den ewigen Kreislauf". Experimentalphilosophie und eine Bejahung der ewigen Wiederkehr werden hier kongruent. In *„Sterbliche Seelen!"* ermuntert er uns: „Wir dürfen mit uns selber experimentiren! Ja die Menschheit darf es mit sich! Die größten Opfer sind der Erkenntniss noch nicht gebracht worden".[138]

Wenn er behauptet seine und damit die – denn da scheint kein Unterschied zu bestehen – Experimentalphilosophie „leben" zu können, dann kommt das einer Selbstbeschreibung, womöglich einer Selbstadelung gleich; wenn er sie leben kann, was immer das auch bedeuten mag. Er selbst will also ein dionysisches Jasagen zur Welt vollziehen können. Selbst wenn daran mit Grund zu zweifeln ist, bebildert es die Aufgabe des neuen Denkens und des neuen Philosophen. Für dieses Jasagen, gerade weil es ein tragisches ist, muss der freie Geist mit einem gesunden Leib ausgestattet sein, begünstigt durch ein südliches Klima, ohne ihn wäre sein Geist nicht frei. Wenn exakt ein solcher Leib für das Philosophieren die unabweisbare und wichtigste Voraussetzung sein soll – ja muss, ist das selbstverständlich eine veritable Provokation – und nicht allein für die Philosophen.

Im Frühjahr 1888 schreibt er: „Die Philosophien des Pessimismus: physiologisch décadents" Deren Antipoden, die freien Geister, seien „als Abenteurer und Weltumsegler jener inneren Welt, die ‚Mensch' heisst, als Ausmesser jedes ‚Höher' und ‚Uebereinander', das gleichfalls ‚Mensch' heisst", unterwegs. Das erleben sie am „Mittage", denn sie sind auf einer Wanderschaft oder sie befinden sich auf den Schiffen.[139] Womit die Assoziation nahe liegt, dass sie sich, metaphorisch gesprochen, auf einem offenen Meer befinden.

Zur Kultur des Mediterranen gehört zweifelsfrei der Tanz; in *Carmen* wird er durch Leidenschaft und Tod instrumentiert. *Die fröhliche Wissenschaft* fordert dabei gar den Exzess: „Tanzen wir gleich Troubadouren Zwischen Heiligen und Huren, Zwischen Gott und Welt den Tanz!" Das könnte ein mediterranes

---

138 NL 1888, 16[32]; KSA 13, 492; M, KSA 3, 294. Die biografische Dimension des Experimentierens offenbart er seinem Arzt Otto Eiser: „Meine Existenz ist eine *fürchterliche Last*; ich hätte sie längst von mir abgeworfen, wenn ich nicht die lehrreichsten Proben und Experimente auf geistig-sittlichen Gebiete gerade in diesem Zustande des Leidens und der fast absoluten Entsagung machte". KSB 6, 3.

139 NL 1888, 15[34]; KSA 13, 429; MA I, KSA 2, 21.

Tanzen sein, der Troubadour ist ein südlicher Sänger – ein amoralisches; der Tanz wird zu einem der Welt. Dieser würde sicherlich kein „mattes Hin- und Hertaumeln zwischen verschiedenen Antrieben [sein, J.G.] Die hohe Cultur wird einem kühnen Tanze ähnlich sehen: wesshalb, wie gesagt, viel Kraft und Geschmeidigkeit noth thut."[140] Nicht allein für die Geschmeidigkeit, für das Schillernd-Scheinhafte, das Nietzsche der traditionellen, nach objektiver Wahrheit strebenden Erkenntnis entgegenstellt, wird der Tanz zum Symbol. Tanzend könne man fühlen, dass real „Schein und Irrlicht und Geistertanz und nichts Mehr ist, – dass unter allen diesen Träumenden auch ich, der ‚Erkennende', meinen Tanz tanze".[141]

Im Medium des Scheins soll der freie Geist ein experimentelles Leben in der Bejahung führen und dabei die vorfindlichen Maskeraden als ein Ungläubiger hinwegtanzen, nicht gewaltsam, sondern wie ein überlegener Spieler. Als Schaffender ist er schöpferisch, fantasievoll – und dabei als ein Bejahender zum Bruch der alten Tabus bereit, und er ist geschmeidig und gesund. Zu den Tabus, die zerbrochen werden müssen, gehören die alten Schätzungen und Werte. Der freie Geist ist ein Umwertender und arbeitet damit einem wichtigen Auftrag von Nietzsches Philosophie zu; der Umwertung aller Werte. Um sie zu erreichen, muss man eine Selbsttransformation vollziehen, eine umfassend radikale.

Es liegt sehr nahe zu unterstellen, dass im Mediterranen, in Nietzsches Süden, die Werte umgewertet sind. Nicht vollkommen selbstverständlich ist es aber, dass man daran arbeitet und dass exakt dort auch daran gearbeitet werden kann. Dazu sind Loslösungen unerlässlich, und sei es von unseren stärksten Gefühlen. „Das verehrende Herz zerbrechen, (als man am festesten gebunden ist). Der freie Geist. Unabhängigkeit. Zeit der Wüste. Kritik alles Versehrten (Idealisierung des Unversehrten), Versuch umgekehrter Schätzungen. […] Kein Gott, kein Mensch mehr *über* mir!" Wenn nichts mehr über ihm

---

140 FW, KSA 3, 651; MA I, KSA 2, 229. – Tanzen und auch Lachen gehören zum Mediterranen: „Es giebt vielleicht auch für das Lachen noch eine Zukunft! Dann, wenn der Satz ‚die Art ist Alles, Einer ist immer Keiner' – sich der Menschheit einverleibt hat und Jedem jederzeit der Zugang zu dieser letzten Befreiung und Unverantwortlichkeit offen steht. Vielleicht wird sich dann das Lachen mit der Weisheit verbündet haben, vielleicht giebt es dann nur noch ‚fröhliche Wissenschaft'. Einstweilen ist es noch ganz anders, einstweilen ist die Komödie des Daseins sich selber noch nicht ‚bewusst geworden', einstweilen ist es immer noch die Zeit der Tragödie, die Zeit der Moralen und Religionen." FW, KSA 3, 370.

141 FW, KSA 3, 417. – „Nicht Fett, sondern die grösste Geschmeidigkeit und Kraft ist das, was ein guter Tänzer von seiner Nahrung will, – ich wüsste nicht, was der Geist eines Philosophen mehr zu sein wünschte, als ein guter Tänzer". Ebd., 635. – „Es ist die Musik in unserm Gewissen, der Tanz in unserm Geiste, zu dem alle Puritaner-Litanei, alle Moral-Predigt und Biedermännerei nicht klingen will." JGB, KSA 5, 152.

sein kann, keine Kreatur und keine Instanz, dann scheint die Transformation gelungen, Selbstbestimmung ist erreicht, Fremdbestimmung überwunden. Damit ist jedoch alles in das Medium der Eigenverantwortung hineingelegt worden, nichts kann dann noch delegiert, niemand sonst noch verantwortlich gemacht werden. Das ist bei der Akklamation der Freigeisterei zu berücksichtigten. Nur mit einer „grossen Gesundheit" – sie könnte sehr gut eine südliche sein – vermag die Selbstüberwindung, die eine radikale Selbsttransformation ist, ins Werk gesetzt werden – und zwar möglichst weitgehend, um alles daraus Folgende zu meistern – „bis zu jenem Ueberschuss [...] welcher eben das Zeichen der *grossen* Gesundheit ist, jener Ueberschuss, der dem freien Geiste das gefährliche Vorrecht giebt [...] sich dem Abenteuer anbieten zu dürfen: das Meisterschafts-Vorrecht des freien Geistes!" Gelingt es, das Abenteuer eines anderen Existierens anzunehmen, es bejahend zu leben, schöpft der freie Geist die Potenzen seines Meisterschafts-Vorrechts aus. Wiederum ist das nur ihm zuzutrauen. Mit diesem Vorrecht zählt er zu den physiologisch Starken. Ihre „*Stärke*" zeige sich „als Herrschaftsgefühl in den Muskeln, als Geschmeidigkeit und Lust an der Bewegung, als Tanz, als Leichtigkeit und Presto die Stärke als Lust am Beweis der Stärke, als Bravourstück, Abenteuer, Furchtlosigkeit". – Das wäre ein tanzender Geist, der selbst an „Abgründen noch zu tanzen" verstünde: der „freie Geist par execellence".[142] Diese Abgründe können mit den Tiefen und Untiefen des Meeres symbolisiert werden, und dabei sind sie solche der Existenz.

Wiewohl Nietzsche seinen Freigeist mit einer großen Gesundheit ausstattet – und das ist angesichts der schweren Aufgaben, die er zu bewältigen hat, durchaus wohlbegründet – wird an dieser Figur sehr deutlich, welche enormen Konsequenzen mit der südlich-leiblichen Gesundheit verbunden sind: Freiheit und Selbstbestimmung als Folge der notwendigen Selbstüberwindung über die Loslösungen. Wie schwer es auch ist, Nietzsche malt es verheißungsvoll aus, denn es helfe, sich vom gebundenen Geist – und er wird ein moralischer, nördlicher und gläubiger sein, zu befreien. Die grosse Loslösung werde von der Erkenntnis ausgelöst: „‚Lieber sterben als *hier* leben!'" Sie komme „plötzlich, wie ein Erdstoss [...] ein Wille und Wunsch erwacht, fortzugehn, irgend wohin [...] nach einer unentdeckten Welt [...] ziellos unterwegs wie in einer Wüste".[143] Der Wille fortzugehen, sich loszulösen, ist so stark, dass der freie

142 NL 1884, 26[47]; KSA 11, 160; MA I, KSA 2, 18; NL 1888, 14[117]; KSA 13, 294; FW, KSA 3, 583.

143 MA I, KSA 2, 16f. – „Eine große, immer größere *Loslösung*, ein willkürliches In-die Fremde-gehen, eine ‚Entfremdung'". NL 1885, 40[65]; KSA 11, 664. – In „Die Mandelbäume" schreibt Camus. „Doch wo sind die kämpferischen Tugenden des Geistes? Der gleiche Nietzsche hat sie als die Todfeinde des Geistes der Schwere bezeichnet; diese sind die Charakterstärke, der Geschmack, das Weltliche, das klassische Glück, der harte Stolz,

Geist selbst die Wüste und ein unbekanntes Ziel in Kauf nimmt. Er hat keine Wahl. Er muss aufbrechen, daran ist nicht zu zweifeln. Er kann nicht anders; es ist eine Eruption, der er gleichsam blind folgen muss.

Der Aufbruch des freien Geistes in die Zukunft – und das mediterrane Klima könnte ihn begünstigen – kann mit Nietzsche in gewisser Weise mit einer Rückkehr verknüpft werden, spricht er doch im Nachlass von 1883 von einem „griechische[n] Leib" – einem höheren –selbstverständlich. Es wäre demnach eine Rückkehr zu den antiken Griechen, die am Meer lebten, zu seinen Griechen – ihrem kalos agathos; dem Ideal einer körperlich-geistigen Gesundheit, einer großen Gesundheit. „Ein reines neues Griechenland" könnte das bedeuten. „Oh zögere nicht nach südlichen Geländen // Glücksel'gen Inseln, griechischem Nymphen-Spiel // Des Schiffs Begierden hinzuwenden // Kein Schiff fand je ein schöner Ziel – […] Hinaus zu griechischen Geländen // Das schönste Musen-Schiff zu wenden."[144] Zu diesen griechisch-mittelmeerischen Geländen soll die Fahrt also gehen, und in diesen Zeilen avancieren sie zum schlechthin besten Ziel.

Im Nachlass von 1884 notiert er, der diskreditierte Glauben müsse durch einen „starken Willen über uns […] als heuristisches Princip, um zu sehen *wie weit* man damit kommt", ersetzt werden, das sieht er als einen „*Grundsatz*". Zu navigieren sei: „Gleich dem Schiffer auf unbekanntem Meere."[145] Damit ist es ausgesprochen, dass das Neue mehr ist als ein anderes und selbst mehr als ein verändertes, heuristisches Prinzip. Für Nietzsche sollte es unseres sein – fundiert in einem starken Willen, der nicht allein einer der Selbstbehauptung, sondern vielmehr einer der Selbstüberwindung sein muss. Einer zur radikalen Transformation, und wie wir gelernt haben, müsste diese von uns aktiv geschaffen und ausgelebt werden.

Womöglich können die mediterrane Kultur und vor allem Natur hierbei katalysierend wirken – und zwar vielfältig. Einerseits, weil wir am Meer nicht nur das andere spüren, sondern uns auch anders wahrnehmen und damit das Bedürfnis entstehen kann, anders zu sein. Zudem kann das besondere Klima

die kalte Genügsamkeit der Weisen. Diese Tugenden sind mehr denn je notwendig […] Ich spreche nicht von jener Charakterstärke, welche auf den Wahltribünen von Stirnrunzeln und Drohungen begleitet ist. Ich spreche von jener, die allen Meerwinden trotzt, durch die Kraft der Reinheit und ihrer Lebenssäfte. Sie sei es, die in der winterlichen Welt die neue Frucht bereiten wird." Camus 2000, Heimkehr, 73.

144 NL 1884, 28[10]; KSA 11, 303.

145 „In Wahrheit war auch all jener ‚Glauben' nichts Anderes: nur war ehedem die *Zucht des Geistes* zu gering, um unsere *großartige Vorsicht* aushalten zu können." NL 1884, 25[307]; KSA 11, 89. – „Das Christenthum hat die Krankheit *nöthig*, ungefähr wie das Griechenthum einen Überschuss von Gesundheit nöthig hat, – krank-*machen* ist die eigentliche Hinterabsicht des ganzen Heilsprozeduren-System's der Kirche." AC, KSA 6, 230.

aus Düften und Wärme uns dabei unterstützen. Das muss nicht so sein, es kann aber so sein – und wo auch sonst? Dieser starke Wille „über uns selbst" ist zweifelsfrei schlichtweg entscheidend, denn die transformierende Selbstwerdung, das: Werde der, der du bist – muss geschaffen werden. Gelingt das, wäre sie zu einer höheren Moral, die aus einer Eigeninitiative generiert wird und zu einer höheren Kultur zu zählen, und die mediterrane sollte dazu gehören.

Da es keinen Schöpfergott mehr gibt, werden wir zu unseren Schöpfern. Nur mit diesem Willen können die Loslösungen, die großen, eine stets neu zu erkämpfende Gesundheit und die Höherentwicklung des Leibes gelingen. Dann könnten wir, in der Logik Nietzsches, gelingen; gelungen sein. Das hängt zusammen und gleichermaßen voneinander ab. In diesem Szenario darf nichts fehlen, sonst kann die Transformation nicht verwirklicht werden. Die Potenzen für sie tragen wir in uns, sie müssen aber umgesetzt, ins Werk gesetzt werden. Von uns!

In der Textstelle steht das „über uns" für die Transformation, sie scheint zunächst eine gegen uns, gegen das Selbst gerichtete zu sein. Muss es transformiert werden, wie Nietzsche es sieht, zur Freiheit und Kräftigkeit, dann muss Zwang angewendet werden; einer von uns gegen uns. Gegen unsere nördliche, gläubige, leibfeindliche, romantische, schwache, abhängige und kranke Existenz. Hinter diesem kleinen Wort auf der Bühne des Sichtbaren und Sagbaren steht eine große Hinterbühne, angefüllt mit unseren Aufgaben, Zumutungen, unseren Opfern und Selbstopfern. Sie sind die Requisiten der Inszenierung, denn hinter diesem Wort beginnt das theatralische Spiel; ein ernstes zumal, dessen Ausgang offen ist. Er hängt von uns ab, unserem Willen, unseren Potenzen, unserer Bereitschaft und Beharrlichkeit. Das alles zeigt sich erst im Prozess, zu Beginn ist es ungewiss. Auf uns trifft es nur dann zu, wenn wir Nietzsches Ideal folgen, wenn wir zur Freiheit eines Geistes streben wollen, wie er sie definiert. Das würde unseren gesamten Einsatz verlangen. Wenn wir losgelöst sein wollen – und dazu entschlossen sind. Wir können das freilich auch ablehnen, gute Gründe dafür sind zahlreich vorhanden.

Wir müssen fragen, gegen wen sich dieser „starke" Wille noch richtet, denn er ist nicht in toto gegen uns selbst zu wenden. Vielmehr gegen bestimmte Anteile unseres Selbst, die lebensfeindlichen, generiert aus moralischen und christlichen Wertsetzungen und Normierungen, leibverachtenden, triebunterdrückenden, idealistischen, romantischen etc.

Steht der Typus des freien Geistes für Lebensbejahung, so treffen wir bei Nietzsche, abgesehen vom gebundenen Geist, noch auf einen anderen Typus, der exakt der Gegenspieler der Freigeister ist; der Asket – und namentlich der asketische Priester. Er sei ein Kranker und leiblich Unterlegener, bereit zur

Rache an allen, die ihm überlegen sind. Wir sollten uns Nietzsches Semantik dieses Typus vergegenwärtigen, um einen Einblick zu bekommen, wovon man sich trennen und loslösen muss, um eine Freiheit des Geistes zu gewinnen. Insbesondre auch deshalb, weil Nietzsche die Philosophie „die *Falschmünzerei vor sich selbst*“ im *Antichrist* als eine „Weiterentwicklung“ des Priesters sieht.[146] Zudem werde das asketische Ideal von den Philosophen geteilt, sie hätten erst an dessen „*Gängelbande*“ laufen gelernt. „Und der Priester hat bisher *geherrscht*! Er *bestimmte* den Begriff ‚wahr' und ‚unwahr'! ...“ Würde das zutreffen, dann hätten die Philosophen pure Dogmen für ihr Erkenntnisinstrumentarium gewählt.

Das asketische Ideal „*entspringt dem Schutz- und Heil-Instinkte eines degenerirenden Lebens*“. Es sei ein „Selbstwiderspruch“ zum Leben, weil es das Leben schwächt und krank macht; „hier herrscht ein Ressentiment sonder Gleichen, das eines ungesättigten Instinktes und Machtwillens, der Herr werden möchte [...] über das Leben selbst“. Dieser Machtwillen strebt letztlich danach, das Lebendige und Triebhafte abzutöten und damit das, was sich unter keinem Glauben und keine Moral unterwerfen lässt. Dieses Ideal zeige sich als eine Entselbstung (und Kants kategorischer Imperativ würde dazu gehören), Selbstkastration, Selbstkasteiung und Triebnegation. Bei den asketischen Priestern „richte sich der Blick grün und hämisch gegen das physiologische Gedeihen selbst, in Sonderheit gegen [...] die Schönheit, die Freude“.[147] Durch die Priesterkaste – sie wird zum Norden gehören und sicher nicht zum Mediterranen – wurde das Ressentiment schöpferisch: Es kreiere Werte und implantiere ein schlechtes Gewissen.

In „‚Gut und Böse', ‚Gut und Schlecht' aus der *Genealogie der Moral* schreibt er über die „priesterlichen Aristokratien“:

146 AC, KSA 6, 178f.

147 GM, KSA 5, 356; 362f. – „es deutet auf eine partielle physiologische Hemmung und Ermüdung hin, gegen welche die tiefsten, intakt gebliebenen Instinkte des Lebens unausgesetzt mit neuen Mitteln und Erfindungen ankämpfen. Das asketische Ideal ist ein solches Mittel: es steht also gerade umgekehrt als die Verehrer dieses Ideals meinen, – das Leben ringt in ihm und durch dasselbe mit dem Tode und *gegen* den Tod, das asketische Ideal ist ein Kunstgriff in der *Erhaltung* des Lebens.“ GM, KSA 5, 366. – „Bei einer ernsthaften historischen Nachrechnung erweist sich sogar das Band zwischen asketischem Ideal und Philosophie als noch viel enger und strenger. Man könnte sagen, dass erst am *Gängelbande* dieses Ideals die Philosophie überhaupt gelernt habe, ihre ersten Schritte und Schrittchen auf Erden zu machen. [...] Man rechne sich die einzelnen Triebe und Tugenden des Philosophen der Reihe nach vor – seinen anzweifelnden Trieb, seinen verneinenden Trieb, seinen abwartenden (‚ephektischen') Trieb, seinen analytischen Trieb, seinen forschenden, suchenden, wagenden Trieb, seinen vergleichenden, ausgleichenden Trieb, seinen Willen zu Neutralität und Objektivität [...] dass sie allesamt die längste Zeit den ersten Forderungen der Moral und des Gewissens entgegen giengen? Ebd., 356f.

> Es ist von Anfang an etwas *Ungesundes* in solchen priesterlichen Aristokratien und in den daselbst herrschenden, dem Handeln abgewendeten, theils brütenden, theils gefühls-explosiven Gewohnheiten, als deren Folge jene den Priestern aller Zeiten fast unvermeidlich anhaftende intestinale Krankhaftigkeit und Neurasthenie erscheint.[148]

In diesen Aristokratien, und es werden nördliche sein, herrscht „Krankhaftigkeit"; das Gegenbild der großen Gesundheit. Sie sind ihm für Lebensfeindschaft, Ressentiment, Entselbsttung, Rache etc. verantwortlich. Damit steht der asketische Priester nicht allein gegen alle Implikationen der großen Gesundheit des freien Geistes, sondern auch gegen jede Spielart von Souveränität, die sich ihr verdankt.

Mit der großen Gesundheit erhält der freie Geist die notwendige Potenz für die tragische Bejahung der Existenz, für den Amor fati. Wenn wir uns das Klima für unser Existieren aussuchen müssen, will sagen, das wählen, wo unser Leben am besten gelingen kann, dann muss es Nietzsche zufolge ein südliches, ein mediterranes sein. Selbiges braucht es auch für den Amor fati. Er braucht das womöglich für die schwerste Aufgabe, die er in *Mein neuer Weg zum ‚Ja'* von 1877, so fasst: „Die bisher *verneinten* Seiten des Daseins nicht nur als nothwendig zu begreifen, sondern als wünschenswerth [...] um ihrer selber willen, als die mächtigeren, fruchtbareren, wahreren Seiten des Daseins, mit denen sich sein Wille deutlicher ausspricht". Die notwendigen Verneinungen, die zudem noch fruchtbare sind, müssen nun bejaht werden. Was den Kraftaufwand und die Energie unterstreicht, die hierfür aufgewendet werden müssen. Das gelinge einer Haltung, die dionysisch zum Dasein stehe.

Es soll nicht behauptet werden, dass der Amor fati in einem anderen Fluidum nicht auch zur Anwendung kommen kann. In einem südlich-mediterranen könnte er jedoch wohl am meisten beflügelt werden. Mit dem Amor fati ist eine Liebe zum Schicksal, so wie es ist, in allen Dimensionen fokussiert. Jedoch verschweigt uns Nietzsche nicht, dass mit dieser Liebe eine tragische Bejahung erfolgen muss.

Für Seneca ist unser Schicksal ein gefährliches Meer, zudem gehöre es zur göttlichen Vorsehung.

> Beobachtet man ferner, wie das Gestade entblößt wird, wenn das Meer sich in sich selbst zurückzieht, und wie nach kurzer Zeit wieder von der Flut bedeckt wird, soll man dann glauben, es sei eine blindlings wirkende Strömung, durch welche die Wogen bald zusammengezogen und in sich selbst zusammengedrängt werden, bald wieder hervorbrechen und im mächtigen Andrang sich wieder über ihren alten Platz ergießen, während sie doch in bestimmtem Maße anschwellen und pünktlich nach Stunden und Tag sich vergrößern und

148 GM, KSA 5, 265.

> vermindern, je nach dem bestimmenden Einfluss des Mondes, der den Fluten des Ozeans ihr Gesetz vorschreibt?[149]

Diese hier geschilderte Notwendigkeit könnte ein über das Meer bebildertes Schicksal sein, dass man, weil gottgewollt, annehmen muss, wie schwer das auch ist. Bei Nietzsche wird das keineswegs mit Gott verbunden, aber wir lernen, dass sich die Bejahung exakt dort zu bewähren hat, wo sie besonders schwerfällt, weil sie eine von negativen Erfahrungen, Umständen, Erlebnissen sein muss.

Wenn Nietzsche in „Sanctus Januarius" zu Beginn des vierten Buchs der *Fröhlichen Wissenschaft* betont, „ich will irgendwann einmal nur noch ein Ja-sagender sein", dann ist das umfassend gemeint, denn alles soll und muss bejaht werden.[150] Die Bejahung, die der Amor fati als eine strebensethische Haltung vollzieht, verdrängt das Leiden nicht, sondern bejaht es, wie man alles Notwendige bejahen müsse. Diese Bejahung kann als eine doppelte Versöhnung mit der uns umgebenden Natur und mit unserer Natur verstanden werden. Mit dieser Versöhnung, durch die Bejahung generiert, denkt Nietzsche mitunter auch eine Erlösung. Mit nur einem Ja hätten wir nicht nur:

> zu uns selbst, sondern zu allem Dasein Ja gesagt. Denn es steht nichts für sich, weder in uns selbst, noch in den Dingen: und wenn nur ein einziges Mal unsre Seele wie eine Saite vor Glück gezittert und getönt hat, so waren alle Ewigkeiten nöthig, um dies Eine Geschehen zu bedingen – und alle Ewigkeit war in diesem einzigen Augenblick unseres Jasagens, gutgeheißen, erlöst, gerechtfertigt und bejaht.[151]

Womit der Fokus der Bejahung nicht allein auf das eigene Leben gerichtet ist, sondern sich damit ein weit darüber hinausreichender Auftrag ergibt, mit dem allem und jedem eine Befreiung aus dem Gefängnis des Nein zuwachsen werde. Das sind sicher extreme Verheißungen. Sie stehen aber womöglich unter dem Gebot, sich die Bedeutung des Jasagens in all seinen Dimensionen klar vor Augen zu führen, um sie dann zu bejahen.

---

149 NL, 1887, 10[3]; KSA 12, 455. – Seneca 2010, 4f.

150 FW, KSA 3, 521. – „Höchster Zustand, den ein Philosoph erreichen kann: dionysisch zum Dasein stehn –: meine Formel dafür ist amor fati …" NL 1888, 16[32]; KSA 13, 492. – „In diesem Sinne führt *amor fati* zur Aufrechterhaltung einer strengen Trennung zwischen Notwendigkeit und Rationalität und zur Verbindung der Notwendigkeit mit dem Nicht-Sinn während es in dieser Hinsicht das Gefühl der Befriedigung spüren lässt, das die Schönheit verschafft. […] Die Schönheit dient dem Zufall, keiner rationalen Vorsehung; das Dasein ist ein ‚schönes Chaos' […] kein System – und es ist genau dieser Umstand, der zu bejahen ist". Wotling 2015, 111.

151 NL 1886/87, 7[38]; KSA 12, 307f.

Zur Selbsttechnik des Amor fati gesellen sich bei Nietzsche noch weitere, der „hohe Punct der Perspektive“ und das aktive Vergessen, dem er eine kathartische Funktion attestiert. In beiden sehe ich eine Verbindung zum Mediterranen.

> Es giebt einen gewissen hohen Punct des Lebens: haben wir den erreicht, so sind wir mit all unserer Freiheit, und so sehr wir dem schönen Chaos des Daseins alle fürsorgende Vernunft und Güte abgestritten haben, noch einmal in der grössten Gefahr der geistigen Unfreiheit und haben unsere schwerste Probe abzulegen. [...] jetzt wo wir mit Händen greifen, dass uns alle, alle Dinge, die uns treffen, fortwährend *zum Besten gereichen*.[152]

Nietzsche verlangt einen neuen Umgang mit den Dingen über einen radikalen Perspektivenwechsel, um die höchste Interpretation des Amor fati zu gewinnen. Damit und dann weiche man dem Schmerzhaften nicht aus, für ihn das Stärkere, sondern begegne ihm in dem Wissen, dass es anders leuchten werde, stelle man es in ein anderes Licht, in ein bejahendes. Dann werden Ethos und Pathos der Distanz zu einer Figuration, die sich ihm in der Haltung der Vornehmen zeigt. Ihre kraftvolle, aus der großen Gesundheit generierte Leidenschaft, erlaubt es, alles, was ihnen widerfährt, uneingeschränkt zu bejahen. In einer Ethik, in der jeder Einzelne sein eigener Gesetzgeber sein soll, dabei aber das Ganze immer im Auge behält, gehört der unbedingte Einschluss von allem, was das eigene Leben ausmacht, Gutes und Schlechtes gleichermaßen dazu. Entsprechend müsste hier der Handlungsimperativ im Individuellen gründen. Er wäre ein Selbstauftrag. Nietzsche geht jedoch weiter, denn er fordert, bejahe das Schicksal in allen Hinsichten und Relationen und in allen Zeitdimensionen. Damit verbindet er zudem eine Autonomie des Schaffenden im Bejahen seines Fatums und weiter wird durch dieses Schaffen alles in etwas Gutes verwandelt. In der schaffenden Bejahung des Fatums würde unsere Freiheit liegen.

Will man sich auf diesen hohen Punkt begeben und damit eine ganz andere Einstellung einnehmen, ist man bereit, sich noch einmal geistiger Unfreiheit auszusetzen. Es scheint naheliegend, dass dies am besten in einem Klima gelingt, wo man der sein kann, der man ist.

---

152 „Das Leben jedes Tages und jeder Stunde scheint Nichts mehr zu wollen, als immer nur diesen Satz neu zu beweisen, sei es was es sei, böses wie gutes Wetter, der Verlust eines Freundes, eine Krankheit, eine Verleumdung, das Ausbleiben eines Briefes, die Verstauchung eines Fusses, ein Blick in einen Verkaufsladen, ein Gegenargument, das Aufschlagen eines Buches, ein Traum, ein Betrug: es erweist sich sofort oder sehr bald nachher als ein Ding, das ‚nicht fehlen durfte‘, – es ist voll tiefen Sinnes und Nutzens gerade *für uns*!“ FW, KSA 3, 521f. – „Ich selber habe nie an Alledem gelitten; das *Nothwendige* verletzt mich nicht; amor fati ist meine innerste Natur.“ EH, KSA 6, 363.

Für Nietzsche und auch für Camus wäre das ein maritimes, genauer, ein mediterranes. Das Meer selbst beschenke uns mit einer Perspektivenerweiterung, die sich dann auf unser Dasein applizieren lassen sollte. Eine Erweiterung, die über den hohen Punkt mit einer Abkehr vom Vertrauen in die Vernunft einhergeht. Von ihr hat sich Nietzsche abgewandt, und Camus unterstützt sie, in Anbetracht des Status des Absurden, auch nur sehr eingeschränkt, weil er contre coeur an einem vernunftgrundiertem Existieren festhält.

Ich komme jetzt zu Nietzsches Semantik eines aktiven und damit reinigenden Vergessens.

> Vergesslichkeit ist keine blosse vis inertiae, wie die Oberflächlichen glauben, sie ist vielmehr ein aktives, im strengsten Sinne positives Hemmungsvermögen, dem es zuzuschreiben ist, dass was nur von uns erlebt, erfahren, in uns hineingenommen wird, uns im Zustande der Verdauung (man dürfte ihn ‚Einverseelung' nennen) ebenso wenig in's Bewusstsein tritt, als der ganze tausendfältige Prozess, mit dem sich unsre leibliche Ernährung, die sogenannte ‚Einverleibung' abspielt.[153]

Mit diesem Vergessen und seiner kathartischen Funktion sollen also die internalisierten Verneinungen und die Lebensfeindschaft aufgelöst werden, damit wäre es eine Voraussetzung für die Lebensbejahung. Wiederum gilt, man muss dafür über eine „grosse Gesundheit" verfügen, die man sich neu schaffen muss. Dann hat man die Kraft zu vergessen und erlebt die Begünstigungen seiner kathartischen Funktion an Leib und Seele.

Würde man das aktive Vergessen, wie von Nietzsche gefordert, anwenden, über es leben, dann wäre Freuds psychoanalytisches Heilungsszenario hinfällig. Entsprechend der Topik des psychischen Apparates zählt er zu den notwendigen Bedingungen der psychoanalytischen Arbeit zwischen dem Gestörten und dem Analytiker: Erinnern, Durcharbeiten und Übertragen. Die Erinnerung muss als erste Etappe für das Gelingen der Analyse verstanden werden, die erste Stufe, um dem Unbewussten sein Rätsel zu entreißen. Bekanntermaßen müssen hierfür die Amnesien aufgehoben werden, über eine Erosion der Widerstände des Probanden, was ein Aufbrechen seiner Verdrängungen zur Folge haben soll. Für Freud ist es zweifelsfrei nur, wenn die

153 GM KSA 5, 291. – „ein wenig Stille, ein wenig tabula rasa des Bewusstseins, damit wieder Platz wird für Neues, vor Allem für die vornehmen Funktionen und Funktionäre, für Regieren, Voraussehn, Voraus bestimmen (denn unser Organismus ist oligarchisch eingerichtet) – das ist der Nutzen der aktiven Vergesslichkeit, einer Thürwärterin gleichsam, einer Aufrechterhalterin der seelischen Ordnung, der Ruhe, der Etiquette: womit sofort abzusehn ist, inwiefern es kein Glück, keine Heiterkeit, keine Hoffnung, keinen Stolz, keine *Gegenwart* geben könnte ohne Vergesslichkeit". Ebd., 291f.

traumatisch bedingten Erinnerungslücken weitgehend geschlossen werden könnten, sei das psychische Leiden aufzuheben.

Bei Nietzsche ist für die autonome Selbstgesetzgebung das Vergessen, wobei es nur um das aktive geht, die physiologisch-mentale Voraussetzung, um die Bejahung auf eine vom Nein gereinigte Basis zu stellen, die eine neue ist. Das Vergessen kann mit Nietzsche zur Klugheit, Lebensklugheit gezählt werden. Ohne es hätten wir keine Kraft für neue Erfahrungen, und diese sollen wir machen. Mit dem Vergessen ist also eine leiblich-mentale, reinigende Veränderung verbunden, die Neues ermögliche. So gesehen ist das Vergessen selbst schaffend, worin es mit dem dionysischen Rausch verwandt ist. In ihm, dem Medium der Ekstase, ist das nachdrücklichste, das gründlichste Vergessen möglich. Dieses gleichsam gesteigerte Vergessen ist ein Ineinanderstehen von ethischen und ästhetischen Elementen, weil nur beide zusammen, Vergessen als Rausch und Rausch als Vergessen – die erforderlichen bejahenden Kräfte hervorzubringen vermögen.

Wo könnte man besser vergessen als am Meer; das ist auch ein Effekt seiner Reinigung. Damit behaupte ich, dass ein aktives Vergessen auf den luftigen Höhen der Gebirge nicht so gut gelingen kann wie am Meer. Was dort fehlt, ist die Reinigung, das Abwaschen, das Auswaschen. Das Meer vermag die unliebsamen Erinnerungen, auch Trauer und Schmerz, fortzutragen, man kann sie im Meer versenken und damit gereinigt werden.

Wir haben vielfach gesehen, dass die „grosse Gesundheit" und die auf ihr basierenden Selbsttechniken, die solche der Transformation sind, *erschaffen* werden müssen. Der Aphorismus „*Hoch die Physik*" betont: „Wir aber *wollen Die werden, die wir sind,* – die Neuen, die Einmaligen, die Unvergleichbaren, die Sich-selber-Gesetzgebenden, die Sich-selber-Schaffenden! […] wir müssen *Physiker* sein, um, in jenem Sinne, *Schöpfer* sein zu können".[154] Das ist auch eine Aufgabe, die uns Nietzsche zuweist, die er fordert und einfordert, und das unterscheidet ihn von Camus, der, abgesehen von der Forderung, sich der Revolte anzuschließen, keine weiteren an uns stellt. Für ihn ist es wohl ausreichend, auf das Meer als eine Lehrmeisterin zu verweisen und zu vertrauen.

Nietzsche betreffend ist es für seine Semantik des Mediterranen unerlässlich, sich seiner des Schaffens zu vergewissern, geht es bei ihm doch stets

154 „während bisher alle Werthschätzungen und Ideale auf *Unkenntniss* der Physik oder im *Widerspruch* mit ihr aufgebaut waren. Und darum: Hoch die Physik! Und höher noch das, was uns zu ihr *zwingt,* – unsere Redlichkeit!" FW, KSA 3, 563f. – „Und wenn dennoch unsre Redlichkeit eines Tages müde wird, seufzt, und die Glieder streckt und zu hart findet und es besser, leichter, zärtlicher haben möchte, gleich einem angenehmen Laster: bleiben wir *hart,* wir letzten Stoiker! Und schicken ihr zu Hilfe, was wir nur an Teufelei in uns haben – unsern Ekel". JGB, KSA 5, 162.

um den schaffenden Menschen, der in seinem Schaffen Freiheit gewinne. Unser Verhalten zur Welt sei ein schaffendes und damit bei Nietzsche ein umschaffendes. Das höchste Schaffen vollzögen die tragisch-dionysischen Künstler, die „einen *Consonanz-Ton* aus jedem Conflikte erklingen lassen, [...] welche ihre eigene Mächtigkeit und Selbsterlösung noch den Dingen zu Gute kommen lassen". Als ein Schaffender generiert er darüber nicht allein Neues, sondern auch ein Wegschaffen des Alten, das Nietzsche überwunden sehen will. Das ist ein und derselbe Prozess. Das Dionysische zeige zudem eine Lust am Vernichten, denn diesem Schaffen inhäriere das Zerstören. Vorbildhaftes Schaffen erkennt er im höheren Menschen und im tragischen Künstler, die über einen „Instinkt" verfügten, der ihnen das „Recht" gebe „zum Handeln".[155]

Man darf nicht vergessen, dass in Nietzsches Metaphorik des Schaffens neben den Selbsttechniken auch Aspekte von Züchtung und Selektion enthalten sind, um den stärksten Typus zu schaffen, die nicht nur für uns erschreckend, sondern auch für Camus völlig undenkbar sind.

> **Erobern** – ist die natürliche Consequenz einer *überschüssigen* Macht: es ist dasselbe wie das **Schaffen** und **Zeugen**, also *das Einverleiben seines eigenen Bildes* in fremden Stoff. Deshalb muß auch der höhere Mensch *schaffen* d.h. sein *Höhersein* Anderen aufdrücken, sei es als Lehrer, *sei es auch als* **Künstler.**

Dieses Einverleiben klingt gewaltförmig, und so wird es auch sein, womit Nietzsche aber kein Problem hat, vielmehr erscheint ihm das unerlässlich. Für das Schaffen, allzumal eines höheren Typus, ist per se alles gerechtfertigt. Das Schaffen selbst schafft sich im Schaffensakt jegliche Legitimation für alles, was es zum Schaffen braucht und auch für alle Folgen, die mit ihm verbunden sind. Wenn bei Nietzsche das Schaffen als ein beständiges Umschaffen zu verstehen ist, „ohne Erbarmen schlägt der Bildner auf den Marmor" –, dann schließt das

155 NL 1887, 10[168]; KSA 12, 557, NL 1884, 26[47]; KSA 11, 160. – „Es wird ein höchster Zustand von Bejahung des Daseins concipirt, aus dem auch der höchste Schmerz nicht abgerechnet werden kann: der tragisch-dionysische Zustand." NL 1888, 17[3]; KSA 13, 522. – „die *Lust selbst am Vernichten* in entscheidender Weise [...] Der Imperativ: ‚werdet hart!', die unterste Gewissheit darüber, *dass alle Schaffenden hart sind*, ist das eigentliche Abzeichen einer dionysischen Natur. –" EH, KSA 6, 349. – „Mit dem Wort ‚dionysisch' ist ausgedrückt: ein Drang zur Einheit, ein Hinausgreifen über Person, Alltag, Gesellschaft, Realität, über den Abgrund des Vergehens: das leidenschaftlich-schmerzliche Überschwellen in dunklere, vollere, schwebendere Zustände, ein verzücktes Jasagen zum Gesamt-Charakter des Lebens, als dem in allem Wechsel Gleichen, Gleich-Mächtigen, Gleich-Seligen; die große pantheistische Mitfreudigkeit und Mitleidigkeit, welche auch die furchtbarsten und fragwürdigsten Eigenschaften des Lebens gutheißt und heiligt; der ewige Wille zur Zeugung, zur Fruchtbarkeit". NL 1888, 14[14]; KSA 13, 224.

Zerstörung, Sterben und Tod ein. Auf der anderen Seite generiert das Schaffen auch Erlösung und zwar durch den umschaffenden Willen, das bejahende Wollen des Schaffenden. Dazu müsse er, so Nietzsche, die Vergangenheit in den Blick nehmen und sie umwertend mit einem neuen Sinn erfüllen, will sagen, sie in eine umgeschaffte Perspektive stellen. Auf diese Transformation der Vergangenheit sei nicht zu verzichten, denn nur über ihre Erlösung zeige sich eine von ihr bereinigte Zukunft.

Neben Erlösung werde uns mit dem Schaffen auch das Glück zuteil. „Das *einzige* Glück liegt im Schaffen: ihr Alle sollt *mitschaffen* und in jeder Handlung noch *dies* Glück haben! Ihr sollt Chaos in euch bewahren: die Kommenden wollen sich daraus *formen*!“[156] Das Schaffen begreift Nietzsche als ein sich Mitteilen, eine kreative, hohe Form der Kommunikation, eine zu schaffende, worin der Erkennende, der Liebende und der Schaffende zu einer Figur verschmelzen: dem Schaffenden als Künstler.

Dieser sei der vollendete Typus einer bejahenden Existenz, der den tragisch grundierten Amor fati zu leben versteht und sich damit gegenüber der Tragik des Lebens authentisch verhält. Eine Existenz, die – basierend auf einer großen Gesundheit – die kathartische Funktion des Vergessens ausschöpft und darüber den hohen Punkt der Perspektive für Erkennen und Leben einzunehmen vermag. „Der tragische Künstler ist *kein* Pessimist, – er sagt gerade *Ja* zu allem Fragwürdigen und Furchtbaren selbst, er ist *dionysisch* …“ Unter den schaffenden Künstlern steht der dionysische am höchsten und wird präfiguriert, Rückbezug Nietzsches zur griechischen Antike, von Dionysos, gleichsam der göttliche Ur-Künstler.

Beide also, Camus und Nietzsche beziehen sich hinsichtlich des Mediterranen sowohl auf die Antike und als auch ihre Ausnahmetypen. Sie werden ihnen zum Vorbild. Ihr Dasein sei ein schaffendes und damit ein dem Erhabenen verpflichtetes gewesen; „denn das Griechische war die erste große Bindung und Synthesis alles Morgenländischen –: und eben damit der *Anfang*

156 NL 1883, 7[107]; KSA 10, 278; NL 1883, 10[20]; KSA 10, 371; NL 1882/83, 4[73]; KSA 10, 135. – Geschaffen werden solle ein *„stärkerer Typus*, in dem unsere Kräfte synthetisch gebunden sind […] Man muß dies Zu-Grunde-gehen so leiten, daß es den Stärksten eine neue Existenzform ermöglicht.“ NL 16[5], 1883; KSA 10, 497. – „Schaffen – das ist die grosse Erlösung vom Leiden, und des Lebens Leichtwerden. Aber, dass der Schaffende sei, dazu selber thut Leid noth und viel Verwandelung.“ Za, KSA 4, 110. – „Die vornehme Art Mensch fühlt *sich* als werthbestimmend, sie hat nicht nöthig, sich gutheissen zu lassen, sie urtheilt, ‚was mir schädlich ist, das ist an sich schädlich‘, sie weiss sich als Das, was überhaupt erst Ehre den Dingen verleiht, sie ist *wertheschaffend*. Alles, was sie an sich kennt, ehrt sie: eine solche Moral ist Selbstverherrlichung“ JGB, KSA 5, 209. – „Wir haben das Glück entdeckt, wir wissen den Weg, wir fanden den Ausgang aus ganzen Jahrtausenden des Labyrinths. Wer fand ihn *sonst*?“ AC, KSA 6, 169.

der europäischen Seele". Jedoch weiß der frühe Nachlass auch. „Eine Kultur, welche der griechischen nachläuft, kann nichts erzeugen. Wohl kann der Schaffende überall her entlehnen und sich nähren. Und so werden wir auch nur als Schaffende etwas von den Griechen haben können."[157] Der Rückbezug auf die griechische Antike darf keinesfalls ein pures Nachahmen sein. Vielmehr muss man die von dort bezogenen Anteile umschaffen. Genau darauf kommt es Nietzsche an. Wenn für ihn der Künstler der höchste Typus ist und somit auch über dem freien Geist steht, dann ist damit nicht gesagt, dass wir, ausgelöst durch die Relevanz philosophischer Reflexionen über das Mediterrane für unsere Existenz zu Künstlern werden müssen. Wohl aber, dass sie hier in gewisser Weise zu Vorbildern werden und von uns als solche erkannt werden sollen.

Ich komme jetzt auf die Wahrnehmung des Meeres zu sprechen, wobei die seiner Grenzenlosigkeit und Tiefe seine Erhabenheit stiftet; sie transzendiert unsere Wahrnehmungsfähigkeit. Das wurde schon erläutert. Wir haben die Wahrnehmung von etwas, das in seinen Dimensionen nicht mehr zu erfassen ist, sich ihr schlichtweg entzieht. Die Wahrnehmung scheitert nicht allein an der Grenzenlosigkeit, sondern auch an den Geheimnissen des Meeres, solche, die sich nicht entbergen lassen. Es ist also das Bild, die Imagination des Unendlichen, die uns hier überrollt und dabei zugleich Lehren erteilt. Solche, die zu Achtung und Demut gegenüber der Natur führen sollen.

Über sie könnte unsere Hybris gegenüber der Natur zusammenfallen, sich restlos auflösen. So gesehen wäre hier das Erhabene der Lehrmeister einer Lehre, die durch die große Lehrmeisterin Meer sinnfällig, gleichsam fühlbar, vermittelt wird. Hinzuzufügen ist, dass bei Camus mit dem Meer sich nicht zwangsläufig eine Wahrnehmung des Erhabenen ergibt, weil er ganz überwiegend dessen Schönheit und nicht dessen gefahrenreiche Unendlichkeit und unermessliche Tiefe, Grenzenlosigkeit im Auge hat. Insofern ist auch sein Aufruf, es zu lieben, naheliegend. Bei ihm sind, wie schon erwähnt, die Lehren des Meeres nicht wie bei Nietzsche mit Anforderungen an uns versehen. Seine zentrale Botschaft, die eine des Meeres sei, heißt Liebe, die wir annehmen und möglichst umfassend leben sollen.

In der *Fröhlichen Wissenschaft* schreibt Nietzsche: „Denn die Liebe, ganz, gross, voll gedacht, ist *Natur* und als Natur in alle Ewigkeit etwas

157 NL 1885, 41[7]; KSA 11, 682. NL 1875, 7[1] KSA 8, 121. – „Als der griechische Leib und die griechische Seele ‚blühte', und nicht etwa in Zuständen krankhafter Überschwänglichkeit und Tollheit, entstand jenes geheimnisvolle Symbol der höchsten bisher auf Erden erreichten Welt-Bejahung und Daseins-Verklärung." NL 1885, 41[7]; KSA 11, 681f.

‚Unmoralisches.‘“[158] Diese Liebe, die der Natur eignet, soll nicht hinterfragt werden müssen, denn sie ist eindeutig.

Bei Nietzsche geht es um eine sehr diverse Metaphorik des Meeres, bei Camus um dessen natürliche Attribute. Seine Gaben, Geschenke für uns, müssen wir lieben. Beide sehen das Meer als eine Folie, vor der Nihilismus und Dekadenz des modernen Menschen ablesbar werden. Auch das unterstreicht seinen Status einer Lehrmeisterin.

Für Nietzsche ist insbesondere der Leib der hervorragende Lehrmeister. Womöglich könnten wir das am Meer nachhaltig begreifen. Über unseren Leibbezug wird unser Selbstbezug gestiftet, bei Nietzsche braucht es hierzu keine Zwischenschritte oder Relais anderer Provenienz. Nietzsches verknüpft mit seiner Meermetaphorik einen Forderungskatalog, ohne zu unterschlagen, dass er auch anderes aus ihm extrahiert. Etwa die erwähnte Höherbildung des Leibes bei gleichzeitiger Elimination all dessen, was das verhindert und über Jahrhunderte, so seine Klassifikation, schon verhindert hat. Das ist bekannt und von mir benannt worden. Der Bogen ist hier von allen Spielarten eines metaphysischen Denkens bis zu den dekadenten Auswirkungen eines romantischen gespannt. In der Grenzenlosigkeit, Tiefe und Bewegung des Meeres sollte das Wissen, dass es weder Wahrheit noch einen verbindlichen Sinn geben kann, wachsen und dabei stärker werden.

Als Europäer und Europäerinnen dürfen und müssen wir fragen, welche Bedeutung das Mittelmeer und die mediterrane Kultur für unseren Kontinent haben können. Zunächst müssen wir uns Camus und eingeschränkt auch Nietzsche zufolge der Natur mit Achtung und bejahend zuwenden. Beider Verständnis von Europa sollte also in philosophischen Reflexionen über das Mediterrane einfließen. Beide wenden sich gegen ein von Nationen dominiertes Europa. „Das Über-Nationale, der gute Europäer“, so Nietzsche 1884. Der Fokus auf es sei eine herausragende und sogar vornehme Aufgabe für Europa.

Mit der Überwindung vielfältiger Grenzen – nationaler, sozialer und denen zwischen den Individuen – würde sich eine Erosion des Fremden als etwas Bedrohlichem ergeben. Zudem wäre damit eine Erweiterung der Perspektiven und somit ein Zugewinn von Freiheit zu verzeichnen. Camus setzt dem in Nationen aufgesplitterten Europa seine mittelmeerische Vision Nordafrikas entgegen. Beide votieren zudem für ein vom Christentum befreites, ein nicht länger im Glauben verhaftetes Europa. Nietzsche und Camus wollen ein

158 FW, KSA 3, 612.

säkulares Europa: „gegen das Christenthum und Gott gegen das Nationale – der gute Europäer."

Die fröhliche Wissenschaft expliziert:

> Wir sind keine Humanitarier; wir würden uns nie zu erlauben wagen, von unsrer ‚Liebe zur Menschheit' zu reden – dazu ist Unsereins nicht Schauspieler genug! [...] Nein, wir lieben die Menschheit nicht; andererseits sind wir aber auch lange nicht ‚deutsch' genug [...], um dem Nationalismus und dem Rassenhass das Wort zu reden. [...] Wir sind, mit Einem Worte – und es soll unser Ehrenwort sein! – *gute Europäer.*

Mit diesem „Ehrenwort" des freien Geistes ist ein Versprechen gegeben. Indem er sich gegen den Nationalismus wendet, der wohl auch dem Humanismus zuzusprechen sei, wird er ein guter Europäer. Das scheint die unabdingbare Voraussetzung zu sein. Eine weitere ist, wie *Menschliches, Allzumenschliches* betont, eine „Gesundheit von Morgen und Uebermorgen, ihr Vorherbestimmten, ihr Siegreichen, ihr Zeit-Ueberwinder, ihr Gesündesten, ihr Stärksten, *ihr guten Europäer*! – –"[159] Es wird sich dabei um eine Variante der großen Gesundheit handeln, mit der all das zu erreichen sein sollte.

Es darf nicht vergessen werden– und das kann nicht unsere Einstellung sein und auch nicht die Camus' –, dass Nietzsche mit einem transnationalen Europa, wie der Vorrede von *Jenseits von Gut und Böse* zu entnehmen ist, kein demokratisches im Auge hat.

> Aber wir, die wir weder Jesuiten, noch Demokraten, noch selbst Deutsche genug sind, wir *guten Europäer* und freien, *sehr* freien Geister – wir haben sie noch, die ganze Noth des Geistes und die ganze Spannung seines Bogens! Und vielleicht auch den Pfeil, die Aufgabe, wer weiss? das *Ziel* ...[160]

---

159 NL 1884, 26[297]; KSA 11, 229. „*Der europäische Mensch und die Vernichtung der Nationen.*" MA I, KSA 2, 309; NL 1884, 25[524]; KSA 11, 150; FW, KSA 3, 630f.; MA II, KSA 2, 376. – „Wenn ich Sehnsucht noch nach Europas Wassern habe, // Dann nach dem schwarzen Tümpel, wo im Abendschein // voll süßem Duft ein kauernder, trauriger Knabe // Mit Schiffchen spielt, wie Frühlingsschmetterlinge fein." Rimbaud 1997, 157.

160 JGB, KSA 5, 13. – „ – *Nicht* die Furcht; eher, dass wir Nichts mehr am Menschen zu fürchten haben; dass das Gewürm ‚Mensch' im Vordergrunde ist und wimmelt; dass der ‚zahme Mensch', der Heillos-Mittelmässige und Unerquickliche bereits sich als Ziel und Spitze, als Sinn der Geschichte, als ‚höheren Menschen' zu fühlen gelernt hat; – ja dass er ein gewisses Recht darauf hat, sich so zu fühlen, insofern er sich im Abstande von der Überfülle des Missrathenen, Kränklichen, Müden, Verlebten fühlt, nach dem heute Europa zu stinken beginnt, somit als etwas wenigstens relativ Gerathenes, wenigstens noch Lebensfähiges, wenigstens zum Leben Ja-sagendes ..." GM, KSA 5, 277.

Hier wird es offenkundig, seine Zielvorstellung für Europa kann von uns nicht mitgetragen werden und sollte auch nicht zum Mediterranen gehören, wenn die guten Europäer gerade keine Demokraten sind. Womöglich sind sie für Nietzsche gerade deshalb gute Europäer, weil sie, wie die freien Geister, keine Demokraten sein können; ihr Regiment, eines der Starken, müsste ein undemokratisches sein. Bekanntermaßen evaluiert Nietzsche die Demokratie als das „*vernatürlichte* Christenthum"; eine Herden-Ideologie, ein Zusammenschluss, eine Gesellschaftsformation für die Mediokren.

Die guten Europäer gehören in seiner Evaluation zu den höheren Menschen. Sie müssen sich nicht anstrengen, ihr „Ohr nicht erst gegen die Zukunfts-Sirenen des Marktes zu verstopfen – das, was sie singen, ‚gleiche Rechte', ‚freie Gesellschaft', ‚keine Herrn mehr und keine Knechte', das lockt uns nicht!"[161] Es gibt freilich auch Europäer und sie zählen nicht zu den guten, die diesen Sirenen Glauben schenken, ihnen folgen. „*Moral putzt den Europäer auf* – gestehen wir es ein! – in's Vornehmere, Bedeutendere, Ansehnlichere, in's ‚Göttliche' – "[162]

Um auf diesen Putz und falschen Tand verzichten zu können, braucht es auf unserem Kontinent „*gute* Europäer", sie sieht er als die eigentlichen „Erben von Europa's längster und tapferster Selbstüberwindung" an. Sie werden an das Griechentum anzuknüpfen haben „Oh diese Griechen! Sie verstanden sich darauf, zu *leben*: dazu thut Noth, tapfer bei der Oberfläche, der Falte, der Haut stehen zu bleiben, den Schein anzubeten, an Formen, an Töne, an Worte, an den ganzen Olymp des Scheins zu glauben" – denn das ist ihr Erbe und der Auftrag, der ihnen hierüber zuwächst. Dann könnten sie Europa zu dem machen, was Nietzsches Zielvorstellung für Europa, die er im Nachlass von 1887 als „Die *Aufgabe*" bezeichnet, ist: der „**Eintritt in das tragische Zeitalter von Europa**". Dieser Eintritt scheint ihm zwingend zu sein, und auch hier zeigt sich erneut ein Rückbezug zum tragischen Zeitalter der Griechen, um Europa vom Nihilismus – „das Verhängniss Europa's – mit der Furcht vor dem Menschen haben wir auch die Liebe zu ihm, die Ehrfurcht vor ihm, die Hoffnung auf ihn, ja den Willen zu ihm eingebüsst"[163] – zu befreien, und, so folgere ich, um eine (mediterrane) europäische Kultur der Bejahung des Lebens zu reaktivieren.

---

161 NL 1887, 10[77]; KSA 12, 500; FW, KSA 3, 629.

162 FW, KSA 3, 589. – „Der Europäer verkleidet sich *in die Moral*, weil er ein krankes, kränkliches, krüppelhaftes Thier geworden ist, das gute Gründe hat, ‚zahm' zu sein, weil er beinahe eine Missgeburt, etwas Halbes, Schwaches, Linkisches ist …" Ebd., 588.

163 FW, KSA 3, 352; NL 1887, 9[83]; KSA 12, 378. – „*Das tragische Zeitalter für* Europa: bedingt durch den Kampf mit dem Nihilismus." NL 1886/87, 7[31]; KSA 12, 306. „Der Anblick des Menschen macht nunmehr müde – was ist heute Nihilismus, wenn er nicht *das* ist? Wir sind *des Menschen* müde …" GM, KSA 5, 278.

Dass wir die Liebe und Ehrfurcht vor den Menschen verloren haben, könnte Camus unterschreiben.

Auch der Aspekt des Schaffens, wenn auch mit anderen Implikationen als bei Nietzsche, ist Camus' transnationalem und grenzenlosen Europa – nicht ganz fremd. „Europa muss dann erst geschaffen werden. Es muss immer geschaffen werden. […] Es ist ein herrliches, aus Leid und Geschichte geschaffenes Land". Dieses Europa ist nicht das von Nietzsches guten Europäern. Es sei „jener Boden, auf dem sich seit zwanzig Jahrhunderten das erstaunlichste Abenteuer des menschlichen Geistes abspielt. Es ist jene einzigartige Arena, in der der Kampf des abendländischen Menschen gegen die Welt, gegen die Götter, gegen sich selber, heute einen der emotionalsten Momente erreicht."[164] Bei ihm rückt das Abenteuer des Geistes in den Fokus, das ist nicht Nietzsches Anliegen, gleiches gilt für den Kampf gegen die Götter. Camus würdigt ein Europa, das nicht mit der offiziellen Historiografie korrespondiert, sondern andere Spuren für wichtig erachtet. Es ist dennoch keine umfassende Abkehr von unserer europäischen Überlieferung, wie Nietzsche sie vollzieht.

Wiewohl mit unterschiedlicher Semantik wird bei Nietzsche und bei Camus das Meer unsere Lehrmeisterin für das Lieben und die Liebe, die zu einer Versöhnung mit der Natur, unserer und mit der uns umgebenden leiten soll. Für Nietzsche ist die Liebe zum Schicksal, sein Amor fati, nicht allein eine schaffende, die uns grundlegend über das umfassende Ja transformiere, sondern dabei eben sowohl eine kritisch-dekonstruierende. Das Ja löst das Nein auf, es zerstört es, nachdem dessen Instanzen und Institutionen als leib- und lebensfeindlich erkannt wurden. Immerhin ist es für ihn eine Form der Liebe, die dazu gebraucht wird. Sie ist allerdings weitaus mehr und anderes als ein Gefühl und schon gar kein romantisches. Sie ist eine aktive Haltung, ein Handeln, ein Schaffen und ein Kampf. Sie ist ein Dispositiv aus Analyse und Kritik, besser aus je schon kritischer Analyse, die zur Bejahung führt. Für Nietzsche ist das ein zwingender Weg. Ein anderer scheint nicht vorstellbar. Aus dieser Analyse/Kritik entsteht bei ihm der nicht verhandelbare Wille zur Veränderung der Lebensfeindschaft, ein grundstürzender, der mit einer Selbstveränderung beginnt und dann ausstrahlt und sich zu verbreiten weiß.

Es wäre aber durchaus möglich, dass sich der zweite Schritt nicht einstellt und man in der kritischen Analyse verharrt. Sei es, dass man sich damit abfindet oder auch, weil sich kein Willen zur Veränderung einstellt. Wenn er uns aber in

164 „Am unerträglichsten ist es, das entstellt zu sehen, was man liebt. Und um diesen Begriff von Europa, den ihr den Besten unter uns gestohlen und mit dem euch genehmen empörenden Sinn erfüllt habt, seine Frische und seine Wirksamkeit in uns zu erhalten, bedürfen wir der ganzen Kraft der besonnenen Liebe." Camus 1966-1977, 22ff.

so vielen Stellen seines Werks mit Forderungen nach einer tragischen Bejahung und damit nach Transformation und Selbsttransformation anspricht, wenn er zu Treue und Redlichkeit, zu Mut und Tapferkeit, zu einer Freiheit des Willens, einer Abkehr vom Glauben, der Metaphysik und Moral, zu einer „grossen Loslösung" aufruft, uns auf all das zu verpflichten sucht, dann war er sich unserer Ausflüchte, darauf zu verzichten, wohl durchaus bewusst. Er wusste also um unsere Trägheit, Faulheit, Feigheit, um unsere Ängste und Ausreden. Aufgegeben hat er uns dabei nicht, selbst wenn er uns durch diesen schrillen Übermenschen zu substituieren suchte. Wenn ...

Hätte er uns aufgegeben, wäre es völlig sinnlos, Forderungen an uns zu richten, uns ein anderes Dasein aufzumalen. Worin er aber weitaus mehr als in uns vertraute, in uns nördlich verkümmerte Herdentiere, ist der Wille zum Schaffen und damit zur Transformation. Ihn hat er mit der menschlichen Existenz zusammengedacht, womöglich gar contre coeur. Wer weiß?

Das sonnenhaft-wärmende Klima des Mittelmeeres, des Südens, des Mediterranen, ist für Nietzsche in mehrfacher Hinsicht ein fruchtbares. Das betrifft nicht allein die Natur, es betrifft uns. Es begünstigt Imaginationen, Visionen, Experimente, eine Freisetzung des Geistes – und damit ein anderes Leben. Für ihn müsste es ein leib- und lebensbejahendes sein. Und für uns? Mit der Leibbejahung und damit auch mit einer umfassenden des Lebens dürfte es schwierig werden, denn ein ungehemmtes Ausleben unserer Triebwünsche ist schlechterdings nicht vorstellbar. Kultur bedeutet Sublimation, auch im Mediterranen, und Sublimation steht für Triebverzicht. Hierzu ein Blick auf Freud.

Freuds Verteidigung von Kultur – genealogisch betrachtet, sei der Überstieg von Natur zu Kultur über gezielt angewandte Grausamkeiten erfolgt – ist keine emphatische. Er sah nur keinen Weg, wie auf sie zu verzichten wäre, wolle man nicht in überbordende Gewalt zurückfallen. Auch der Ethik stand er kritisch gegenüber. „Die Ethik ist also als ein therapeutischer Versuch aufzufassen, als Bemühung, durch ein Gebot des Über-Ichs zu erreichen, was bisher durch sonstige Kulturarbeit nicht zu erreichen war." Das größte Hindernis der Kultur erblickt er in der „konstitutionellen Neigung des Menschen zur Aggression gegeneinander". Beachte, es ist eine konstitutionelle Neigung, was durch die Forderung der Nächstenliebe weggeräumt werden solle. „Das Gebot ‚Liebe deinen Nächsten wie dich selbst', ist die stärkste Abwehr der menschlichen Aggression und ein ausgezeichnetes Beispiel für das unpsychologische Vorgehen des Kultur-Über-Ichs." „Unpsychologisch" deshalb, weil es die realen Verhältnisse der Individuen negiert.[165]

165 GW XIV, 503.

Zweifelsfrei ist auch in einer mediterranen Kultur die Instanz des Über-Ichs anzutreffen, was auch bedeutet, dass es zu vielfältigen Versagungen kommt. Was bleibt, wäre ein Aufsuchen der Nischen, wo sich Freiräume auftun können.

Abschließend noch einmal zur Liebe. Wie wird sie bei Nietzsche und bei Camus ausbuchstabiert und in welchem Kontext könnte das zum Mediterranen stehen?

Im *Zarathustra* finden wir eine Beschreibung des Liebenden.

> Erhöht ist da euer Leib und auferstanden; mit seiner Wonne entzückt er den Geist, dass er Schöpfer wird und Schätzer und Liebender und aller Dinge Wohlthäter. Wenn euer Herz breit und voll wallt, dem Strome gleich, [...] da ist der Ursprung eurer Tugend. Wenn ihr erhaben seid über Lob und Tadel, und euer Wille allen Dingen befehlen will, als eines Liebenden Wille: da ist der Ursprung eurer Tugend.[166]

Das Herz des Liebenden wird hier mit dem Strom verbunden, maritime Metapher. Ein Herz des Tugendhaften, weil er ein Wohltäter ist und als ein solcher über Lob und Tadel stehe. Gelingen soll das mit einem höheren Leib, dem des Liebenden. Leib und Liebender folgen nicht der Moral und ihren Bewertungen von Gut und Böse. Das könnte Camus geteilt haben. Wenn sich Nietzsche für ein bejahendes Leben – und das gehört zum Mediterranen – wie Camus auf die Liebe bezieht, bei jenem jedoch das schaffende Umschaffen von Ich und Umwelt in den Fokus tritt, dann frage ich von hier aus, wie Camus mit seiner Liebessemantik das Mittelmeer und das Mediterrane umkreist und welcher Weg aussichtsreich sein kann.

Wie wir gesehen haben, ist Camus' Evaluation des Meeres nicht ambivalent. Es ist nicht das tückische Meer Nietzsches, und es werden auch keine Forderungen mit dem Meer formuliert. Vielmehr evoziere es unsere Liebe, sei ein Medium und Symbol für sie. Wenn wir die Gaben des Meeres in uns aufnehmen, können wir sie verströmen und teilen. Sie uns und den anderen, auch der Natur schenken. Das Meer ist für ihn der große Katalysator. Insbesondere in der Freiheit, die wir in der bewussten Wahrnehmung des Meeres, in einer bewussten Konzentration auf es, gespiegelt bekommen, zeige sich die Potenz der Liebe in ihrem ganzen Ausmaß und ihrer ganzen Kraft. Dann und jetzt ist der Liebende angekommen, ist nicht länger unbehaust, kein Fremder. Vielmehr hat er sich gefunden, vielleicht wird er mit Nietzsche dann und genau dann, zu dem, der er ist. Er vertraut auf sich, weil er bei sich ist und überströmend eine Einheit mit der Natur fühlt. Er fühlt dabei namentlich, dass

166 Za, KSA 4, 99.

er ein Teil von ihr ist und nicht ihr Beherrscher, will sagen, ihr Zerstörer sein kann. Das will er dann auch nicht mehr sein.

Für Camus liegt in der Liebe, die stets eine gleichberechtigte Verbindung bedeutet, das Glück. Das kann der sich verbindende Liebende, der Verbundene empfinden und nicht der Einsiedler Nietzsches.[167] Liebe bedeutet, die „schweigsame Eintracht" zu finden und zu leben. Sie muss nicht geschaffen, sie muss nur verstanden und aufgenommen werden, denn sie ist da, auch wenn sie schweigt. Ihr Schweigen könnte der Garant sein, dass wir uns ihr liebend zuwenden. Was wir tun müssen, ist sie nicht zu übersehen. Das scheint aber schwerer, als es zunächst angenommen, erfordert es doch eine besondere Sensibilität. Sehen wir die Eintracht aber, empfinden wir sie, dann sollte sie uns insbesondere von der mediterranen Natur gespiegelt werden. Sie beschenkt uns mit Wärme, Licht und Fruchtbarkeit. Sie zeigt eine ungetrennte Welt der Natur und des Meeres. Mit diesen kann einem Wunsch nach einer Beherrschung schwer gefolgt werden. Die gefühlte Eintracht verhindert das.

Wenn Camus die Liebe mit einer Erfüllung zusammendenkt, so besteht sie exakt in dem Verzicht auf unsere egoistischen Ansprüche an die Welt. Das ist keine passive Kontemplation, sondern Achtung und Würdigung, Maß und Grenzwahrung, die wir erlernen müssen, weil uns das alles abhandengekommen ist. Gewonnen wird das Erfüllende, wenn man in der Liebe aufgehe. Aus diesem Aufgehen erwachse die Kraft der Liebe, die das Einheitsgefühl und das für die Eintracht schaffe. Das lässt sich mit Nietzsches These aus dem Nachlass von 1882/83 verbinden: „Der Erkennende der Schaffende der Liebende sind *Eins*."[168] Da wir Nietzsches überaus hohe Bewertung des Schaffens kennen, wissen wir wie sehr er die Liebe schätzt, wenn er sie ungetrennt mit dem Schaffen analogsiert. Hier wird zudem eine Einheit artikuliert, bei Camus zeigt sich mit ihr die gewünschte Liebe zum Leben, die sich in den anderen Hinsichten, zum Ich und Nicht-Ich, zu Umwelt und Natur bewähren muss. Auch er beauftragt uns; wir müssen das Lieben lernen – und das kann schwer sein.

---

167 „Es sind die Stunden des Mißtrauens gegen sich selbst, des Mißtrauens gegen das eigene Recht und Vorrecht, wo der einsiedlerische Liebende – denn das ist ein Philosoph – zu hören verlangt, was Alles über sein Problem gesagt und geschwiegen wird; vielleicht, daß er dabei erräth, daß die Welt voll solcher eifersüchtig Liebender ist, gleich ihm, und daß alles Laute, Lärmende, Öffentliche, der ganze Vordergrund von Politik, Alltag, Jahrmarkt, ‚Zeit' nur erfunden zu sein scheint, damit alles, was uns heute Einsiedler und Philosoph ist, sich dahinter verstecken könne – als in *ihre* eigenste Einsamkeit; Alle mit Einem beschäftigt, in Eins verliebt, auf Eins eifersüchtig, gerade auf *sein* Problem." NL 1885/86, 2[183]; KSA 12, 157f.

168 NL 1882/83, 4[23]; KSA 10, 115.

Vielleicht lässt sich mit diesem Lernen jedoch in der Tat wie bei Camus ein Glück hervorlocken, denn wir könnten uns dadurch verändern, uns öffnen, neue Perspektiven gewinnen. Es würde weiter für eine partielle Erosion des Absurden als Prinzip der Zerrissenheit stehen. Womöglich gelingt es am Mittelmeer besonders eindringlich zu lieben. Allein der liebende Mensch kann seinen Anspruch auf Einheit erfüllen, so Camus. Seine Liebe ermöglicht es. Um ein Liebender zu werden, muss er sich sequentiell aufgeben, wenn er sich hingibt. Diese Aufgabe ist eine Transformation, eine gewollte, aber sie muss dennoch geschaffen werden.

Der Akzent bei der Liebe liegt auf der partiellen Selbstaufgabe, die mit Nietzsche wohlverstanden als eine große Loslösung verstanden werden kann. Selbstaufgabe ist hier womöglich mehr als eine partielle, denn gibt man etwas auf, dann tangiert es das Gesamtbild. Es tritt eine Veränderung ein. Selbstaufgabe muss zu dieser Liebe gehören, die nicht mit übertriebenen Ansprüchen auftritt, der das Schenken und nicht das Beschenkt-Werden am Herzen liegt. Die nicht zuerst fragt, was bringt es mir, sondern, was bringt es den und dem anderen. Womit jedoch keine Selbstlosigkeit aufkommt, sondern die Weisheit, wenn es anderen und anderem nützlich ist, dann auch mir. Das Mediterrane könnte durch seine verschwendende Überfülle und Fruchtbarkeit, das Sonnenhafte, die Wärme und Lichtfülle ein Symbol dieser Liebe sein. Das Mediterrane beschenkt uns ohne jedes Kalkül auf eine Gegengabe.

Diese vom Mittelmeer und vom Mediterranen gespiegelte Liebe, um die es Camus geht, scheint in einer Hinsicht mit Nietzsches Amor fati verbunden werden zu können, der Bejahung, die zu Veränderungen führt und zwar zwangsläufig. Unerlässlich ist diese Haltung gegenüber der Natur einzufordern. Verharren wir in einem Weiter so, dann ist nicht nur sie, sondern auch natürliche Residuen und letztlich unser Leben selbst in Gefahr. Dazu könnte es kommen, und das scheint mit jedem Tag wahrscheinlicher zu werden.

Bei genauerer Betrachtung zeigt sich jedoch, dass der Amor fati bei Nietzsche mit Schaffen und Umschaffen einhergeht und davon unabhängig nicht zu denken ist. Das ist bei Camus ganz anders, denn eine gelernte Liebe bejaht per se, aus sich heraus. Sie kann gar nicht anders. Auch diese Form der Liebe ist nicht die, über die wir zu verfügen glauben. Sie ist vielmehr eine, die man lernen muss, was bitter und hart sein kann und wird. Es steht hier also anders als in „Das Hohelied der Liebe“, denn dort wird mit dem Lieben nicht ein Lernen, sondern eine sofortige Haltung angestimmt, die aus der Liebe zwangsläufig erwächst.[169]

---

169 „Die Liebe ist langmütig, // die Liebe ist gütig. // Sie ereifert sich nicht, // sie prahlt nicht, // sie bläht sich nicht auf. // Sie handelt nicht ungehörig, // sucht nicht ihren Vorteil, //

Bei Camus ist mit dem Lernen eine Form der Liebe anvisiert, über die wir Respekt, Achtung, Wahrung der Grenzen, des Maßes und der Treue gewinnen. Sie verbindet diese Aspekte, sie grundiert sie. Es geht um eine ganz konkrete Treue zu uns, die wir über eine gelebte zu allem, was uns umgibt, lernen können. Dieser Liebe fehlt jeglicher Hauch des Romantischen, das sei erneut betont. Das Lernen dieser Liebe erzwingt grundlegende Umstellungen in uns, das Aufgeben egoistischer Ansprüche und Übergriffe, Forderungen. Das Aufgeben von einer individuellen Haltung, die auf Haben und Besitz ausgerichtet ist. Schwer daran ist zu lernen, dass man exakt dann, wenn man diese Orientierungen aufgibt, wirklich beschenkt werden kann, getreu Nietzsches Einsicht im schon zitierten Nachlassfragment von 1886/87: „denn es steht nichts für sich, weder in uns selbst noch in den Dingen"...

Wenn wir das verstanden haben, dann sind wir auf dem richtigen Weg. Womöglich könnte das mediterrane Existieren gleichsam wie die Feier eines neuen Tages, der zum vorbildhaften Tag unseres Lebens wird, unser bejahend-sinnliches Leben intensivieren...

---

lasst sich nicht zum Zorn reizen, // trägt das Böse nicht nach. // Sie freut sich nicht über das Unrecht, // sondern freut sich an der Wahrheit. **Sie erträgt alles, // glaubt alles, // hofft alles, // hält allem stand.** // Die Liebe hört niemals auf." 1 Korinther 13.

KAPITEL 4

Epilog: Gastmahl auf Ithaka

Imaginieren wir ein Gastmahl auf Ithaka, wo die großzügigen, wissenden Menschen wohnen sollen. Camus hat ans Mittelmeer zu einem Gastmahl eingeladen. Nietzsche ist gekommen und hofft, dass es nicht um Platon geht. Gastmahl … Über ihn will er nicht reden, das liegt so lange zurück. Selbst Schopenhauer liegt sehr lange zurück. Wagner – über den wird Camus sicher nicht reden wollen. Er hat zu viel über Wagner geschrieben, denkt er, und hält sich die Hand vor die Augen, um sich vor dem Licht zu schützen. Über seinen Wagner will er nur mit dem Meer sprechen. Mit ihm kann man sehr gut Geheimnisse haben, allzumal wenn es um die Liebe geht. Er schaut Camus direkt an, er ist so elegant, denkt Nietzsche. Er kommt aus dem Pariser Himmel, da ist man elegant. Paris denkt Nietzsche und sieht die Stadt vor seinem inneren Auge entstehen. Paris – wollte er da nicht mit Rohde, dem verlorenen Freund leben?

Camus will auch nicht über Platon reden, warum auch, vom Meer hatte er nichts verstanden. Sie sitzen in der Abenddämmerung. Braudel, Michelet und Melville wollen morgen dazustoßen. Die Teilnahme des „Landtreters" Schmitt wurde abgelehnt. Es ist warm und still. Die Sonne sinkt. Will er jetzt noch weiterziehen zu fernen Meeren? Will er die Ruhe aufgeben? Sie sprechen über die antiken Griechen, ihr Vorbild ist für beide überaus bedeutsam. Gegenüber ihnen seien die Modernen Abtrünnige, abtrünnig gegenüber der Natur, der Schönheit, der Einheit, der Harmonie, des rechten Maßes. Blinde Eroberer und Zerstörer für abstrakte Ideale und willkürliche Expansionen. Sie denken an Thales' Entdeckung, zurück an diese Zeit, die für sie eine der Blüte und der Bejahung ist. Ihre Bilder über die Antike formieren sich und werden mit einem brüderlichen Lächeln begrüßt. Sie blicken auf das Meer, es ist unergründlich wie auch die Erkenntnis. Von Moral, Glauben und Wahrheit fehlt jede Spur. Sie sprechen über das Meer, versuchen von ihm, ihrer großen Lehrmeisterin zu lernen. Camus betont einmal mehr, wie sehr er das Meer liebt. Nietzsche stimmt ihm zu, unterstreicht aber, es reiche nicht, es einfach zu lieben, dazu müsse man sich umgeschaffen haben. Sein Amor fati fordere das, weil das Existieren tragisch sei, müsse man dafür stark genug sein. Sonst könne man das Tragische nicht bejahen. Existieren bedeute Schaffen, und Schaffen bedeute Umschaffen. Nur so werde man der, der man ist, dann sei auch das Lieben möglich. Nietzsche sieht zu Camus, der brüderlich lächelt. Ein Lächeln der Liebe, aber auch des Zweifelns. Nietzsches Blick schweift zum Meer. War das

© BRILL FINK, 2022 | DOI:10.30965/9783846766941_005

richtig, darauf zu insistieren, Amor fati und nicht einfach nur lieben? Selbst wenn, nötig war es nicht.

Morgen will ich schwimmen gehen im offenen Meer, beschließt er. Wunderbar! Camus wird sicher gerne mitkommen. Wann bin ich das letzte Mal geschwommen? Er findet kein Erinnerungsbild von sich als einem Schwimmer. Dabei hatte er doch Rohde geschrieben, sie seien tüchtige Schwimmer. Tüchtige, wie deutsch das tönt. Es fällt ihm endlich ein, in Sorrento war es, gemeinsam mit Rée. An der Amalfiküste hatte er auch Wagner zum letzten Mal gesehen. Jetzt kommen sie alle zusammen in seiner Erinnerung, Rohde, Rée, damit selbstverständlich auch Lou, die ihm keinen reinen Himmel schenkte – und Wagner. Weg mit euch, ihr Gespenster, vergessen will er das alles. Ab ins Meer mit euch, geht unter und taucht nicht mehr auf. Hat er gerade den Arm gehoben, um etwas in die Brandung zu werfen?

Ich liebe das Meer, denkt Nietzsche, und jetzt, hier, verstehe ich auch warum. Das Licht wird langsam schwächer, die Wärme ist noch da, der Tag hat die Hitze verbraucht.

Gut, dass Camus hier ist, der lächelt weiter brüderlich. Er ist ein Mittagsbruder, denkt Nietzsche, aber dennoch ist er etwas verlegen und verharrt plötzlich. Hat er ganz hinten die Schwanzflosse eines Wals gesehen? Nein, unmöglich, nicht hier! Die Hitze hat ihn wohl leicht verwirrt, denn nun scheint es ihm, als würde er Thales erblicken. Auch eine Vision, denn sie sind nicht in Milet, und Thales war doch der Anfang.

Jetzt breitet sich Dämmerung über dem Meer aus. Bald kommt die Nacht. Er fürchtet sie nicht, glaubt sogar, Schlaf zu finden. Er fühlt sich heiter. Das ist sein Klima, hier ist der Süden, hier wird er genesen. Hört er gerade die unendliche Melodie des Meeres? Er ist ganz ruhig. Wird er hier ankommen? Will er das? Er schaut zu Camus, der sanft und verstehend seinen Blick erwidert und seinen roten Wein trinkt. „Als die Sonne nun sank, und Dunkel die Erde bedeckte, // Legten wir uns zum Schlummer am Strande des rauschenden Meeres.“[1]

1 Homer: Odyssee, 9. Gesang, 555.

Literatur

Abulafia, David: Das Mittelmeer Eine Biografie, Frankfurt 2013.

Aristoteles: Philosophische Schriften Band 6, München 2019.

Aristoteles: Metaphysik, Hamburg 2005.

Die Bibel Nach einer Übersetzung Martin Luthers, Stuttgart 1985.

Hannah Baader, Gerhard Wolf (Hg.): Das Meer, der Tausch und die Grenzen der Repräsentation, Berlin 2010.

Barnes, Julian: Die einzige Geschichte, Köln, 2018.

Baudelaire, Charles: Die Blumen des Bösen, München 1975.

Bergson, Henri: Materie und Gedächtnis Eine Abhandlung über die Beziehungen zwischen Geist und Körper, Frankfurt/M, Berlin, Wien 1982.

Blumenberg Hans: Arbeit am Mythos, Frankfurt 1979.

Blumenberg Hans: Das Lachen der Thrakerin, Frankfurt 1987.

Blumenberg, Hans: Schiffbruch mit Zuschauer Paradigma einer Daseinsmetapher, Frankfurt 2014.

Boethius, Anicius Manlius Severinus: Trost der Philosophie, Zürich 2002.

Thomas Brandstetter, Karin Harrasser, Günther Friesinger (Hg.): Grenzflächen des Meeres, Wien 2010.

Braudel, Fernand: Das Mittelmeer und die mediterrane Welt in der Epoche Philipps II., Dritter Band, Frankfurt 1998.

Broodbank, Cyprian: Die Geburt der Mediterranen Welt Von den Anfängen bis zum Klassischen Zeitalter, München 2018.

Burke, Edmund: Philosophische Untersuchung über den Ursprung unserer Ideen vom Erhabenen und Schönen, Hamburg 1989.

Camus, Albert: Albert Camus, Briefe an einen deutschen Freund, in: Fragen der Zeit, Deutsch von Guido G. Meister, Reinbek b. Hamburg 1960-1977.

Camus, Albert: Der glückliche Tod, Reinbek bei Hamburg 1972.

Camus, Albert: Tagebuch (März 1951-Dezember 1959), Reinbek bei Hamburg 1993.

Camus, Albert: Tagebücher 1935-1951. Aus dem Französischen von Guido G. Meiste. Reinbek bei Hamburg 1995.

Camus, Albert: Hochzeit des Lichts Heimkehr nach Tipasa Impressionen am Rande der Wüste, Zürich-Hamburg 2000.

Camus, Albert: Der Fremde, Berlin 2011.

Camus, Albert: Der Mensch in der Revolte. Aus dem Französischen von Justus Streller. Bearbeitet von Georges Schlocker unter Mitarbeit von François Bondy, Reinbek bei Hamburg 2016.

Camus, Albert: Der Mythos des Sisyphos. Deutsch und mit einem Nachwort von Vincent von Wroblewsky, Reinbek bei Hamburg 2016.

Camus, Albert: Unter dem Zeichen der Freiheit, herausgegeben von Horst Wernicke, Reinbek bei Hamburg 2016.

Celestini, Federico: Nietzsches Musikphilosophie Zur Performativität des Denkens, Paderborn 2016.

Cicero, M. Tullius: Gespräche in Tusculum, Olaf Gigon (Hg.), München 1970.

Cicero, M. Tullius: De natura deorum II,100, München 1978.

Cioran, E.M.: Aufzeichnungen aus Talamanca, Frankfurt 2008.

Corbin, Alain: Meereslust Das Abendland und die Entdeckung der Küste, Frankfurt 1994.

Dante, Alighieri: Abhandlung über das Wasser und die Erde Philosophische Werke 2, Hamburg 1994.

Dante, Alighieri: Die Göttliche Komödie, Berlin 2019.

Deleuze, Gilles: Das Bewegungs-Bild. Kino 1, Frankfurt 1989.

Delumeau, Jean: Angst im Abendland Die Geschichte kollektiver Ängste im Europa des 14. bis 18. Jahrhunderts, Band 1, Reinbek bei Hamburg 1985.

De Souza, Philip: Die Beherrschung der Meere Wie die Seefahrt die Menschheitsgeschichte prägte, München 2006.

Djuric, Mihailo: Nietzsche und die Metaphysik, Berlin 1985.

V. Eichendorff, Joseph: Die Tagebücher, Wilhelm Kosch (Hg.), Regensburg 1908.

Faber, Richard, Lichtenberger, Achim (Hg.): Ein pluriverses Universum Zivilisationen und Religionen im antiken Mittelmeerraum, Paderborn 2015.

Forster, Georg: Reise um die Welt, Frankfurt 2007.

Foucault, Michel: Dits et Ecrits Schriften Erster Band, Frankfurt 2001.

Foucault, Michel: Die Heterotopien. Der utopische Körper, Frankfurt 2005.

Frank, Manfred: Die unendliche Fahrt Ein Motiv und sein Text, Frankfurt 1979.

Freely, John: Zurück nach Ithaka Auf Odysseus' Spuren durch das Mittelmeer, Darmstadt 2016.

Gadamer, Hans-Georg (Hg.): Um die Begriffswelt der Vorsokratiker, Darmstadt 1968.

Georg, Jutta: „Hat man mich verstanden?“ Nietzsche: Philosophieren in Metaphern, Stuttgart 2018.

Georg, Jutta: Übermensch und ewige Wiederkehr Nietzsches Chiffren der Transformation, Paderborn 2020.

George, Stefan: Werke Ausgabe in zwei Bänden, Robert Boehringer (Hg.), Düsseldorf, München 1968.

Gerhardt, Volker (Hg.): Friedrich Nietzsche Also sprach Zarathustra, Berlin 2000.

Goethe, Johann Wolfgang von: Hamburger Ausgabe in 14 Bänden, München 1999.

Goethe, Johann Wolfgang von: Gedichte, Erich Trunz (Hg.), München 1999.

Guzzoni, Ute: Wasser Das Meer und die Brunnen, die Flüsse und der Regen, Berlin 2005.

Hegel, G.W.F.: Werke in zwanzig Bänden Theorie Werkausgabe, Frankfurt 1971.

Heine, Heinrich: Sämtliche Schriften, Klaus Briegleb (Hg.), München 1976.

Heinse, Wilhelm: Aufzeichnungen 1768-1783, Markus Bernauer (Hg.), München 2003.

Hellpach, Willy: Geopsyche. Die Menschenseele unter dem Einfluss von Wetter und Klima, Boden und Landschaft, Stuttgart 1950.

Hemingway, Ernest: Der alte Mann und das Meer, Hamburg 1995

Herder, Johann Gottfried: Sämtliche Werke, Bernhard Suphan (Hg.) Zürich, New York 1994.

Herder, Johann Gottfried: Werke, Frankfurt 1997.

Hesiod: Werke und Tage, Albert von Schirnding (Hg.), München 1991.

Hey, Georg: Der ewige Tag, Leipzig, 1911.

Heym, Georg: Ausgewählte Gedichte, Berlin 2017.

Höffe, Otfried: Immanuel Kant, München 1983.

Homer: Odyssee, Frankfurt 2010.

Hornung, Erik: Das Totenbuch der Ägypter, Zürich und München 1979.

Hugo, Victor: Victor Hugo's Sämtliche poetische Schriften, Stuttgart 1860.

Hugo, Victor: Die Arbeiter des Meeres, Hamburg 2003.

Humboldt, Alexander von: Kosmos. Entwurf einer physischen Weltbeschreibung, Darmstadt 1993.

Jaspers, Karl: Schicksal und Wille Autobiographische Schriften, Hans Saner (Hg.), München 1967.

Jung, C.G.: Mensch und Kultur Grundwerk Band 9, Olten 1985.

Jung, C.G.: Wandlungen und Symbole der Libido, München 1991.

Jung, C.G.: Psychologie und Religion, München 1991.

Jung, C.G.: Das symbolische Leben Verschiedene Schriften Gesammelte Werke Achtzehnter Band Zweiter Halbband, Düsseldorf 1995

Jung, C.G.: Mysterium Coniunctionis Untersuchungen über die Trennung und Zusammensetzung der seelischen Gegensätze in der Alchemie, Ostfildern 2011.

Jung, C.G.: Die Archetypen und das kollektive Unbewußte, Ostfildern 2021.

Kaiser, Otto: Die mythische Bedeutung des Meeres in Ägypten, Ugarit und Israel, Berlin 1962.

Kant, Immanuel: Werke, Bd. 1, Berlin 1910.

Kant, Immanuel: Werkausgabe Band X, Kritik der Urteilskraft, Wilhelm Weischedel (Hg.), Frankfurt 1977.

Kaulbach, Friedrich: Sprachen der ewigen Wiederkunft, Würzburg 1985.

Kerényi, Karl: Die Mythologie der Griechen Band I: Die Götter- und Menschheitsgeschichten, München 1966.

Klages, Ludwig: Der Geist als Widersacher der Seele, Bonn 1981.

Heinrich von Kleist (Hg.): Berliner Abendblätter, mit einem Nachwort und Quellenregister Helmut Sembdner (repro-graph. Nachdruck o.J.),

Kornemann, Ernst: Weltgeschichte des Mittelmeerraumes Von Philipp II. von Makedonien bis Muhamed, Hermann Bengtson (Hg.), München 1967.
Kulenkampff, Jens (Hg.): Materialien zu Kants „Kritik der Urteilskraft“, Frankfurt 1974.
Lukrez: De rerum natura, Berlin 1924.
Lukrez: Von der Natur, München 1991.
Matvejević, Predrag: Der Mediterran Raum und Zeit, Zürich 1993.
Meier, Christian: Athen Ein Neubeginn der Weltgeschichte, Berlin 1993.
Meier, Heinrich: Was ist Nietzsches Zarathustra? Eine philosophische Auseinandersetzung, München 2017.
Melville, Hermann: Moby-Dick oder Der Wal, Daniel Göske (Hg.), München 2021.
Merleau-Ponty, Maurice: Phänomenologie der Wahrnehmung, Berlin 1966.
Merleau-Ponty, Maurice: Das Kino und die neue Psychologie, in: Das Auge und der Geist. Philosophische Essays, Christian Bermes (Hg.), Hamburg 2003.
Michelet, Jules: Das Meer mit einem Vorwort von Michael Krüger. Übersetzt, herausgegeben und mit einem aktuellen Nachwort von Rolf Wintermeyer, Frankfurt 2006.
Von Nettesheim, Heinrich Cornelius Agrippa: Magische Werke, Band 1, Berlin 1924.
Onfray, Michel: Im Namen der Freiheit Leben und Philosophie des *Albert Camus*, München 2015.
Overbeck, Franz: Christentum und Kultur, C.A. Bernoulli (Hg.), Basel 1919.
Picht, Georg: Nietzsche Vorlesungen und Schriften, Stuttgart 1988.
Pieper, Annemarie: Albert Camus, München 1984.
Platon: Sämtliche Werke, Hamburg 1966.
Reschika, Richard: Meer, du berührst meine Seele Ein maritimes Lesebuch, Gütersloh 2012.
Richter, Dieter: Das Meer Geschichte der ältesten Landschaft, Berlin 2014.
Rimbaud, Arthur: Sämtliche Dichtungen, München 1997.
Rousseau, Jean-Jacques: Der Gesellschaftsvertrag, Heinrich Weinstock (Hg.), Stuttgart 1971.
Sartre, Jean-Paul: „Der Fremde von Camus“, in: Ders.: Der Mensch und die Dinge Aufsätze zur Literatur 1938-1946, Lothar Baier (Hg.), Reinbek bei Hamburg 1978.
Schadewaldt, Wolfgang: Die Anfänge der Philosophie bei den Griechen, Frankfurt 1978.
Schmitt, Carl: Land und Meer Eine weltgeschichtliche Betrachtung, Köln-Lövenich 1981.
Scholtz, Gunter: Philosophie des Meeres, Hamburg 2017.
Schopenhauer, Arthur: Zürcher Ausgabe Werke in zehn Bänden, Zürich 1977.
Schopenhauer, Arthur: Der Handschriftliche Nachlaß, Arthur Hübscher (Hg.), München 1985.
Schrödinger, Erwin: Die Natur und die Griechen Kosmos und Physik, Hamburg 1956.
Schulz, Raimund: Die Antike und das Meer, Darmstadt 2005.

Seneca, Lucius Annaeus: Philosophische Schriften, Hamburg 2010.
Simmel, Georg: Philosophie des Geldes, Berlin 1977.
Simmel, Georg: Philosophische Kultur Über das Abenteuer der Geschlechter und die Krise der Moderne Gesammelte Essais, Berlin 1983.
Slater, Montague: Peter Grimes An opera in three acts an a prologue, London 1979.
Snell, Bruno: Die Entdeckung des Geistes Studien zur Entstehung des europäischen Denkens bei den Griechen, Hamburg 1946.
Spengler, Oswald: Reden und Aufsätze, München 1937.
Strabo: Geographia II, Stefan Radt (Hg.), Göttingen 2003.
Wagner, Richard: Dichtungen und Schriften, Dieter Borchmeyer (Hg.), Frankfurt 1982.
Wolf, Robert H.W.: Mysterium Wasser Eine Religionsgeschichte zum Wasser in Antike und Christentum, Göttingen 2004.
Wotling, Patrick: Philosophie als Jasagen Viertes Buch. In: Christian Benne/Jutta Georg (Hg.): Friedrich Nietzsche: Friedrich Nietzsche Die fröhliche Wissenschaft, Berlin 2015, 107-128.
Wüstner, Andrea (Hg.): Das Meer Gedichte, Stuttgart 2005.

Siglenverzeichnis

Siglenverzeichnis der Werke und Briefe von Friedrich Nietzsche, der Gesammelten Werke von Sigmund Freud und der Gesammelten Schriften von Theodor W. Adorno.

AC	Der Antichrist (1888)
BA	Über die Zukunft unserer Bildungsanstalten
BAW	Frühe Schriften. Bd. 1-5. (Hg. H.-J. Mette, 1994, Reprint)
DD	Dionysos-Dithyramben (1888/89)
DS	David Strauss der Bekenner und der Schriftsteller (UB I, 1973)
EH	Ecce homo (1888/89)
ESD	Einleitung in das Studium der vorplatonischen Dialoge
FW	Die fröhliche Wissenschaft (1882)
IM	Idyllen aus Messina (1882)
FV	Fünf Vorreden zu fünf ungeschriebenen Büchern (1872)
GD	Götzen-Dämmerung (1889)
GM	Zur Genealogie der Moral (1887)
GT	Die Geburt der Tragödie (1872)
HL	Vom Nutzen und Nachtheil der Historie für das Leben (UB II, 1874)
JGB	Jenseits von Gut und Böse (1886)
KGB	Kritische Gesamtausgabe, Briefe (Hg. Colli & Montinari, 1975ff.)
KGW	Kritische Gesamtausgabe, Werke (Hg. Colli & Montinari, 1967ff.)
KSA	Kritische Studienausgabe in 15 Bänden, Werke (Hg. Colli & Montinari 1980)
KSB	Kritische Studienausgabe, Briefe (Hg. Colli & Montinari, 1986)
M	Morgenröthe (1881)
MA	Menschliches, Allzumenschliches
	MA I: Erster Band (1878)
	MA II: Zweiter Band (1879)
	VM: Vermischte Meinungen und Sprüche
	WS: Der Wanderer und sein Schatten
NB	Nietzsches persönliche Bibliothek (Hg. Campioni et al. 2003)
NL	Nachgelass: Aufzeichnungen und Notate
NW	Nietzsche contra Wagner (1894)
PHG	Philosophie im tragischen Zeitalter der Griechen (1873)
SE	Schopenhauer als Erzieher (UB III, 1874)
UB	Unzeitgemässe Betrachtungen
VP	Die vorplatonischen Philosophen
WA	Der Fall Wagner (1888)

WB	Richard Wagner in Bayreuth (UB IV, 1878)
WL	Ueber Wahrheit und Lüge im aussermoralischen Sinne (1873)
Za	Also sprach Zarathustra

Sigmund Freud: Gesammelte Werke = GW
Theodor W. Adorno: Gesammelte Schriften = GS